# 잡스처럼 일한다는 것

## 잡스처럼 일한다는 것

초판 6쇄 발행일  2012년 1월 15일
펴낸이  강경태 | 펴낸곳  녹색지팡이&프레스(주) | 등록 번호  제16-3459호
주소  서울시 강남구 논현동 90-2 (우)135-818 | 전화  2192-2200

### Inside Steve's Brain

ISBN 978-89-92759-09-0  03320

잘못된 책은 본사나 구입하신 서점에서 바꾸어 드립니다. 책값은 뒤표지에 있습니다.

위기에서 **빛나는 스티브 잡스**의 **생존본능**

린더 카니 지음 | 안진환 · 박아람 옮김

**북섬**
BookSum

# iMap
## 스티브 잡스의 **인맥지도**

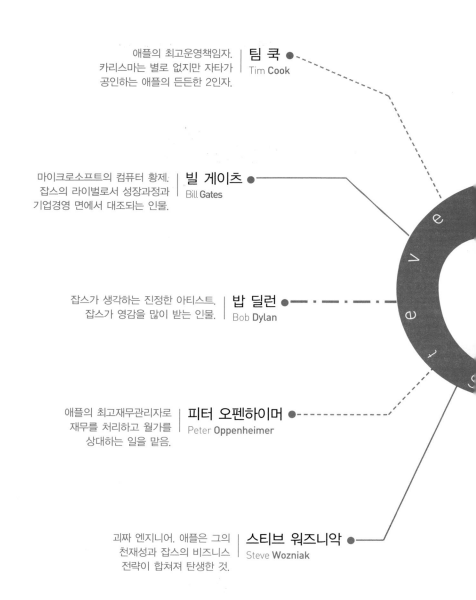

애플의 최고운영책임자.
카리스마는 별로 없지만 자타가
공인하는 애플의 든든한 2인자.

**팀 쿡**
Tim **Cook**

마이크로소프트의 컴퓨터 황제.
잡스의 라이벌로서 성장과정과
기업경영 면에서 대조되는 인물.

**빌 게이츠**
Bill **Gates**

잡스가 생각하는 진정한 아티스트.
잡스가 영감을 많이 받는 인물.

**밥 딜런**
Bob **Dylan**

애플의 최고재무관리자로
재무를 처리하고 월가를
상대하는 일을 맡음.

**피터 오펜하이머**
Peter **Oppenheimer**

괴짜 엔지니어. 애플은 그의
천재성과 잡스의 비즈니스
전략이 합쳐져 탄생한 것.

**스티브 워즈니악**
Steve **Wozniak**

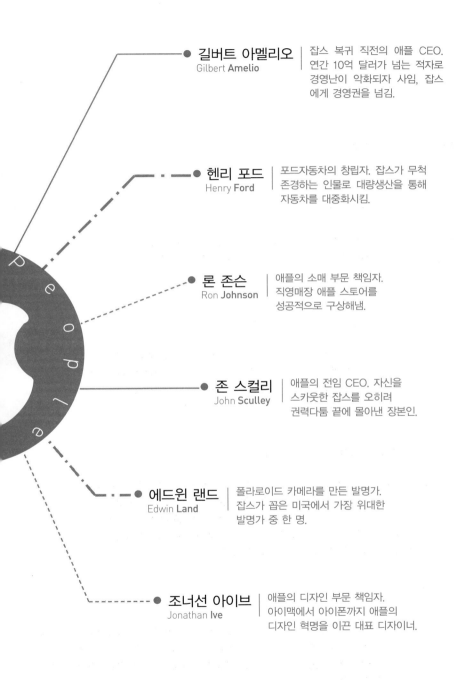

**길버트 아멜리오**
Gilbert **Amelio**

잡스 복귀 직전의 애플 CEO. 연간 10억 달러가 넘는 적자로 경영난이 악화되자 사임, 잡스에게 경영권을 넘김.

**헨리 포드**
Henry **Ford**

포드자동차의 창립자. 잡스가 무척 존경하는 인물로 대량생산을 통해 자동차를 대중화시킴.

**론 존슨**
Ron **Johnson**

애플의 소매 부문 책임자. 직영매장 애플 스토어를 성공적으로 구상해냄.

**존 스컬리**
John **Sculley**

애플의 전임 CEO. 자신을 스카웃한 잡스를 오히려 권력다툼 끝에 몰아낸 장본인.

**에드윈 랜드**
Edwin **Land**

폴라로이드 카메라를 만든 발명가. 잡스가 꼽은 미국에서 가장 위대한 발명가 중 한 명.

**조너선 아이브**
Jonathan **Ive**

애플의 디자인 부문 책임자. 아이맥에서 아이폰까지 애플의 디자인 혁명을 이끈 대표 디자이너.

차례

# 서문

"애플은 엄청난 자산을 보유하고 있습니다. 하지만 내가 믿건대 모종의 주의를
기울이지 않으면 이 회사는, 이 회사는 …지금 적절한 단어를 찾는 중입니다…
이 회사는 죽을 수도 있습니다."

— 스티브 잡스, 1997년 애플의 임시 CEO 복귀 연설 중에서

스티브 잡스는 제품 자체만큼이나 제품을 포장하는 마분지 박스에
도 신경을 많이 쓴다. 스타일을 살리거나 우아하게 만들고 싶어서가
아니다. 물론 그런 이유도 일부 포함될 수 있겠지만, 잡스가 그러는
이유는 박스에서 제품을 꺼내는 행동이 사용자 경험의 매우 중요한
부분이라고 생각하기 때문이다. 그가 하는 다른 모든 일들과 마찬가
지로 이 또한 면밀한 생각 끝에 나온 것이다.

잡스는 소비자에게 생소한 새로운 기술을 소개하는 데에는 제품
포장이 도움이 된다고 믿는다. 1984년에 출시된 최초의 매킨토시를
예로 들어보자. 당시 어느 누구도 그런 것을 본 적이 없었다. 매킨토
시는 마우스라고 하는 이상하게 생긴 포인팅 장치로 컴퓨터를 제어
했는데, 그때까지 PC에 사용되던 키보드와는 전혀 다른 것이었다.
잡스는 새로운 사용자들이 마우스에 익숙해지도록 전체 박스 속에
작은 칸막이를 만들어 마우스를 따로 포장했다. 사용자가 마우스의

포장을 직접 뜯고 설치하도록 하는 것이 이질감을 덜어줄 것으로 믿었던 것이다.

그 이후로 지금까지 잡스는 애플이 생산하는 모든 제품에 이 '포장 뜯기 수법'을 적용해왔다. 아이맥iMac의 포장 역시 인터넷으로 제품을 주문하여 받아보기 쉽게 고안되었다. 스티로폼 틀에 얇은 매뉴얼의 받침대 부분까지 따로 마련하여 제품과 부속물을 끼워 박스에 담은 것이다.

잡스는 포장뿐만 아니라 소비자 경험의 모든 측면을 통제한다. 애플 제품에 대한 구매욕을 자극하는 TV 광고에서부터 박물관을 연상하게 하는 소매점에 이르기까지, 아이폰iPhone을 구동하는 쉽고 편리한 소프트웨어에서부터 노래와 비디오를 제공하는 웹사이트 아이튠즈iTunes에 이르기까지 말이다.

잡스는 통제에 집착하는 괴짜이다. 또한 완벽주의자에다 엘리트주의자이며, 직원들에게는 감독자이다. 여러 이야기에 따르면, 잡스는 거의 미치광이에 가깝다. 그는 엘리베이터 안에서 직원을 해고하고 동업자들을 교묘하게 조종하며 다른 사람들의 공로를 빼앗는 또라이 같은 인물로 묘사되곤 한다.[1] 최근에 나온 그의 전기들 역시 그를 인간의 가장 저급한 욕구인 통제욕, 학대욕, 지배욕에 고무되는 반사회적 이상 성격자로 묘사했다. 잡스에 관한 대부분의 책들이 그를 좋게 평하지 않는다. 마치 부정행위만을 모아놓은 카탈로그를 보는 것 같다. 그가 그런 내용들을 중상모략이라고 일축한 것은 당연한 일이다. 그가 가진 천재성은 도대체 어디로 갔단 말인가?

분명 그는 일은 제대로 하고 있다. 잡스는 파산 직전의 위기에서 애플을 구해냈으며 10년 사이에 그 어느 때보다 크고 강하게 성장시켜놓았다. 또한 애플의 연매출을 3배로 늘렸으며 맥의 시장 점유율을 2배로 만들었고 애플의 주가도 1,300퍼센트나 올려놓았다. 애플은 현재 일련의 히트상품과 한 개의 대박상품으로 이전보다 훨씬 많은 돈을 벌어들이며 훨씬 많은 컴퓨터를 시장에 내놓고 있다.

2001년 10월 출시된 아이팟iPod은 애플의 모습을 완전히 바꿔놓았다. 애플이 살기 위해 발버둥치던 낙오자에서 세계의 등대로 변모한 것과 마찬가지로 아이팟 또한 비싸고 괴상한 사치품에서 다양하고 중요한 제품군으로 변모했다. 아이팟은 출시 당시 사람들에게 외면을 당했다. 값이 비싼 데다가 오직 맥을 기반으로 작동되었기 때문이다. 그런 제품을 전 세계적으로 수백에 달하는 협력업체들과 주변기기 제조업체들을 먹여 살리는 수십억 달러 규모의 산업으로 급속히 바꿔놓은 인물이 바로 스티브 잡스다.

잡스는 신속하고도 과감하게 온라인 스토어, 윈도우 호환성, 비디오 기능 등을 추가하며 아이팟을 이전보다 새롭고 좋은 모델로 발전시켰다. 그 결과 아이팟은 2007년 4월까지 1억 개 이상이 팔려나갔다. 이는 아이팟이 늘어나는 애플 수익의 거의 절반을 차지한다는 의미였다. 아이팟에 전화와 인터넷 기능을 추가한 아이폰 역시 새로운 대박상품이 될 것으로 보인다. 2006년 6월에 출시된 아이폰은 이미 거대한 휴대폰 시장을 급격하게 변화시키고 있다. 전문가들은 아이폰이 이미 해당 분야를 두 시대로 나누었다고 말한다. 아이폰의 이전 시대와 이후 시대로 말이다.

몇 가지 수치를 한번 살펴보자. 애플은 2007년 말 기준으로 1억 개가 훨씬 넘는 엄청난 양의 아이팟을 팔았다. 그리고 2008년 말까지 2억 개 이상, 2009년 말까지 3억 개 이상을 팔 것으로 예상하고 있다. 전문가들은 시장이 포화되기 전까지 5억 개 이상의 아이팟이 팔릴 것으로 내다본다. 그렇게 되면 아이팟은 역사상 가장 많이 팔린 전자 제품으로 등극하게 된다. 지금까지의 최고 기록 보유자는 1980년대에서 1990년대 초에 이르는 15년 동안 약 3억 5,000만 개가 팔려나간 소니Sony의 워크맨Walkman이다.

애플은 MP3 시장에서 마이크로소프트와 유사한 독점적 지위를 누리고 있다. 미국의 경우 아이팟은 시장의 거의 90퍼센트에 달하는 지분을 점유하고 있다. 음악 플레이어 10개가 팔리면 그 중 9개가 아이팟이라는 얘기다.[2] 또한 2007년형 자동차 모델의 4분의 3에 아이팟 커넥터가 장착되었다. MP3를 연결할 수 있는 것이 아니라 아이팟만을 연결할 수 있는 커넥터 말이다. 애플은 아이튠즈 주크박스 소프트웨어를 지금까지 6억 개 배포했고, 아이튠즈 온라인 스토어는 30억 곡에 달하는 음원을 판매했다(노래의 다운로드 횟수가 30억이라는 의미이다).

"우리는 놀라지 않을 수 없습니다." 잡스는 2007년 8월 기자회견에서 이 수치들을 언급한 후 이렇게 말했다. 아이튠즈 스토어는 하루에 약 500만 곡의 음원을 판매한다. 이는 온라인으로 판매되는 모든 디지털 음원의 80퍼센트에 해당한다. 아이튠즈 스토어는 결국 월마트Wal-Mart와 베스트 바이Best Buy 다음으로 큰 음악 소매점인 셈이다. 독자들이 이 글을 읽을 때쯤이면 이 수치들은 필경 두 배가 되어 있을 것이다. 아이팟은 마이크로소프트조차도 경쟁할 엄두를 못 내는 거대한 상품이 된 상태이다.

이번엔 애니메이션 제작사 픽사Pixar에 대한 이야기를 잠깐 해보자. 1995년 잡스의 개인 소유였던 이 작은 영화 스튜디오는 순전히 컴퓨터만 사용하여 만든 최초 애니메이션 영화 〈토이 스토리〉를 만들어 발표했다. 픽사는 이 영화를 첫 작품으로 하여 해마다 한 편씩 정기적으로 일련의 블록버스터를 출시했다. 그리고 2006년 디즈니에 74억 달러라는 거액에 인수되었다. 여기서 가장 중요한 사실은 이 일로 잡스가 디즈니의 최대 주주이자 할리우드에서 가장 중요한 괴짜가 되었다는 것이다.

문화사학자이자 캘리포니아 주립도서관장인 케빈 스타Kevin Starr는 이렇게 평했다. "잡스는 이 시대의 헨리 카이저Henry J. Kaiser('조선업계의 왕'으로 불리는 기업인으로, 루즈벨트 대통령에게 부통령 제의까지 받았다)이거나 월트 디즈니Walt Disney다."[3]

잡스는 실로 놀라운 인물이다. 그는 애플은 물론 컴퓨터 업계와 문화계에 엄청난 영향력을 미치고 있다. 또한 자수성가한 억만장자로서 세계 최고의 부자 가운데 한 명이다. 전설적인 컴퓨터 과학자이며 유명한 컴퓨터 역사가인 고든 벨Gordon Bell은 이렇게 평했다. "잡스는 PC 분야에서 가장 영향력 있는 혁신가이며 앞으로도 계속 그럴 것이다."[4]

그러나 잡스는 벌써 오래전에 사라졌어야 할 인물이다. 정확히 말하면, 1985년 경영권을 놓고 벌인 권력 다툼에서 패해 애플에서 쫓겨났을 때 말이다.

잡스는 1955년 2월 샌프란시스코에서 동거 중인 대학원생 부모에게서 태어나 일주일도 지나지 않아 입양 기관에 넘겨졌다. 잡스를 입양한 사람들은 블루칼라 계층의 폴과 클라라 잡스 부부였다. 그들은 잡스를 입양하자마자 캘리포니아 주 마운틴뷰라는 시골 마을로 터전을 옮겼다. 과수원이 많던 그곳은 얼마 지나지 않아 원래의 모습을 잃어버렸다. 주변에 실리콘 밸리가 들어섰기 때문이다.

기계공인 양부의 이름을 따 스티븐 폴 잡스Steven Paul Jobs라는 이름을 갖게 된 그는 학창 시절 비행 청소년이나 다름없었다. 그는 4학년 때 담임선생님이 돈과 사탕으로 구슬리는 바람에 학교를 계속 다녔다고 말했다. "그렇지 않았으면 틀림없이 교도소나 들락거렸을 겁니다."

그러던 중 동네 사람 한 명이 잡스를 전자공학의 경이로운 세계로 이끌어준, 지금 생각해보면 매우 중요한 사건이 발생했다. 그가 잡스에게 히스키트라는 아마추어용 전자공학 키트를 주었는데, 잡스가 그것을 가지고 놀면서 전자제품의 내부 작동원리를 익혔던 것이다. 이후 잡스는 TV처럼 복잡한 제품들도 간단히 이해할 수 있었다. 잡스는 이렇게 말했다. "그런 제품들은 더 이상 신비롭지 않았어요. 제품은 마법의 세계에 속한 것이 아니라 인간의 창조력이 낳은 산물이라는 사실을 분명히 인식하게 된 것이지요."[5]

잡스의 친부모는 입양 조건으로 대학 교육을 요구했다. 하지만 잡스는 오리건 주에 있는 리드 대학교를 다니다 한 학기 만에 그만두고 말았다. 비록 캘리그래피calligraphy(글씨를 아름답게 쓰는 기술 또는 활자 이외의 모든 서체)처럼 스스로 흥미를 느끼는 과목들은 몰래 계속 청강했지만 말이다.

땡전 한 푼 없었던 잡스는 콜라병을 모아 팔기도 하고 친구 집 마룻바닥에서 잠을 자기도 했다. 끼니는 종종 그 지역 힌두교 사원인 하레 크리슈나 사원에서 제공하는 무료 급식으로 해결했다. 한때 목욕을 할 필요가 없게 될지도 모른다는 생각에 사과 다이어트를 철저하게 실행에 옮겨봤지만 뜻대로 되지는 않았다. 그는 캘리포니아로 돌아와 최초의 비디오게임 업체 가운데 하나인 아타리Atari에 취직하여 인도로 갈 여행 경비를 모았다. 그리고 얼마 후 사표를 내고 죽마고우와 함께 깨달음을 찾아 길을 떠났다.

여행에서 돌아온 잡스는 스티브 워즈니악Steve Wozniak이라는 또 다른 친구와 어울리기 시작했다. 워즈니악은 전자공학의 천재로 재미 삼아 직접 PC를 만들 정도였는데, 그것을 파는 데에는 관심이 없었다. 그러나 잡스의 생각은 달랐다. 잡스의 설득 끝에 두 사람은 잡스의 침실을 사무실로 삼아 애플컴퓨터Apple Computer Inc.를 설립했다. 그리고 즉시 몇 명의 십대 친구들과 함께 잡스 부모의 차고에서 컴퓨터를 손으로 조립하기 시작했다. 사업 자금을 마련하기 위해 잡스는 갖고 있던 폭스바겐 마이크로버스를 팔았고 워즈니악은 계산기를 팔았다. 당시 잡스는 스물한 살, 워즈니악은 스물여섯 살이었다.

초기 PC 혁명의 꼬리를 붙들고 애플은 로켓처럼 날아올랐다. 그리하여 1980년 기업공개에 이르렀는데, 그 규모가 1956년 포드자동차Ford Motor Company 이래 최대였다. 덕분에 스톡옵션을 받았던 직원들은 눈 깜짝할 사이에 백만장자가 되었다. 애플은 1983년 〈포춘〉이 선정한 500대 기업 중 411위에 올랐다. 비즈니스 역사상 가장 빠른 성장이었다. 잡스는 말했다. "스물세 살에 나의 가치는 100만 달러를 넘어섰고 스물네 살에는 1,000만 달러 이상이 되었으며, 스물다섯 살에는 억만 달러를 상회했지요. 하지만 나는 돈을 위해 일한 게 아니었기 때문에 그건 그리 중요하지 않았습니다."

워즈니악이 하드웨어 분야의 천재로 컴퓨터에 푹 빠진 엔지니어였다면, 잡스는 시스템 전체를 이해하는 비즈니스맨이었다. 디자인과 홍보에 관한 잡스의 아이디어 덕분에 애플II는 일반 소비자 대상의 대중 컴퓨터로서는 최초로 성공한 제품이 되었으며, 그 결과 애플은 1980년대 초반에 현재의 마이크로소프트와 같은 지위를 차지하게 되었다.

이 무렵 잡스는 기존의 PC 사업에 싫증을 느끼고 매킨토시 쪽으로 고개를 돌렸다. 매킨토시는 일단의 컴퓨터 연구소들이 개발한 혁명적인 그래픽 유저 인터페이스GUI(graphical user interface)를 최초로 상업화한 시스템이다. 잡스가 오늘날 빌 게이츠Bill Gates의 윈도우 체제를 채택한 수천만 대의 컴퓨터를 포함하여 거의 모든 컴퓨터에 사용되는 그래픽 유저 인터페이스를 발명한 것은 아니었다. 그러나 그것을 대중화한 사람은 바로 잡스였다. 이 점은 잡스가 애초부터 표명해 왔던 목표와 관련이 깊다. 최대한 많은 사용자가 손쉽게 이용할 수 있는 기술을 창조한다는 목표 말이다.

1985년 잡스는 생산성이 떨어지고 통제하기 어려운 사람이라는 이유로 사실상 애플에서 퇴출당했다. 당시의 CEO 존 스컬리John Sculley와 벌인 권력 다툼에서 패한 후 해고당하기 전에 일선에서 물러난 것이다. 잡스는 복수를 꿈꾸며 넥스트NeXT라는 컴퓨터 회사를 세우고는 고급 사양의 컴퓨터를 학교 등지에 납품하고 애플을 업계에서 몰아내는 것을 목표로 삼았다.

그는 또한 어려움을 겪고 있던 한 컴퓨터그래픽 회사도 인수했다. 이혼 문제 때문에 현금이 필요했던 영화 〈스타워즈〉의 감독 조지 루카스George Lucas에게서 1,000만 달러에 사들인 것이다. 잡스는 회사 이름을 '픽사'로 바꾸고, 힘겹게 연명하던 이 회사에 10년 동안 자기 돈 6,000만 달러를 쏟아 부었다. 그리고 마침내 픽사는 블록버스터 시리즈를 출시하며 할리우드의 정상급 애니메이션 스튜디오로 탈바꿈했다.

반면, 넥스트는 성공하지 못했다. 8년 동안 겨우 컴퓨터 5만 대를 판매하는 데 그쳤고, 그 바람에 하드웨어 사업을 접고 CIA와 같은 틈새 고객에게 소프트웨어를 판매하는 일에 주력해야 했다. 이 시점이 바로 잡스가 공인의 삶을 접고 사라질 수 있었던 때였다. 넥스트의 실패와 더불어 잡스는 은퇴해 회고록을 쓰거나 여러 선배들처럼 벤처캐피털리스트로 변신할 수도 있었다.

그러나 따져보면 넥스트는 놀라운 성공작이었다. 넥스트의 소프트웨어 덕분에 잡스가 애플로 돌아올 수 있었기 때문이다. 또한 그 소프트웨어는 애플의 몇몇 핵심 기술들, 특히 대단한 호평을 받으며 영향력을 과시하고 있는 맥 운영체제operating system XMac OS X의 토대가 되었다.

1996년 잡스가 11년 만에 캘리포니아 주 쿠퍼티노의 애플 사옥에 다시 발을 들여놓은 일은 비즈니스 역사상 가장 위대한 컴백이었다. 구글Google의 CEO 에릭 슈미트Eric Schmidt는 〈타임〉과의 인터뷰에서 이렇게 말했다. "애플은 기술 역사상 가장 주목할 만한 제2막에서 중요한 역할을 하고 있습니다. 애플의 부활은 정말 경이로울 뿐만 아니라 지극히 인상적이지요."[6]

잡스는 복귀 후 잇따라 현명한 선택을 내렸다. 아이팟은 공전의 히
트를 기록했으며 아이폰 역시 마찬가지로 보인다. 한때 틈새 고객의
값비싼 장난감으로 여겨지던 맥조차 화려한 복귀를 꾀하고 있다. 맥
은 애플 그 자체와 마찬가지로 이제 어느 면에서 봐도 주류에 속한다.

복귀 후 10년간 잡스는 큰 건 하나 말고는 실수도 거의 하지 않았
다. 음악 파일 공유 프로그램인 냅스터Napster와 2000년도의 음악 혁
명을 간과한 것이다. 소비자들이 CD 제작기기를 원하는 상황인데도
애플은 DVD 드라이버가 장착된 아이맥을 만들어 비디오 편집기기
로 판촉했다. "멍청이가 된 기분이었지요." 잡스는 이렇게 토로하기
도 했다.[7]

잡스는 운도 지극히 좋았다. 2004년 어느 이른 아침, 췌장에서 암
종양이 발견됐다. 사형선고였다. 췌장암은 치료가 어렵고 빠르게 악
화된다. "주치의는 나에게 집에 가서 주변을 정리하라고 했는데, 의
사들이 그렇게 말하는 것은 죽을 준비를 하라는 것 아니겠어요?" 잡
스는 말했다. "그것은 아이들에게 앞으로 10년간 이야기해주려고 생
각했던 모든 것들을 겨우 몇 달 안에 다 해버리라는 뜻이었어요. 또
모든 것을 확실하게 정리해서 내가 없더라도 가족들이 살아가는 데
어렵지 않게 해주라는 뜻이었지요. 그만 작별인사를 하라는 겁니
다." 그러나 그날 저녁 생체조직 검사를 통해 종양은 암 중에서도 극
히 드문 유형에 속해 수술로 치료할 수 있는 것으로 밝혀졌다. 잡스
는 무사히 수술을 받았다.[8]

이제 50대 초반인 잡스는 아내와 네 아이와 함께 팔로알토 교외에

있는 넓지만 수수한 집에서 조용하게 은밀히 살고 있다. 불교신자이며 일종의 채식주의자(생선은 먹는 채식주의자)인 그는 과일이나 스무디를 사러 근처에 있는 홀푸드Whole Foods라는 유기농 식품 매장까지 종종 맨발로 걸어간다. 일하는 데 많은 시간을 할애하지만 때때로 하와이에서 휴가를 즐기기도 한다. 또 애플에서 연봉으로 1달러를 받지만 자사주 옵션으로 점점 더 부자가 되고 있으며, 애플 이사회의 허가로 9,000만 달러나 되는 자가용 비행기로 걸프스트림 V 제트기를 타고 다닌다.

요즘 잡스는 무아지경에 빠져 있다. 애플은 사력을 다하고 있지만 사업 모델은 30년이나 시대에 뒤져 있다. 애플은 오래전에 마이크로소프트로 표준화된 산업 환경에서는 이질적인 존재이다. 사실 자사의 기술에 발목이 묶여 사양길을 걸은 오즈본Osborne과 아미가Amiga, 그리고 수백에 달하는 여타의 컴퓨터 회사들과 마찬가지로 일찌감치 전설이 되었어야 마땅하다. 그렇지만 수십 년 만에 처음으로 애플은 1970년대에 개척했던 컴퓨터 산업보다도 어쩌면 훨씬 커질지도 모르는 새로운 시장들을 열어 더 크고 강력한 상업적 존재가 될 수도 있는 위치에 있다. 바로 디지털 오락 및 통신 분야라는 새로운 개척지가 생겨난 덕분이다.

일터는 오래전에 컴퓨터 혁명을 겪었고 마이크로소프트가 이를 접수했다. 애플이 그 지배력을 쟁취할 가능성은 없다. 그렇지만 가정에서는 다른 문제이다. 이제 모든 오락과 통신이 디지털화되고 있다. 음악과 영화의 온라인 배급이 늘고 있고 휴대전화나 문자, 이메일 통신이 대세를 이루고 있다. 잡스는 이런 시장을 독점할 좋은 위치에 있다. 그를 비즈니스 세계에 걸맞지 않게 만들었던 모든 본능과 직감이 소비자 기기의 세계에는 완벽하게 들어맞는다. 산업디자인에 대한 집착, 광고에 대한 통제, 그리고 한결같은 사용자 경험을 고안해 내야 한다는 고집은 첨단 기술을 대중에게 판매하고자 할 때 핵심적인 역할을 한다.

애플은 개인이 사용하기 쉬운 기술을 개발하고자 하는 잡스의 오랜 꿈을 실현하는 완벽한 수단이 되었다. 그는 자신의 이미지를 따서 애플을 만들었고 재창조했다. 애플의 기업전도사로 불리던 가이 가와사키Guy Kawasaki('전도사'란 표현을 즐겨 쓰는데, 자신이 매킨토시의 전도사였을 뿐만 아니라 현재는 스스로 창업전도사로 생각하며 활동하고 있기 때문이다)는 말했다. "애플은 만 개의 생명을 가진 스티브 잡스입니다." [9]

이렇게 거울에 비치는 상처럼 창립자와 흡사한 회사는 거의 없다. "애플은 항상 스티브의 가장 좋은 성격과 가장 추한 성격을 그대로 보여주었습니다." 잡스가 갈아치운 전임 CEO 길버트 아멜리오Gilbert Amelio는 말했다. "존 스컬리와 마이클 스핀들러Michael Spindler, 그리고 나는 CEO 시절 회사가 돌아가게는 했지만 회사의 정체성을 확연히 바꿔놓지는 못했습니다. 스티브 잡스와 관련해서 화낼 만한 일은 많지만, 내가 애플에 대해 사랑했던 많은 것들이 그의 성격을 반영하고 있음을 인정하지 않을 수 없습니다." [10]

잡스는 비타협적인 예술성과 탁월한 사업 수완을 독특하게 혼합하여 애플을 운영하고 있다. 그는 사업가라기보다 예술가 쪽에 가깝지만 창의적인 제품을 상품화하는 데 뛰어난 능력을 지녔다. 몇 가지 면에서 그는 즉석카메라를 발명하여 사진 기술의 혁명을 일으킨 폴라로이드Polaroid의 공동 창립자 에드윈 랜드Edwin Land와 닮았다. 랜드는 잡스가 영웅으로 생각하는 사람 중 한 명이다. 랜드는 사업상의 결정을 내릴 때 냉정한 사업가가 아닌 과학자로서, 시민의 권리와 여성의 권리를 옹호하는 지지자로서 옳다고 판단되는 것을 기초로 삼았다. 잡스는 자신의 또 다른 영웅 헨리 포드Henry Ford와도 닮은 구석이 있다. 포드는 대량생산 기술로 자동차를 대중화한 기술 민주화의 선도자이다. 또한 잡스는 현대의 메디치라 할 수 있는 일면도 지니고 있다. 르네상스에 공헌한 이탈리아의 정치가 메디치처럼 조너선 아이브Jonathan Ive를 후원해 산업디자인의 르네상스를 열게 했기 때문이다. 그는 자신의 관심사와 성격적인 특성(집착, 자기연민, 완벽주의 등)을 적절히 살려서 경력상의 특성으로 바꿔놓았다.

잡스는 다른 사람들 대부분을 얼간이라고 생각하는 엘리트주의자이다. 그러나 그는 얼간이들조차도 쉽게 사용할 수 있도록 제품을 만들어낸다.

잡스는 더러운 성격의 변덕스러운 강박증 환자이다. 그럼에도 그는 세계적 수준의 창의적 협력자들, 즉 스티브 워즈니악과 조너선 아이브, 그리고 픽사의 감독 존 래스터John Lasseter 등과 일련의 생산적인 관계를 맺어왔다.

잡스는 아이들을 위한 애니메이션 영화를 만드는 문화적 엘리트주의자이자 탐미주의자이며 반물질주의자이기도 하다. 동시에 아시아 지역의 공장에서 대중시장용 제품들을 마구 찍어내 그것들을 광고라는 가장 어리석은 매체에 대한 독보적인 지배력을 이용해 판촉하고 있다.

잡스는 스스로 정한 빡빡한 생산 일정에 맞추도록 직원들을 채찍질하는 독재자이다. 그는 기능장애를 겪고 있던 대기업을 빈틈없고 체계적인 조직으로 개조해놓았다.

잡스는 타고난 재능과 수완을 적극적으로 활용해서 애플의 모습을 바꿔놓았다. 그는 디자인과 브랜드와 유행에 첨단 기술을 접목시켰다. 애플은 전형적인 컴퓨터 회사라기보다는 나이키나 소니처럼 브랜드에 치중하는 다국적 기업에 가깝다. 기술과 디자인과 마케팅이 독특하게 결합된 조직으로서 말이다. 완전한 고객 경험을 구현하겠다는 잡스의 열망 때문에 애플은 하드웨어, 소프트웨어, 온라인 서비스, 여타의 관련 사업 모두에 손을 뻗고 있다. 그럼에도 애플은 서로 호환이 잘 되고 고장이 드문 제품들을 생산한다. 오픈 라이선싱open licensing 모델에 반대하는 마이크로소프트조차도 엑스박스Xbox 게임기와 준Zune 음악 플레이어를 판매할 때에는 애플의 방식을 모방하고 있다.

잡스의 매력과 카리스마는 극적 효과와 정보 광고를 독특하게 혼합하여 업계 최고의 제품 소개를 연출한다. 그는 자신의 흡입력을 십분 활용해, 계약과 관련해서는 여간 깐깐하지 않은 디즈니 및 여러 음반회사들, 그리고 통신회사 AT&T와 유리한 계약을 이끌어내기도 했다. 디즈니는 픽사를 인수하면서 잡스에게 완전한 창작의 자유와 수익의 상당 부분을 제공하기로 약속했다. 음반회사들은 아이튠즈 뮤직스토어를 실험적인 존재에서 위협적인 존재로 변모시키는 데 일조했다. 그리고 AT&T는 견본을 보지도 않고 아이폰을 채택하는 데 동의했다.

스티브 잡스에 대한 평가는 사람마다 다르다. 통제에 대해 집착하는 인물로 보는 사람이 있는가 하면, 사용자를 위해 제품을 정교하게 다듬고픈 열망으로 가득 찬 인물로 보는 사람도 있다. 지나친 완벽주의자로 보는 사람이 있는가 하면, 그저 탁월성을 추구할 뿐이라고 생각하는 사람도 있다. 또한 독설을 퍼붓는 사나운 리더로 여기는 사람이 있는가 하면, 우주에 흔적을 남기고픈 열정적인 인물로 평가하는 사람도 있다. 이것이 바로 자신의 성격적 특성을 기업 철학으로 바꾼 한 사람의 모습이다. 그럼 지금부터 그에 대한 이야기를 시작해보기로 하자.

# 벼랑에 선
# 애플을 구하다
## #1

Steve
Jobs

# Steve Jobs says:

나는 튼튼한 기초를 토대로 모든 것을 개조하고 싶습니다. 기꺼이 벽을 허물고 다리를 놓으며 불을 지필 것입니다. 내게는 많은 경험과 에너지, 그리고 약간의 비전이 있기에 처음부터 다시 시작하는 것이 두렵지 않습니다.

— 애플의 맥 웹사이트에 실린 자기소개서에서

1997년 화창한 7월의 어느 날 아침, 스티브 잡스는
20년 전 친구와 함께 설립했던 그 회사로 돌아왔다.

애플은 죽음의 소용돌이에서 발버둥치고 있었다. 6개월 후면 파산
에 이를 지경이었다. 몇 년 사이에 애플은 세계 최대의 컴퓨터 기업
에서 낙오자로 전락했다. 현금과 시장 지분이 계속 새어나갔고, 더
이상 아무도 애플의 컴퓨터를 사려 들지 않았다. 주식은 휴지 조각이
되어버렸으며, 언론은 애플의 몰락이 임박했다고 전망했다.

애플의 고위 간부들이 본사에서 열리는 회의에 소집되었다. 당시
의 CEO인 길버트 아멜리오가 발을 끌며 맥없이 회의실에 들어섰다.
지난 18개월 동안 회사를 이끌어온 그는 여기저기 구멍 난 곳을 땜질
하며 회사를 다시 일으키려고 노력했지만 창의적인 정신을 되살리기
에는 역부족이었다. "이제 제가 떠나야 할 시간이 왔습니다." 그는
이렇게 말하고 조용히 회의실을 나갔다. 뒤이어 사람들이 어떤 반응
을 보이기도 전에 스티브 잡스가 회의실로 들어섰다. 건달 같은 모습

이었다. 반바지와 운동화 차림에 며칠 동안 면도도 하지 않은 얼굴이었다. 그는 회전의자에 털썩 앉더니 천천히 의자를 돌리기 시작했다. "대체 뭐가 문제인지 얘기 좀 해주시지요." 그런 다음 대답할 틈도 주지 않고 곧바로 소리쳤다. "문제는 제품입니다. 엿 같은 제품! 더 이상 매력적이지 않다는 게 문제라고요!"[1]


## ：애플의 몰락

애플의 몰락은 빠르고 극적이었다. 1994년 애플은 수십억 달러에 달하는 세계 PC 시장의 거의 10퍼센트를 장악하고 있었다. 컴퓨터 제조회사로서는 거대 기업 IBM에 이어 세계 2위였다.[2] 1995년에는 세계 각지에 470만 대의 맥을 판매하면서 회사 역사상 최대의 판매고를 올렸지만 그것으로 만족하지 않았다. 마이크로소프트처럼 되고 싶었던 것이다. 그리하여 애플은 몇몇 컴퓨터 제조업체들, 일테면 파워컴퓨팅Power Computing, 모토롤라Motorola, 유맥스Umax 등과 맥 운영체제 라이선스 계약을 맺기 시작했다. 애플의 경영진은 '복제품' 기계들이 맥 시장을 전반적으로 성장시켜줄 것이라고 설명했지만 실제로는 전혀 효과를 발휘하지 못했다. 맥 시장은 이렇다 할 성장을 이루지 못한 채 저조한 상태를 유지했고, 오히려 복제품 기계 제조업체들이 애플의 시장 점유율을 잠식해 들어갈 뿐이었다.

1996년 1/4분기에 애플은 6,900만 달러의 손실을 보고하고 1,300

명의 직원을 정리해고했다. 같은 해 2월 이사회는 CEO 마이클 스핀들러Michael Spindler를 해고하고, 그 자리에 역전의 명수로 명성이 자자한 컴퓨터 업계의 베테랑 길버트 아멜리오를 임명했다. 그러나 아멜리오는 18개월 동안 CEO로 재직하면서 자신이 무력할 뿐만 아니라 인지도도 없는 인물임을 입증해 보였다. 애플의 손실은 16억 달러가 되었고 시장 점유율은 10퍼센트에서 3퍼센트로 곤두박질쳤으며, 주가도 폭락했다. 설상가상으로 아멜리오는 수천 명의 직원을 해고하면서 자신의 급여와 여러 혜택으로 약 700만 달러를 쓸어 모았으며 2,600만 달러어치의 주식까지 챙긴 것으로 〈뉴욕 타임스〉에 보도되었다. 또한 애플의 중역 사무실을 호화롭게 개조했을 뿐만 아니라 700만 달러의 고액 퇴직수당을 보장받은 사실까지 밝혀졌다. 〈뉴욕 타임스〉는 아멜리오의 행태를 '도둑경영' 이라고 일컬었다.[3]

그러나 아멜리오가 적절하게 수행한 일도 몇 가지 있었다. 적자를 내는 프로젝트와 제품을 상당수 폐기하고, 손실을 막기 위해 불필요한 사업들을 정리한 것이다. 가장 중요한 일은 잡스의 회사인 넥스트를 인수했다는 사실이다. 넥스트의 운영체제가 현대적이고 강건하기 때문에 노후하여 문제가 많은 매킨토시 운영체제를 대체할 수 있을 거라는 바람에서였다.

그러나 넥스트 인수는 지극히 우연이었다. 아멜리오는 원래 애플의 전임 간부 장 루이 가세Jean Louis Gassée가 만든 미완성의 운영체제인 비오에스BeOS를 사려고 했다. 그런데 한창 흥정이 진행 중일 때 넥스트의 영업사원인 가렛 라이스Garret L. Rice가 뜬금없이 전화를 걸어 자기 회사의 제품도 검토해볼 것을 제안했다. 그때까지 애플의 엔지니어들은 넥스트를 전혀 고려하지 않고 있었다. 넥스트의 제안에 흥미가 생긴 아멜리오는 잡스에게 넥스트의 운영체제에 대해 프레젠테이션을 해보라고 요청했다.

1996년 12월 잡스는 아멜리오에게 넥스트를 인상적으로 시연해 보였다. 비오에스와 달리 넥스트는 끝까지 완성된 상태였다. 잡스에게는 고객들도 있었고 개발자와 하드웨어 협력업자들도 있었다. 또한 넥스트는 매우 높게 평가받는 고급 프로그래밍 도구를 완벽하게 갖추고 있었기 때문에 다른 기업들이 넥스트에서 구동하는 소프트웨어를 쉽게 작성할 수 있었다. 아멜리오는 자신의 저서에서 이렇게 밝혔다. "넥스트 사람들이 무엇보다도 네트워킹이나 인터넷 세상 등과 같은 주요 현안에 대해 오랜 시간 고심했다는 것을 알 수 있었다. 업계의 다른 기업들보다 훨씬 훌륭했다. 애플이 만든 그 어느 것보다도, 심지어 NT와 선마이크로시스템스Sun Microsystems의 제품보다도 나았을 것이다."[4]

협상이 진행되는 동안 잡스는 매우 겸손한 태도를 유지했다. 판매를 강요하려 들지도 않았다. "특히 스티브 잡스의 평소 성격을 고려할 때, 참신하다는 느낌이 들 정도로 정직한 접근 방식이었다. 나는 그가 폭주 열차처럼 달려들지 않는다는 사실에 안심했다. 프레젠테이션을 진행하면서 그는 충분한 생각과 질문과 토론을 할 수 있는 여지를 주었다."[5]

두 사람은 팔로알토에 있는 잡스의 저택에서 차를 마시며 거래 조건을 좁혀나갔다. 첫 번째 사안은 주가에 기반을 둔 매입가였고, 두 번째 사안은 넥스트 직원들의 스톡옵션이었다. 아멜리오는 잡스가 자신의 직원들을 배려한다는 사실에 깊은 인상을 받았다.

잡스는 아멜리오에게 산책을 제의했다. 아멜리오는 어리둥절해 했지만, 사실 그것은 잡스가 통상적으로 사용하는 수법이었다. 아멜리오는 이렇게 회상했다. "나는 스티브의 에너지와 열정에 사로잡혔다. 그가 얼마나 활기차게 일어섰는지 똑똑히 기억난다. 일어나서 움직이는 그의 몸짓 하나하나에서 그의 모든 정신적 능력이 구현되는 듯했다. 그는 표현력이 매우 뛰어났다. 산책을 마치고 다시 그의 집으로 향할 무렵에는 모든 거래가 매듭지어진 상태였다."<sup>6</sup>

그로부터 2주 후인 1996년 12월 20일, 아멜리오는 애플이 넥스트를 4억 2,700만 달러에 매입할 것이라고 발표했다. 잡스는 아멜리오의 특별 고문으로서 두 기업의 인수합병을 돕기 위해 애플로 돌아왔다. 애플 본사에 발을 들여놓은 것은 거의 11년 만이었다. 애플을 구하기에는 너무 늦었을지도 모른다는 생각이 잡스의 머릿속을 스쳐 지나갔다.


# ⋮ iCEO로 등극하다


처음에 잡스는 애플에서 어떤 직책을 맡는다는 것이 썩 내키지 않았다. 이미 또 다른 회사, 즉 첫 영화 〈토이 스토리〉의 엄청난 성공으로 급부상한 픽사의 CEO로 재직 중이었다. 할리우드에서 성공을 거두고 나자 애플에서 다시 기술 사업을 이끌어나가고픈 마음이 들지 않았던 것이다. 순식간에 구닥다리로 전락하는 기술 제품들을 만들어내는 일은 이제 지긋지긋했다. 그보다는 좀더 오랫동안 지속되는 것, 일테면 좋은 영화 등을 만들고 싶었다. 훌륭한 이야기는 수십 년의 생명력을 갖는 법이다. 1997년 〈타임〉과의 인터뷰에서 잡스는 다음과 같이 말했다.

"지금 판매하는 컴퓨터가 20년 후에도 돌아갈 거라고는 생각하지 않습니다. 하지만 60년 전에 찍어낸 〈백설공주〉는 2,800만 부가 팔렸고 지금도 계속해서 팔리고 있습니다. 사람들은 더 이상 자녀들에게 헤로도토스나 호머의 책을 읽어주지 않아요. 그것보다는 모두들 영화를 찾기 시작했지요. 영화야말로 우리 시대의 진정한 신화입니다. 그러한 신화를 우리 문화에 도입한 것은 디즈니이지만 픽사도 그럴 수 있기를 바랍니다."[7]

어쩌면 더욱 중요한 것은 잡스가 애플의 재기 가능성에 대해 회의적이었다는 사실일 것이다. 사실 그는 1997년 6월, 넥스트를 넘기고 받은 주식 150만 주를 단 한 주만 남기고 전부 최저 가격에 팔아치울 정도로 깊은 회의를 품고 있었다. 애플의 미래가 상징적인 의미로 남겨둔 단 한 주 이상의 가치를 갖지 못한다고 생각했다.

그러나 재정적으로 끔찍한 분기를 몇 번 겪고 난 후 1997년 7월 초, 애플 이사회는 아멜리오에게 사직을 요구했다. 심지어 7억 5,000만 달러의 손실이 보고된 분기도 있었다. 실리콘 밸리 사상 최대의 손실이었다.[8]

잡스가 이사회의 쿠데타를 독려하여 아멜리오를 모함하고 내쫓았다는 것이 일반적이 통설이지만, 그가 회사를 차지할 계획을 세웠다는 증거는 어디에도 없다. 오히려 정반대의 논리가 더 타당해 보인다. 이 글을 쓰는 과정에서 내가 인터뷰한 몇몇 사람들은 잡스가 애초부터 애플로 돌아오는 일에는 전혀 관심이 없었다고 말했다. 픽사 때문에 눈코 뜰 새 없이 바빴을 뿐만 아니라 애플의 회복 가능성에 대해서도 거의 확신을 갖지 못했다는 것이다.

심지어는 아멜리오도 자신의 자서전에서 잡스가 애플을 지휘하는 일에는 전혀 관심이 없었다는 점을 분명히 밝히고 있다. 물론 이 경우 잡스가 자기 자리를 빼앗으려 했다는 아멜리오의 정반대 주장은 무시해야 하겠지만 말이다. "나와 거래할 때 그는 애플에 일정 수준 이상의 관심을 쏟을 의향이 전혀 없었다."[9] 이에 앞서 아멜리오는 역시 자신의 자서전에서 잡스가 넥스트의 매각 대금을 현금으로 받고 싶어 했다고 밝혔다. 애플의 주식을 전혀 원치 않았다고 말이다. 그러나 잡스가 중간에 떠나는 것을 원치 않았던 아멜리오는 상당 부분을 주식으로 지불하겠다고 고집했다. 그의 표현에 따르면, 잡스가 "게임에서 몇 푼이나마" 건지겠다는 생각으로 애플에 전념하기를 원했던 것이다.[10]

아멜리오는 잡스가 CEO 자리를 차지하기 위해 배후에서 자신의 해직을 조종했다고 여러 차례 비난했지만 명확한 증거는 제시하지 못했다. 그로서는 애플 이사회가 자신에 대한 신뢰를 상실했음을 인정하기보다는 자신이 잡스의 계략 때문에 퇴출당했다고 믿는 것이 더 편했을 것이다.

아멜리오가 해고된 뒤 애플 이사회가 의지할 사람은 오직 잡스밖에 없었다. 잡스는 이미 아멜리오의 특별 고문으로서 회사에 조언을 제공하고 있었는데, 이 부분에서는 특별히 권모술수적인 측면을 찾아볼 수 없다. 이사회는 잡스에게 CEO 자리를 맡아달라고 요청했고, 잡스는 '임시'라는 조건을 내걸어 이를 수락했다. 6개월 후 잡스는 임시interim CEO를 줄여서 iCEO라는 직책을 채택했다. 사내에서 농담 삼아 그렇게 불렸기 때문이다. 8월에 이사회는 공식적으로 잡스를 임시 CEO로 임명했지만, 그 와중에도 계속해서 상임 CEO를 물색하고 있었다. 일부 시각에서는 넥스트가 매각되었을 때 애플이 잡스를 손에 넣은 것이 아니라 영리한 잡스가 돈을 받고 애플까지 손에 넣은 것이라고 주장했다.

잡스가 돌아왔을 때 애플은 잉크젯 프린터에서 포켓용 컴퓨터 뉴턴Newton에 이르기까지 약 40여 가지의 제품을 판매하고 있었다. 그러나 그 중에서 시장을 주도하는 제품은 거의 없었고, 특히 컴퓨터 제품라인은 일정한 방향 없이 매우 혼란스러운 상태였다. 주요 제품라인은 쿼드라Quadra, 파워맥Power Mac, 퍼포마Performa, 파워북PowerBook 등이었는데, 한 라인에만 해도 손에 꼽기 어려울 정도로 수많은 모델들이 생산되었다. 그러나 퍼포마 5200CD, 퍼포마 5210CD, 퍼포마 5215CD, 퍼포마 5220CD 등등, 제품명만 헷갈릴 뿐 각 모델들 사이에는 차이점이 거의 없었다.

나중에 잡스는 이렇게 말했다. "처음 CEO 자리를 맡았을 때 엄청나게 많은 종류의 제품들이 출시되고 있었습니다. 그러나 알고보면 모두 똑같은 제품이었지요. 정말 놀라웠습니다. 그래서 직원들에게 3400이 4400보다 나은 이유가 무엇인지, 고객들은 어떤 이유에서 7300이 아닌 6500을 택하는지 등을 물어보기 시작했습니다. 그렇게 3주가 지났지만 도통 각 제품의 차이점을 이해할 수가 없더군요. 그러면서 '내가 이해할 수 없다면 도대체 소비자들은 어떻게 이해할 수 있단 말인가?' 하는 의문이 들기 시작했습니다." [11]

내가 인터뷰한 사람들 가운데 90년대 중반에 애플에서 일했던 한 엔지니어는 애플 본사의 벽에 걸려 있던 제품 포스터를 기억하고 있었다. '맥을 선택하는 방법HOW TO CHOOSE YOUR MAC'이라는 제목의 그 포스터는 수많은 선택권을 가진 고객들이 적절한 제품을 고르도록 돕기 위해 제작된 것이었다. 그러나 오히려 애플의 제품 전략이 혼란스럽기 그지없다는 점을 여실히 드러낼 뿐이었다. 엔지니어는 이렇게 말했다. "맥을 선택하기 위해 포스터가 필요하다면 분명 무언가가 잘못된 것이지요."

애플의 조직구조도 크게 다를 바 없었다. 애플은 수천 명의 엔지니어와 그보다 훨씬 많은 경영진과 관리자를 갖추면서 〈포춘〉이 선정한 500대 기업에 들 정도로 거대 기업으로 성장했다. 잡스가 돌아왔을 때 애플의 첨단 기술 부문 책임자로 재직 중이던 돈 노먼Don Norman은 당시 상황을 이렇게 회상했다. "잡스가 돌아오기 전에 애플은 에너지가 넘치고 재기가 뛰어났지만 혼란스럽고 역기능적이었습니다." 첨단 기술 부문은 애플에서 몇몇 중요한 기술을 개척한 전설적인 연구개발팀이다.

전화 인터뷰에서 노먼은 이렇게 덧붙였다. "1993년에 제가 입사했을 때 애플은 정말 멋졌습니다. 창의적이고 혁신적인 일을 해낼 수 있는 환경이 조성되어 있었지요. 하지만 혼란스러웠습니다. 그런 식으로는 조직이 돌아갈 수 없지요. 창의적인 사람 몇 명만 있으면 나머지는 저절로 돌아가게 마련입니다." [12] 노먼의 말에 따르면, 애플의 엔지니어들은 창의성과 상상력이 풍부하다는 이유로 보상을 받았다. 열심히 일해서 회사가 돌아가게 만들었기 때문이 아니라는 얘기다. 그들은 하루 종일 무언가를 개발하고 있었지만 지시를 받아 일을 하는 경우는 거의 없었다. 이런 상황은 해당 부문의 책임자였던 노먼을 미치게 만들곤 했다. 놀라운 일이지만, 지시가 내려진다 해도 6개월 후까지 아무런 성과가 도출되지 않았다. 노먼은 말했다. "정말 터무니없는 상황이었습니다."

애플의 최대 소프트웨어 협력업체에 속했던 어도비Adobe의 공동 창립자 존 워녹John Warnock은 잡스가 복귀한 후에 일어난 신속한 변화에 대해 이렇게 말했다. "스티브는 아주 강력한 의지를 지닌 사람입니다. 그의 의견을 따르지 않을 사람은 애플을 떠나야 하지요. 사실 애플에는 그런 방식의 운영, 즉 매우 직접적이고 억압적인 운영이 절대적으로 필요합니다. 일반적인 방식으로는 절대 해결할 수 없습니다. 스티브는 어떤 문제든 무자비하게 공격하곤 하지요. 넥스트에 있을 때에는 온화했지만 애플에서는 더 이상 온화한 사람이 될 수 없습니다." [13]

## :잘하는 일을 하라

임시 CEO로 복귀한 지 며칠 안 돼서 회사에 모습을 드러낸 잡스는 업무에 돌입하자마자 회사를 정상화시키기 위해 동분서주했다. 그는 곧바로 애플이 생산한 모든 제품에 대해 철저한 조사 작업에 착수했고, 회사의 상황을 낱낱이 점검하며 자산 파악에 나섰다. 잡스가 애플에 복귀한 뒤로 몇 개월 동안 그를 보좌했던 짐 올리버Jim Oliver는 이렇게 말했다. "잡스는 모든 상황을 최대한 검토해볼 필요가 있다고 느꼈지요. 그는 생산 부문의 사람들과도 일일이 얘기를 나눴고, 연구 부문의 업무 영역과 규모까지도 소상히 알고 싶어 했습니다. 그리고 '무엇이 됐든 합당한 존재 이유가 있어야 합니다. 사내 도서관이 과연 꼭 필요합니까?' 라고 말하곤 했지요."

잡스는 대회의실에 집무실을 차려놓고 바로 그 자리에서 각 생산팀을 차례로 불러들여 회의를 가졌다. 팀원들이 모두 모이면 다른 절차들은 생략한 채 곧바로 본론에 들어갔다. 퀵타임QuickTime의 설계 책임자인 유능한 프로그래머 피터 호디Peter Hoddie는 이렇게 회상했다. "소개 절차 따위는 아예 없었습니다. 누군가가 필기를 하려 들면 잡스는 '필기할 필요는 없어요. 중요한 거라면 저절로 기억이 날 테니까' 라고 말했지요."

회의에 참석한 엔지니어들과 프로그래머들은 각자가 담당하는 업무를 상세하게 설명했다. 그들이 관련 제품의 성능, 판매 동향, 향후 계획 등을 자세히 보고하면, 잡스는 매번 주의 깊게 귀를 기울이며 수많은 질문을 던졌다. 깊은 관심을 보인 것이다. 프레젠테이션이 끝나갈 무렵, 이따금씩 그는 다음과 같이 상황을 가정하는 질문을 던지기도 했다. "돈이 목적이 아니라면 무엇을 어떻게 하고 싶은가요?" [14]

현황을 파악하는 잡스의 이러한 작업은 여러 주에 걸쳐 차분하면서도 체계적으로 진행되었다. 잡스는 느닷없이 감정을 폭발시키는 것으로 유명한 사람이었지만 이 과정에서는 전혀 그런 모습을 보이지 않았다. 올리버는 이렇게 말했다. "스티브는 회사가 어느 한 곳에 초점을 두고 집중해야 하며, 이것은 각 개별 부문들도 마찬가지라고 했습니다. 지극히 공식적이면서도 차분한 분위기였지요. 종종 이렇게 말하기도 했습니다. '애플은 지금 심각한 재정난을 겪고 있기 때문에 불필요한 일에 신경 쓸 여력이 없습니다.' 부드러운 태도를 견지했지만 결연한 의지를 읽을 수 있었습니다."

잡스는 상명하달식의 구조조정을 진행하지 않았다. 없애야 할 것과 남겨야 할 것을 각 부서가 스스로 결정하도록 했다. 대신 각 부서는 존속시키고자 하는 특정 프로젝트에 대해 납득할 수 있는 이유를 댈 수 있어야 했다. 수익성이 낮더라도 전략적인 측면을 고려해서, 혹은 시판 중인 최고의 기술이라는 점에서 특정 프로젝트를 유지해야 한다는 주장을 펼치는 부서도 있었다. 나름대로 일리 있는 주장이었지만 잡스는 수익을 내지 못하면 퇴출해야 한다는 말을 거듭 강조했다. 대부분의 부서들이 자진해서 몇몇 프로젝트를 희생양으로 내놓았지만 그는 "아직 멀었다"는 반응을 보였다고 올리버는 말했다.

"애플이 살아남기 위해서는 더 줄여야 한다고 하더군요. 고함을 지르지도 않고, 직원들에게 얼간이라고 소리치지도 않았습니다. 그저 '우리가 잘하는 일에 초점을 맞춰야 합니다'라고 말했을 뿐입니다." 여러 차례 올리버는 잡스가 화이트보드에 간략하게 그려놓은 애플의 연간 매출액 도표를 보았다. 도표에 따르면, 애플의 매출액은 120억 달러에서 100억 달러로, 그리고 다시 70억 달러로 급격히 하락했다. 잡스는 애플이 120억 달러나 100억 달러 이상의 매출을 올리고도 이

익을 남기지 못할 수 있으며, 반면 60억 달러의 매출로도 수익을 낼 수 있다고 설명했다.[15]

# : 애플의 혁신에 시동을 걸다

그 후 수주에 걸쳐 잡스는 몇 가지 중요한 변화를 단행했다.

## 수석 경영진을 교체하다

잡스는 애플의 이사진 가운데 대부분을 기술 업계에서 자신의 편에 있는 사람들로 교체했다. 소프트웨어 제작업체인 오라클Oracle의 창립자 래리 엘리슨Larry Ellison도 그 중 한 사람이다. 몇몇 요직은 이미 넥스트에서 잡스의 참모로 일했던 사람들에게 돌아간 상태였다. 데이비드 마노비치David Manovich가 영업을 담당하고, 존 루빈스타인Jon Rubinstein과 에이비 티베이니언Avie Tevanian이 각각 하드웨어와 소프트웨어 분야를 맡은 것이다. 잡스는 프레드 앤더슨Fred Anderson만 제외하고 나머지 중역들도 교체해나갔다. 앤더슨이 살아남을 수 있었던 것은 아멜리오가 사임하기 직전에 최고재무관리자로 채용되어 구시대의 인물로 여겨지지 않았기 때문이다.

## 마이크로소프트와 협상하다

잡스는 오래전에 시작되어 계속 회사에 피해를 입히는 마이크로소프트와의 특허권 문제를 종결지었다. 마이크로소프트가 윈도우에 맥을 이용했다는 소송을 취하하고 그 대가로 맥 기반에 맞는 오피스 프로그램을 계속 개발하도록 빌 게이츠를 설득한 것이다. 오피스가 없으면 맥의 미래는 보장할 수 없었다. 또한 잡스는 게이츠가 1억 5,000만 달러의 투자로 애플을 공식 지원하도록 했다. 게이츠의 투자는 상징적인 의미가 강했지만 월가는 이를 크게 반겼다. 애플의 주가는 30퍼센트나 급등했다. 게이츠 역시 그 대가로 잡스에게 마이크로소프트의 인터넷 익스플로러를 맥의 기본 웹 브라우저로 채택해줄 것을 요구했다. 당시 마이크로소프트가 웹의 주도권을 두고 넷스케이프Netscape와 경쟁을 벌였다는 점을 감안할 때, 매우 중요한 양보 조건이 아닐 수 없었다.

잡스와 게이츠 사이에 실질적인 대화가 오가기 시작하면서 게이츠는 협상을 타결짓기 위해 마이크로소프트의 최고재무관리자인 그레고리 마페이Gregory Maffei를 잡스에게 보냈다. 마페이가 잡스의 집에 도착하자 잡스는 낙엽이 쌓인 팔로알토 거리를 산책하자고 제의했다. 잡스는 맨발이었다. 마페이는 당시 일을 이렇게 전했다. "당시 두 회사의 관계를 놓고 봤을 때 실로 급격한 변화였습니다. 잡스는 통이 크고 매력적인 사람이었어요. '양측 모두 관심을 갖고 있는 중요한 사안'이라는 잡스의 말에 우리는 곧장 본론으로 들어갔지요. 아멜리오가 애플을 경영할 때에는 서로 시간만 낭비했습니다. 그들이 내놓는 아이디어는 많았지만 정작 실행해볼 만한 것은 없었기 때문입니다. 반면, 잡스는 대단한 능력을 가진 사람입니다. 자질구레한 조건을 내세우지도 않았고 큰 그림을 볼 줄 알았으며, 자신에게 필요한 것이 무엇인지 정확히 알고 있었어요. 애플 사람들에게 협상 내용을 충분히 납득시킬 수 있는 사람이라는 신뢰가 갔지요."[16]

## 브랜드를 활용하다

잡스가 생각하기에 애플의 제품들은 형편없었지만 브랜드는 여전히 큰 가치를 지니고 있었다. 애플 브랜드는 분명히 회사의 핵심 자산 가운데 하나였다. 어쩌면 단 하나의 핵심 자산일 수도 있었다. 그러나 이를 활용하기 위해서는 새로운 활력을 불어넣을 필요가 있었다. 잡스는 1998년 〈타임〉과의 인터뷰에서 이렇게 밝혔다.

"훌륭한 브랜드에는 어떤 것이 있을까요? 리바이스나 코카콜라, 디즈니, 나이키 등이 훌륭한 브랜드입니다. 대부분의 사람들은 애플도 이 범주에 넣을 것입니다. 수십억 달러를 들여도 애플처럼 훌륭한 브랜드를 구축할 수는 없습니다. 하지만 애플은 이처럼 엄청난 자산을 갖고 있음에도 전혀 활용하지 않았습니다. 그럼 애플은 어떤 회사일까요? 애플은 틀에 박힌 사고를 벗어나 컴퓨터를 활용하여 세상을 바꾸고자 하는 사람들을 돕는 기업입니다. 단순히 일을 끝내는 차원을 넘어서 차이를 만드는 무언가를 창조하도록 돕는 기업이지요."[17]

잡스는 애플의 이름으로 최고의 광고대행사 세 곳을 선정하여 일종의 콘테스트를 열었다. 우승자는 1984년 슈퍼볼 대회 때 최초의 맥 광고를 제작했던 TBWA 샤이엇데이TBWA/Chiat/Day였다. 이후 이 광고대행사는 잡스와의 긴밀한 협력을 통해 '다르게 생각하라Think Different'라는 광고 캠페인을 창안해낸다.

## 고객을 생각하다

잡스는 애플의 또 다른 주요 자산이 고객이라고 생각했다. 당시 맥 사용자는 약 2,500만 명에 달했다. 그들은 모두 충성스러운 고객이었으며, 그 중 일부는 전 세계 어느 기업에 견주어도 뒤지지 않을 만큼 높은 충성도를 자랑했다. 그들이 계속해서 애플의 제품을 구매한다면 애플의 회생에 든든한 토대를 얻을 수 있었다.

## 복제품은 이제 그만

잡스는 복제품 사업을 모두 중단시켰다. 이 조치는 심지어 사내에서도 상당한 논란을 일으켰지만 경쟁 상대를 제거함으로써 애플이 곧바로 맥 시장 전체를 다시 확보하는 계기를 마련해주었다. 고객들은 더 이상 파워컴퓨팅이나 모토롤라나 유맥스 등에서 저렴한 가격으로 보급되던 맥을 구입할 수 없게 되었다. 이제 유일한 경쟁 상대는 윈도우뿐이었고, 덕분에 애플의 위상은 크게 달라졌다. 복제품 생산을 중단시킨 조치로 애플은 그동안 복제품 제조업체로부터 저렴하게 맥 제품들을 구입해온 고객들에게 인지도를 잃었지만, 애플에게는 분명히 적절한 전략적 조치였다.

## 공급업자들 간에 경쟁을 붙이다

잡스는 애플의 공급업자들과 협상을 하고 거래 조건을 갱신했다. 당시에는 IBM과 모토롤라 모두 애플에 칩을 공급하고 있었는데, 잡스는 두 기업의 경쟁을 부추기기로 결정했다. 그리하여 그는 애플이 두 기업 가운데 한 기업과만 협력할 것이며, 자신이 선택한 한 기업에게 주요한 양보를 기대한다고 통보했다. 그러나 그는 어느 쪽도 탈락시키지 않고 원하는 양보를 얻어낼 수 있었다. 애플은 두 기업이 만드는 파워PC 칩의 유일한 주 고객이었기 때문이다. 더욱 중요한 것은 지속적인 칩 개발을 보장받았다는 사실이다. 잡스는 〈타임〉과의 인터뷰에서 이렇게 말했다. "마치 거대한 유조차의 방향을 돌리는 것과 다를 바 없었지요. 형편없는 거래가 수없이 많았으니까요."[18]

## 제품 공급 시스템을 단순화하다

잡스가 수행한 가장 중요한 일은 애플의 제품 공급 시스템을 극도로 단순화한 것이다. 애플 회의실 옆에 위치한 자신의 허름한 사무실에서(잡스는 아멜리오의 화려한 사무실을 몹시 싫어하여 쓰지 않겠다고 했다) 잡스는 화이트보드에 가로 세로 세 칸으로 이루어진 아주 단순한 표를 그렸다. 가로줄에는 각각 "일반 사용자"와 "전문가"라고 적어넣고 세로줄에는 "휴대용"과 "데스크톱"이라고 적었다. 이것이 애플의 신제품 전략이었다. 네 대의 기계, 즉 일반 사용자용과 전문가용으로 나누어 노트북 컴퓨터 두 대와 데스크톱 컴퓨터 두 대만 생산하겠다는 것이다.

제품 공급 시스템을 단순화한 것은 극도로 용감한 조치였다. 수십억 달러 가치의 기업을 앙상한 뼈대로 되돌려놓는 데에는 막대한 담력이 필요했기 때문이다. 모든 것을 제거하고 네 가지 제품에만 초점을 맞춘 것은 과단성 있는 조치가 아닐 수 없다. 일부 사람들은 미친 행위라고, 심지어는 자살 행위라고 생각했다. "그 얘기를 들었을 때 우리는 입이 떡 벌어졌어요." 애플의 전임 의장인 에드거 울라드 주니어Edgar Woolard Jr.는 〈비즈니스 위크〉와의 인터뷰에서 이렇게 밝혔다. "그러나 그것은 분명히 현명한 조치였습니다."[19]

잡스는 애플이 몇 달 후면 파산에 처할 것이며 이를 막는 유일한 방법은 애플이 가장 잘하는 일, 즉 일반 사용자들과 창의적인 직업에 종사하는 사람들을 위해 사용하기 쉬운 컴퓨터를 만드는 일에만 초점을 맞추는 것이라고 생각했다.

그리하여 잡스는 수백 가지의 소프트웨어 프로젝트와 거의 모든 하드웨어 프로젝트를 중단시켰다. 아멜리오가 이미 시제품 컴퓨터에서 새로운 소프트웨어에 이르기까지 애플의 프로젝트 300여 가지를 중단시킨 상태였지만, 나머지는 잡스의 몫이었다. 올리버는 말했다. "누가 CEO가 됐든 과단성 있는 가지치기를 할 수밖에 없었지요. 아멜리오가 그러한 조치를 취할 때에는 엄청난 중압감을 받았습니다. 덕분에 스티브는 훨씬 쉽게 남아 있는 50가지 프로젝트를 쳐내어 10개로 줄일 수 있었지요."

각종 모니터와 프린터, 그리고 뉴턴이 퇴출당했다. 뉴턴의 퇴출에는 엄청난 논란이 뒤따랐다. 심지어 뉴턴 애호가들이 "나는 뉴턴을 사랑한다", "뉴턴은 나의 파일럿이다" 등의 문구가 적힌 플래카드와 확성기를 들고 애플 주차장에서 항의를 하기도 했다.

대부분의 사람들은 뉴턴의 퇴출을 놓고 잡스가 자신을 내쫓은 전임 CEO 존 스컬리에게 복수를 하는 것이라고 주장했다. 뉴턴이 스컬리의 작품이었기 때문에 잡스가 복수를 위해 퇴출시켰다는 논리이다. 어쨌든 뉴턴 팀은 이제 막 첫 수익을 올린 터였고, 별개의 자회사로 분리되려던 참이었다. 포켓용 컴퓨터는 완전히 새로운 산업으로 부상하고 있었다. 그리고 이 산업은 곧 팜 파일럿Palm Pilot이 장악하게 된다.

그러나 잡스에게 뉴턴은 장애물에 불과했다. 애플의 사업은 컴퓨터였다. 그것은 곧 컴퓨터에만 초점을 맞춰야 한다는 의미이다. 레이저 프린터도 마찬가지였다. 애플은 최초로 레이저 사업을 시작한 기업들 가운데 하나로서 시장의 상당 부분을 개척했다. 많은 사람들은 잡스가 프린터 사업을 중단시킴으로써 수백만 달러를 그냥 테이블에 놓고 왔다고 생각했다.

그러나 잡스는 애플이 고급 컴퓨터, 즉 상류층 시장을 타깃으로 적절한 디자인을 갖춘 잘 만들어진 컴퓨터를 판매해야 한다고 고집했다. 호화 자동차처럼 말이다. 잡스는 어떤 자동차든 그 역할은 출발지에서 목적지까지 달리는 일이지만, 대부분의 사람들은 웃돈을 주고 시보레보다는 BMW를 구입한다는 주장을 펼쳤다. 아주 적절한 비유는 아니라는 점을 인정하면서도(자동차는 모두 기름으로 운행되지만 맥은 윈도우 소프트웨어를 구동시킬 수 없다는 점에서 말이다) 애플의 고객기반은 그 규모 면에서 상당한 차익을 안겨줄 수 있다고 잡스는 주장했다.

잡스에게는 그것이 핵심이었다. 지금도 그렇지만 당시에도 애플은 저가의 보급형 컴퓨터를 판매해야 한다는 중압감에 시달리고 있었다. 그러나 잡스는 애플이 일반 컴퓨터 시장에서는 절대 경쟁할 수 없다고, 그것은 바닥을 향해 곤두박질치는 것과 다를 바 없다고 주장했다. 델Dell, 컴팩Compaq, 게이트웨이Gateway 외에도 컴퓨터 제조업체는 수없이 많았으며, 그들은 모두 기본적으로 동일한 제품을 만들고 있었다. 유일한 차이는 가격이었다. 애플은 최저가의 컴퓨터로 델과 경쟁하기보다는 최고급 제품을 생산하여 어느 정도의 수익을 올린 다음, 그 수익으로 계속해서 최고급 제품들을 개발할 생각이었다. 판매량이 많아지면 가격도 낮출 수 있을 게 분명했다.

제품의 종류를 줄이는 것은 운영 면에서 이로운 조치가 아닐 수 없었다. 제품의 종류가 줄자 자연히 재고도 줄었고, 그것은 회사의 재정에 즉각적인 영향을 미쳤다. 잡스는 1년 사이에 애플의 재고를 4억 달러어치에서 1억 달러어치로 줄였다.[20] 이전까지 애플은 팔리지 않은 제품들 때문에 수백만 달러에 달하는 평가 절하를 감수해야 했다. 그러나 제품의 종류를 최소화함으로써 잡스는 막대한 감가상각비로 타격을 입을 위험을 최소화할 수 있었다. 이러한 타격을 입었다면 애플은 파산했을지도 모를 일이다.

가지치기와 조직 개편은 결코 쉬운 일이 아니었다. 잡스는 오랜 시간 일에 매달리며 늘 녹초가 되곤 했다. 1998년에 잡스는 〈포춘〉과의 인터뷰에서 이렇게 말했다. "내 평생 그렇게 피곤한 적은 없었습니다. 밤 10시에 집에 들어가서 곧바로 침대에 쓰러졌다가 다음날 아침 6시에 겨우 일어나서 샤워를 하고 다시 출근했습니다. 내가 그렇게 할 수 있었던 것은 모두 아내 덕분입니다. 아내는 나를 지원하는 동시에 가장이 없는 집을 잘 지켜나갔지요." [21]

이따금씩 그는 자신이 과연 옳은 일을 하는 것인지 회의가 들기도 했다. 그는 이미 픽사의 CEO로서 〈토이 스토리〉의 성공을 만끽하고 있었다. 애플로 돌아온 일은 픽사에게나 가족에게나 자신의 명성에나 부담이 될 수 있다는 사실을 그는 알고 있었다. "솔직히 말하면, 이따금씩 내가 개입한 것이 진정 옳은 결정이었을까 하는 의문이 들었습니다. 하지만 나는 삶이 저절로 돌아가는 것이 아니라 이성을 토대로 돌아간다고 믿습니다." 그는 〈타임〉과의 인터뷰에서 이렇게 말했다. [22]

잡스가 가장 걱정한 것은 실패였다. 애플은 심각한 상황에 처해 있었다. 자신이 구할 수 없을지도 모를 일이었다. 그는 이미 애플 역사의 한 부분을 장식했고 다시는 애플을 망쳐놓고 싶지 않았다. 1998년 〈포춘〉과의 인터뷰에서 잡스는 자신이 영웅으로 생각하는 밥 딜런 Bob Dylan에게서 영감을 얻는다고 말했다. 잡스가 딜런에 대해 존경하는 점 가운데 하나는 바로 한 자리에 머물러 있는 것을 거부한다는 사실이다. 대부분 성공한 예술가들이 어느 시점에서 명성을 잃어가는 것은, 처음에 성공한 방식을 고수할 뿐 더 이상 발전하지 않기 때문이다. 잡스는 말했다. "지속적으로 실패의 위험을 감수하는 사람만이 진정한 아티스트입니다. 밥 딜런은 언제나 실패의 위험을 감수했습니다."

# ：스티브식 종결

공식적으로 보고된 바는 아니지만, 실제로 잡스가 복귀한 이후 수천 명의 직원들이 대거 해고되었다. 이러한 직원들 가운데 전부는 아니라고 해도 대부분은 제품 담당 책임자에 의해 해고되었다. 팀의 프로젝트가 탈락되고 나면 팀원을 해고할 수밖에 없었던 것이다. 그러나 해고 조치는 언론에 노출되지 않도록 매우 조용하게 이루어졌다.

거짓일 가능성이 높지만, 잡스가 엘리베이터에서 해고 대상인 직원들을 구석에 몰아세우고 회사에서 어떤 역할을 하는지 캐물었다는 이야기도 있다. 만족스러운 대답을 내놓지 못하면 그 자리에서 해고했다는 것이다. 이러한 관행은 '스티브식 종결Getting Steved'로 알려졌다. 이 용어는 이제 어떤 프로젝트가 허무하게 종결되었을 때 사용하는 전문용어가 되었다.

짐 올리버는 직원들이 엘리베이터에서 은밀하게 스티브식 종결을 당했다는 소문을 믿지 않는다. 잡스가 그 자리에서 직원들을 해고했는지 여부는 확인할 길이 없지만, 올리버는 잡스의 개인 비서로 3개월 내내 어디든 따라다니면서도 그런 광경을 한 번도 목격하지 못했다. 설사 그랬다고 해도 한 명 정도였을 거라고 올리버는 생각한다. "하지만 분명히 그런 소문이 나돌긴 했습니다. 그 때문에 사람들은 모두 긴장하지 않을 수 없었지요. 소문이 끊임없이 나돌았지만 저는 단 한 번도 그렇게 해고당한 사람을 본 적이 없습니다." [23]

올리버는 잡스가 예측불허인 데다 성미도 급하다는 소문을 들었지만 실제로 만나보니 놀라울 정도로 차분한 사람이었다. 몇 번 감정을 폭발시키는 광경을 목격하긴 했지만 그것은 매우 드문 일이었으며 대개는 사전에 계획된 일이었다. 올리버는 말했다. "공개적인 질책은 분명히 계산된 행동이었습니다." 그러나 뒤에서 말하겠지만, 잡스는 분명히 모든 것을 양극화하는 성향을 갖고 있었다. 그는 특정 파일럿 pilot 펜만 즐겨 썼고, 사람들도 천재 아니면 얼간이로 분류했다.

잡스는 뉴턴의 생산을 중단시켰지만 뉴턴 팀의 대부분은 그대로 남겨두었다. 훌륭한 엔지니어들이라고 판단했기 때문이다. 잡스는 자신이 단순화한 제품 목록 가운데 하나인 일반 소비자 휴대용에 속하는 기계를 그들에게 맡길 생각이었다. 나중에 그 기계는 아이북 iBook이라는 이름을 갖게 된다.

잡스는 제품에 대한 현황을 파악하면서 동시에 사람들에 대한 현황도 파악했다. 기업의 자산에는 제품뿐만 아니라 직원들까지 포함되기 때문이다. 그 중에는 보석과 같은 존재들도 있었다. 훗날 잡스는 이렇게 말했다. "10개월 전에 생애 처음으로 최고의 산업디자인 팀을 발견했다." 조너선 아이브가 이끄는 디자인팀이 바로 그들이었다. 아이브는 잡스가 돌아오기 전부터 수년 동안 애플에서 일하면서 디자인 부문의 책임자 자리까지 올라간 사람이었다.

잡스는 각 제품 팀에서 인재를 찾는 데 세심한 관심을 기울였다. 설사 팀의 책임자가 아니라고 해도 상관하지 않았다. 피터 호디의 경우, 퀵타임에 관한 프레젠테이션을 수행하며 소프트웨어에 대해 많은 것을 설명하고 나자 잡스가 그에게 이름을 물었다고 한다. "그게 좋은 일인지 나쁜 일인지는 알 수 없었습니다. 어쨌든 스티브는 제 이름을 기억하더군요." 훗날 퀵타임 설계 책임자가 된 호디는 당시 상황을 이렇게 회상했다.

잡스의 계획은 간단했다. 이전에 넥스트에서 함께 일한 간부들과 애플의 최고 프로그래머 및 엔지니어, 디자이너, 마케터를 중심으로 핵심 A팀을 구축하여 다시 한 번 혁신적인 제품을 개발하고 그 제품을 꾸준히 개선하며 갱신해나가는 것이었다. 1998년 인터뷰에서 잡스는 이렇게 설명했다. "잡다한 제품라인을 갖추고 B팀이나 C팀을 배치하기보다는 각각의 핵심 제품 하나하나에 A팀을 배치해야 합니다. 그렇게 되면 훨씬 신속하게 변화를 이룩할 수 있지요." [24] 나중에 좀더 자세히 다루겠지만, 경력 전반에 걸쳐 잡스의 핵심적인 비즈니스 전략 가운데 하나는 가능한 한 가장 재능 있는 사람들을 채용하는 것이다.

잡스는 애플의 조직도가 능률적이면서 단순한 모습을 갖추도록 노력했다. 그가 새로이 구성한 경영진의 조직도는 매우 단순했다. 존 루빈스타인은 하드웨어 부문을 이끌고 에이비 티베이니언은 소프트웨어 부문을 이끌며, 조너선 아이브는 디자인 부문을, 팀 쿡Tim Cook은 운영을, 미치 맨디치Mitch Mandich는 국제 영업을 책임졌다. 잡스는 최일선까지 연결되는 확실한 사슬이 존재해야 한다고 고집했다. 사내 전 직원이 누구에게 보고를 해야 하는지, 각자에게 기대하는 것이 무엇인지를 알아야 한다는 의미였다. 잡스는 이렇게 말했다. "조직은 이해하기가 분명하고 간단하며, 매우 설명이 가능합니다. 모든 것은 더 간단해져야 합니다. 초점과 단순성, 그게 바로 내가 꾸준히 생각해온 주문입니다." [25]

# :거절 박사

극적으로 초점을 맞출 것을 요구한 잡스의 전략은 결국 큰 효과를 발휘했다. 이후 2년에 걸쳐 애플이 소개한 네 가지 제품이 모두 연속적으로 히트를 기록한 것이다.

첫 번째 제품은 1997년 11월에 출시된 전문가용 고속 컴퓨터 파워맥 G3였다. 지금은 대부분 사람들이 잊었지만 당시 파워맥 G3는 애플의 핵심 고객들, 즉 전문가들에게 큰 인기를 끌어 1년 사이에 무려 100만 대가 팔렸다. 파워맥 G3의 뒤를 이은 다채로운 색깔의 아이북과 매끈한 티타늄의 파워북도 모두 판매율 상위권에 들었다. 그러나 진정한 블록버스터는 바로 물방울 모양과 과일 색깔로 디자인된 아이맥이었다. 아이맥은 600만 대가 팔려나가면서 역사상 최고의 베스트셀러 컴퓨터로 기록되었으며, 치약에서 헤어드라이어에 이르기까지 그 투명 플라스틱을 본 딴 제품들이 연이어 출시되면서 하나의 문화 현상이 되었다. 빌 게이츠는 아이맥의 성공이 어이없는 일이라는 듯이 이렇게 말했다. "현재 애플이 주도권을 잡은 것은 색깔뿐입니다. 색깔로 우리가 그들을 따라잡는 데에는 그리 오래 걸리지 않을 거라고 생각합니다."[26] 게이츠는 아이맥이 독특한 색깔 외에도 소비자들의 관심을 사로잡는 여러 가지 장점들, 즉 손쉬운 설정, 친화적인 소프트웨어, 독특한 개성 등을 지녔다는 사실을 간과한 것이다.

잡스는 애플이 적절하게 실행할 수 있는 소수의 제품에만 주력하도록 독려했다. 그러나 그러한 전략은 각각의 개별 제품에도 적용되었다. 신제품을 설계할 때, 혹은 발매한 후에 기능들을 하나하나 추가해서 제품을 비대하게 만드는 현상, 이른바 '피처 크리프feature creep'를 피하기 위해 잡스는 예리하게 초점을 맞출 것을 고집했다. 휴대전화는 피처 크리프의 대표적인 예라고 할 수 있다. 잡다한 기능들이 추가되면서 음량 조절이나 음성 메시지 확인 등의 기본적인 기능조차 찾기 힘들 정도로 지나치게 복잡해졌기 때문이다. 끝도 없이 복잡한 선택권으로 소비자들을 헷갈리게 만드는 일을 피하기 위해 잡스는 애플에서 다음과 같은 주문을 늘 되뇐다. "초점을 맞추는 것은 거부할 줄 아는 것을 의미한다."

초점은 또한 모두가 '예'라고 할 때 '아니오'라고 말할 수 있을 만큼 강한 확신을 갖는 것을 의미한다. 예를 들어 처음 출시될 당시 아이맥에는 플로피 드라이브가 장착되지 않았다. 당시 플로피 드라이브는 컴퓨터의 표준 장치였다. 지금은 우스운 일이지만 당시에는 고객들과 언론의 항의가 빗발쳤다. 대다수의 전문가들은 플로피 드라이브를 없앤 것이 아이맥의 운명을 판가름할 수도 있는 치명적인 실수라고 지적했다. 하이어와서 브레이Hiawatha Bray라는 한 전문가는 〈보스턴 글로브〉라는 일간지에 이렇게 썼다. "아이맥은 깔끔하고 우아하며 플로피로부터 자유롭다. 곧이어 운명을 맞을 것이다."[27]

호디의 말에 따르면, 잡스는 자신의 결정에 대해 100퍼센트 확신을 갖지는 못했지만 직감적으로 곧 플로피의 시대가 끝날 것을 예감했다고 한다. 아이맥은 인터넷 컴퓨터로 설계되었기 때문에 사용자들은 온라인으로 파일을 전송하거나 소프트웨어를 다운로드할 수 있다고 잡스는 설명했다. 또한 아이맥은 시중에 판매되는 컴퓨터들 가운데 최초로 USB를 사용한 컴퓨터이기도 하다. USB는 주변기기 연결 방식으로서는 새로운 표준으로, 인텔Intel 외에는 아무도 사용하지 않고 있었다(사실 USB는 인텔이 고안한 것이다). 그러나 플로피를 버리고 USB를 사용하겠다고 결정한 것은 아이맥에 진취적인 힘을 불어넣었다. 의도한 바가 아니었다고 해도 어쨌든 아이맥은 미래 지향적인 제품으로 간주되었다.

잡스는 핵심 제품에만 초점을 맞추어 애플의 제품라인을 단순하게 유지했다. 1990년대 후반부터 2000년대 초반까지 애플이 내놓은 주요 제품라인은 기껏해야 대여섯 가지에 불과했다. 주요 데스크톱 컴퓨터와 노트북 컴퓨터 두 가지, 모니터, 아이팟, 아이튠즈 등이 그것이다. 나중에 애플은 여기에 맥 미니Mac mini와 아이폰, 애플 TV, 그 밖에 푹신한 주머니와 암밴드armband 등의 아이팟 액세서리 몇 가지를 추가했다. 예리하게 초점을 유지하겠다는 잡스의 고집은 다른 기술 업체들, 특히 수백 가지 제품으로 시장에 '융단 폭격'을 가하는 삼성이나 소니와 같은 거대 기업과 대조를 이룬다. 소니의 경우, 수년에 걸쳐 600가지의 워크맨 모델을 판매했다. 소니의 CEO 하워드 스트링거Howard Stringer는 협소한 제품라인을 갖춘 회사들에 대해 이렇게 부러움을 표출한 바 있다. "이따금씩 세 가지 제품만 있었으면 좋겠다는 생각을 합니다."[28]

소니는 어떤 제품이든 처음부터 여러 가지 모델을 동시에 발매한다. 대개의 경우, 이것은 고객들에게 좋은 인상을 심어준다. 인습적인 관점에서 보면 선택권이 많은 것은 언제나 좋은 일이기 때문이다. 그러나 이처럼 여러 가지 모델을 만들기 위해 기업은 막대한 시간과 에너지와 자원을 투자해야 한다. 소니 같은 거대 기업이라면 충분히 그러한 능력을 갖고 있겠지만, 애플은 일단 무엇이든 내놓기 위해서라도 초점을 맞춰 모델의 수를 제한해야 했다.

물론 아이팟이 출시되면서 애플도 이제는 소니 같은 제품라인을 갖추게 되었다. 간단한 셔플Shuffle에서 최신 아이팟 비디오와 아이폰에 이르기까지 대여섯 가지가 넘는 모델을 갖추었으며, 가격은 50달러 단위로 차등하여 100~350달러이다. 그러나 애플이 여기에 도달하기까지는 수년의 시간이 걸렸다. 처음부터 이처럼 다양한 제품라인을 갖춘 것은 아니라는 얘기다.

## 스티브 잡스의 초점

개인적인 면에서도 잡스는 자신의 전문 분야에만 초점을 맞추고 나머지는 모두 다른 사람에게 위임한다. 애플에서는 자신이 잘 아는 분야, 즉 신제품 개발, 마케팅 감독, 기조연설 등에 매우 적극적으로 참여하지만, 픽사에서는 정반대의 태도를 견지했다. 영화 제작 프로세스는 유능한 참모들에게 위임하고 할리우드와 매매 협정을 맺는 일로 자신의 주요 역할을 제한한 것이다. 매매 협정은 그가 탁월한 재능을 보이는 분야이다. 그럼 여기서 잠깐 잡스가 잘하는 일과 잘하지 못하는 일을 구분해보자.

## 잡스가 잘하는 일

신제품 개발 ::    잡스는 혁신적인 신제품 개발을 구상하고 돕는 일에 대해서는 달인의 경지에 도달했다. 맥에서 아이팟과 아이폰에 이르기까지 잡스는 신제품 개발에 남다른 열정을 보였다.

제품 프레젠테이션 ::    잡스는 애플의 공식적인 얼굴이다. 애플이 가진 신제품을 세상에 소개하는 사람이 바로 그다. 프레젠테이션을 위해서 그는 몇 주에 걸쳐 준비를 한다.

매매 협정 ::    잡스는 협상의 달인이다. 그는 디즈니와의 매매 협정에서 탁월한 재능을 발휘하여 픽사의 영화들을 배급했으며, 다섯 군데의 주요 음반회사가 아이튠즈를 통해 음원을 판매하도록 설득하기도 했다.

## 잡스가 잘하지 못하는 일

영화감독 ::    애플에서 잡스는 실무에 직접 참여하여 진두지휘하는 꼼꼼한 관리자, 이른바 마이크로매니저micromanager로 활동하지만, 픽사의 실무에는 거의 개입하지 않는다. 영화감독 일에 대해서는 문외한이기 때문에 시도조차 하지 않는 것이다.

월가를 상대하는 일 :: 　잡스는 월가를 상대하는 일에는 거의 관심이 없다. 수년 동안 그는 회사의 재무를 최고재무관리자인 프레드 앤더슨에게 맡겼다. 2006년과 2007년에 애플의 스톡옵션 스캔들이 터지기 전까지 앤더슨은 애플의 재무를 훌륭하게 처리하는 인물로 널리 인정받았다.

운영 :: 　잡스는 운영과 관련한 세부사항을 베테랑 최고운영책임자인 팀 쿡에게 위임했다. 쿡은 잡스의 오른팔로 널리 인정받고 있다. 잡스가 암 치료를 받을 때에는 그가 임시 CEO를 맡기도 했다. 쿡 덕분에 애플은 극도로 간결하고 효과적인 운영 시스템을 유지하고 있다. 잡스는 애플이 해당 업계에서 운영의 최고 표준으로 여겨지는 델보다도 효율적이라고 자랑한다.

초점 유지 :: 　수년에 걸쳐 잡스는 휴대용 컴퓨터에서 노트북과 PDA의 혼합형인 태블릿 PC와 기본적인 저가 컴퓨터에 이르기까지 손을 댄 후 끝을 보지 못하는 제품 목록을 꾸준히 늘려나갔다. 잡스는 이렇게 밝혔다. "수많은 제품들을 계획하고 있지만, 나는 우리가 출시하는 제품들이 자랑스러운 것만큼이나 우리가 출시하지 않는 제품들에 대해서도 자랑스럽습니다."[29]

　애플의 연구소는 바깥출입을 한 번도 하지 못한 시제품들로 가득 차 있다. 잡스가 출시하지 않았다는 사실을 가장 자랑스럽게 생각하는 제품은 바로 그가 1998년에 중단시킨 뉴턴의 후계자격인 PDApersonal digital assistant이다. 잡스는 PDA에 대해 많은 고민을 했지만, 애플이 PDA 출시 준비를 갖춘 2000년대 초반에는 이미 PDA의 시대가 지나 갔다는 결론을 내렸다고 고백했다. PDA는 주소록과 달력 기능을 갖 춘 휴대전화로 빠르게 대체되고 있었다.

잡스는 이렇게 말했다. "우리는 PDA를 출시해야 한다는 막대한 중압감을 느끼고 여러 번 고려해봤지만 곧 이렇게 결론을 내렸습니다. 'PDA 사용자들 가운데 90퍼센트는 단순히 정보를 얻기 위해 기 기를 이용한다. 그러나 그들 모두가 정기적으로 정보를 얻으려 하는 것은 아니며, 앞으로는 휴대전화가 그 역할을 충분히 대신할 수 있을 것이다'라고 말입니다."[30] 그가 옳았다는 것은 아이폰만 봐도 충분히 알 수 있다. 게다가 팜 파일럿도 적절하게 자리를 잡지 못해서 휘청 거리고 있지 않은가.

또한 애플은 대규모 사업, 이른바 '기업 시장'을 겨냥해야 한다는 요구도 여러 차례 받아왔다. 잡스가 이를 거부한 것은 잠재 시장이 아무리 크다고 해도 기업을 타깃으로 삼는 것은 애플의 초점에 부합 하지 않기 때문이다. 잡스가 복귀한 이래로 애플은 줄곧 일반 소비자 에게 초점을 맞추어왔다. 잡스는 말했다. "애플의 핵심은 기업이 아 닌 사람들을 위한 컴퓨터를 만드는 것입니다. 세상이 필요로 하는 것 은 또 하나의 델이나 컴팩이 아닙니다."[31]

500달러짜리 기계보다는 3,000달러짜리 기계를 판매할 때 이윤이 훨씬 많이 남는다. 판매 수량이 더 적다고 해도 그렇다. 애플은 중산 층과 최상류층의 시장을 겨냥함으로써 업계 최고의 마진율인 약 25 퍼센트를 누리고 있다. 델의 마진율은 약 6.5퍼센트에 불과하며, 휴렛팩커드HP는 그보다 훨씬 낮아서 5퍼센트에 지나지 않는다.

2007년 여름, 델은 미국 시장의 무려 30퍼센트를 점유하면서 세계 최대의 PC 제조업체가 되었다. 애플은 겨우 6.3퍼센트라는 낮은 점유율로 3위에 머물렀다.[32] 그러나 2007년 3/4분기에 애플의 이윤은 8억 1,800만 달러로 보고된 데 반해, 애플보다 다섯 배의 판매고를 올린 델의 이윤은 280만 달러에 그쳤다. 물론 애플의 이윤 가운데 상당 부분은 아이팟 매출에 기인한 것이며, 델은 구조 재편을 진행 중이었다. 하지만 분명히 애플이 판매하는 3,500달러짜리 최신 맥북 프로MacBook Pro 노트북 컴퓨터는 한 대당 이윤이 무려 875달러로, 델의 500달러짜리 시스템 한 대당 이윤이 약 25달러인 것보다 많은 이윤을 안겨준다. 델이 2006년에 고급 게임기 제조회사인 에이리언웨어Alienware를 인수한 것도 이런 이유에서다.

수년에 걸쳐 애플은 PC 회사들과 동일한 시장에서 경쟁하지 않는다는 사실이 분명하게 드러났다. 그러나 그 수년 동안 기업의 견실성은 기계의 가치가 아니라 해당 기업이 판매한 기계의 수량으로 측정되고 있었다. 전통적으로 PC 시장에서의 성공 여부는 질이 아닌 양에 의해 측정되었던 것이다. 기술 업계의 시장조사 전문기관인 가트너Gartner Inc.와 전문가들은 2000년에 애플의 시장 점유율이 한 자릿수로 곤두박질치자 하드웨어 사업에서 벗어나라고 여러 번 요구했다. 그러나 애플이 추구하는 목표는 최대 판매량이 아니라 최대 수익성을 지닌 시장 부문이다. 물론 최대 판매량도 이제는 바뀌기 시작했지만 말이다.

# 스티브의 교훈

## "바쁘게 움직여라."

소매를 걷어붙이고 곧바로 일에 착수하라.

## "어려운 결정에 정면으로 맞서라."

잡스는 혁신을 위해 고통스러운 결정들을 내려야 했지만 항상 정면으로 맞섰다.

## "감정에 휘말리지 말라."

현명하고 명석하게 회사의 문제들을 평가하라.

## "단호한 태도를 견지하라."

잡스는 애플에서 물러날 때나 극적인 조직 개편을
시작할 때나 단호하고 공정한 태도를 견지했다. 그는 시간을 들여 그것을
설명했으며, 직원들이 따라줄 거라 기대했다.

## "정보를 얻어라."

섣불리 추정하지 말라. 회사를 철저히 점검하고 직감이 아닌
데이터를 토대로 결정을 내려라. 어렵지만 공정한 방법이다.

# Lessons from **Steve**

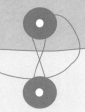

### "도움을 요청하라."

잡스는 회사에 도움을 요청했다. 혼자서 모든 것을 짊어지지 말라.
중간 관리자들이 일정량의 짐을 덜어줄 것이다.

### "초점은 거부를 의미한다."

잡스는 애플의 제한된 자원을 적절히 실행시킬 수 있는
소수의 프로젝트에 초점을 맞추고 모든 노력을 쏟아 부었다.

### "초점을 유지하라."

피처 크리프를 허용하지 말라. 모든 것을 단순하게 유지하라.
과도하게 복잡한 기술의 세계에서는 그것이 미덕이다.

### "잘하는 일을 하라."

다른 일은 모두 위임하라. 잡스는 애니메이션 영화를 감독하지도,
월가와 협상을 벌이지도 않는다. 그보다는 자신이 잘하는 일에 주력한다.

# 잡스는 애플의 1인 포커스 그룹

## #2

Steve
Jobs

# Steve Jobs says:

우리가 만든 화면의 버튼들은 너무 맛있어
보여서 핥고 싶은 충동이 들 지경이다.

— 맥 OS X의 유저 인터페이스에 대해 설명하며, 〈포춘〉 2000년 1월 24일자

잡스가 돌아오기 전까지 수년 동안 애플은 현대판 매킨토시 운영체제를 개발하려고 노력했지만 이렇다 할 성과를 거두지 못했다. 1984년에 출시된 기존의 맥 운영체제는 이미 조각 천을 이어 붙인 헝겊처럼 비대하고 불안정한 코드들의 집합체로 전락했다. 이를 유지보수하고 업그레이드하는 것은 끔찍한 일이었다. 끊임없이 고장을 일으키고 재부팅을 반복하며 다량의 데이터를 앗아가는 탓에 사용자들도 분노와 좌절을 느끼는 경우가 다반사였다.

맥 운영체제의 상당 부분은 여전히 낡아빠진 코드에 기반을 두고 있었다. 애플은 처음부터 다시 시작하기로 했다. 1994년 프로그래머들은 유명한 미국 작곡가의 이름을 따서 코드명을 코플랜드Copland라 짓고 운영체제를 처음부터 다시 작성하기 시작했다. 그러나 2년여 동안 노력을 기울인 결과, 이 프로젝트는 엄청난 노력만 들어갈 뿐 결코 끝나지 않을 거라는 사실이 분명해졌다. 당시의 애플 경영진은 자체적으로 운영체제를 개발하는 것보다는 다른 회사에서 차세대

운영체제를 구입하는 편이 더 쉽고 현명할 거라고 판단했다. 그리하여 적당한 회사를 물색하던 끝에 결국 스티브 잡스의 넥스트를 매입하게 된 것이다.

애플이 넥스트에서 개발한 운영체제인 넥스트스텝NeXTstep에 관심을 가진 것은 놀랍도록 정교한 고급 운영체제라는 점 때문이었다. 잡스가 애플을 떠나 있는 사이에 개발해낸 넥스트스텝은 기존의 맥 운영체제가 갖지 못한 것을 전부 갖추고 있었다. 빠르고 안정적이며 고장이 거의 없었을 뿐만 아니라 인터넷 시대에 꼭 필요한 현대적인 네트워킹 기능들, 그리고 변경 및 업그레이드가 손쉬운 모듈식 구조를 갖추고 있었다. 또한 소프트웨어 개발자들이 이 운영체제에 적합한 프로그램을 쉽게 만들 수 있도록 훌륭한 프로그래밍 툴도 갖추고 있었다. 기술 업계에서 프로그래밍 툴은 어마어마한 경쟁 우위를 제공한다.

아무리 좋은 게임 콘솔도 좋은 게임을 끌어오지 못하면 무용지물이 되는 법이다. 마찬가지로 컴퓨터 플랫폼은 그에 맞는 애플리케이션들을 만들어줄 재능 있는 프로그래머들을 영입하지 못하면 최후를 맞을 수밖에 없다. 맥에서 팜 파일럿과 엑스박스에 이르기까지 플랫폼의 성공은 주로 플랫폼에서 구동할 수 있는 소프트웨어에 의해 결정된다. 심지어 이것은 소위 말하는 킬러 앱killer app, 즉 윈도우의 오피스 프로그램이나 엑스박스의 헤일로Halo 게임같이 본질적으로 플랫폼의 성공을 보증하는 소프트웨어 요소가 되는 경우도 있다.

# : 넥스트, 그 다음은?

넥스트를 매입하고 난 뒤 애플은 넥스트스텝을 매킨토시 운영체제로 전환하는 방법을 파악해야 했다. 처음에는 그 작업이 너무 힘들어 보였으므로, 애플의 프로그래머들은 맥 OS 8의 기존 인터페이스를 넥스트스텝의 코드베이스codebase 최상위 계층에 접목시켜야 한다고 생각했다. 해당 작업의 책임을 맡은 코델 라츨라프Cordell Ratzlaff의 말에 따르면, 인터페이스 접목은 그리 큰 도전 과제처럼 느껴지지 않았다. 그는 이렇게 회상했다. "우리는 OS X에 디자이너 한 명을 두었습니다. 그의 임무는 다소 따분한 것이었지요. 새로 나온 것을 기존의 것처럼 보이게 해야 했으니 말입니다."

하지만 라츨라프는 그렇게 우아한 시스템에 밋밋한 디자인이 사용된다는 사실을 못마땅하게 여겨 곧 디자이너들에게 새 인터페이스를 디자인하고 실물 크기의 모형을 제작하라고 지시했다. 라츨라프는 그 모형이 넥스트스텝에 기반을 둔 수많은 고급 기술들, 특히 강력한 그래픽 및 애니메이션 기능들을 과시하는 수준이었다고 내게 말했다.[1]

애플에서 9년간 일한 라츨라프는 국제적으로 유명한 디자인 회사 프로그 디자인Frog Design의 크리에이티브 디렉터로서 상냥하고 부드러운 성격을 지니고 있었다. 그는 디자이너로 경력을 시작하여 맥 운영체제의 휴먼 인터페이스 그룹을 이끄는 자리까지 올라갔다. 이 위치에서 라츨라프는 맥 OS 8에서 OS X의 첫 출시에 이르기까지 애플 운영체제의 외관과 느낌을 책임졌다.

오늘날의 인터페이스들은 색상이 화려하고 동적이지만, 1990년대

**63**

후반에는 애플의 운영체제나 마이크로소프트의 운영체제나 모두 사각형과 직선 일색의 딱딱한 작업창에 회색만을 사용한 밋밋한 디자인이었다. 게다가 창을 드래그할 때 생기는 음영도 해결되지 않은 상태였다. 때마침 애플에서는 유기적인 곡선의 투명 플라스틱 케이스가 덮인 물방울 모양의 아이맥을 선보였는데, 이것이 라츨라프와 그의 동료들에게 큰 영감을 주었다. 그리하여 그들은 곧 투명한 메뉴바, 부드러운 외곽선, 둥글고 유기적인 버튼들을 갖춘 다채롭고 경쾌한 인터페이스 모형을 제작했다.

당시 라츨라프의 상사였으며 지금은 애플의 소프트웨어 엔지니어링 부문 수석 부사장인 버트런드 설릿Bertrand Serlet은 그들이 제작한 모형을 보고 크게 감탄했지만, 그것을 실행할 시간과 자원이 없다고 단호하게 말했다. 맥 OS X에 배치된 단 한 명의 디자이너는 계속해서 기존의 맥 인터페이스를 넥스트스텝에 접목시키는 작업을 수행했다.

그 후 애플은 몇 달 동안 각종 노력을 기울이다가 맥 OS X에 관여하는 모든 엔지니어링팀들과 함께 현황을 점검하기 위해 사외 워크숍을 가졌다. 라츨라프는 워크숍에서 그가 제작한 모형을 공개하라는 요청을 받았다. 그러나 그것은 단순히 흥미를 위해서였다. 길고 힘든 일주일을 보낸 직원들에게 가벼운 휴식을 제공하자는 의도였던 것이다. 그는 모임 마지막 날에 대미를 장식하기로 되어 있었다. 속으로는 당연히 사람들이 새 디자인을 지지해주기를, 그리하여 그것을 실행하게 되길 바랐지만 그럴 가능성은 희박해 보였다.

이틀간의 행사가 진행되면서 맥 OS X가 거대한 프로젝트라는 사실이 점점 극명하게 드러났다. 모두들 이 프로젝트를 실제로 완수할 수 있을까 하는 의문을 지울 수 없었다. 라츨라프는 당시를 이렇게 회상했다. "발표회가 끝나갈 무렵, 나는 이렇게 말하고 있었습니다. '아, 그러니까 이게 새로운 유저 인터페이스입니다. 투명하지요. 실시간 애니메이션도 갖추었고 풀 알파 채널full alpha channel입니다.' 회의실은 말 그대로 웃음바다가 되었습니다. 유저 인터페이스를 바꾼다는 것은 말도 안 되는 생각이었기 때문입니다. 그 후 나는 몹시 우울했습니다."

## "다들 멍청이군요"

2주 후 라츨라프는 스티브 잡스의 비서로부터 전화를 받았다. 워크숍에 참석하지 않아서 해당 모형을 보지 못한 잡스가 그것을 보고 싶어 한다는 내용이었다. 당시 잡스는 여전히 회사 현황을 파악하고 있었다. 라츨라프와 그의 디자이너들이 회의실에 앉아 잡스를 기다리는데, 갑자기 잡스가 들어와서는 그들을 "아마추어들"이라고 부르며 입을 열었다.

"여러분이 맥 운영체제를 디자인한 장본인들입니까?" 그들이 소심하게 고개를 끄덕이자 잡스가 다시 말했다. "흠, 다들 멍청이군요."

잡스는 맥의 기존 인터페이스에서 마음에 안 드는 부분들을 거침없이 지적하기 시작했다. 사실 전부 다 마음에 안 들어 하는 것 같았다. 그러나 그 중에서도 가장 못마땅하게 생각하는 부분은 창과 폴더를 여는 방식이었다. 너무 잡다하다는 것이었다. 드롭다운drop-down 메뉴와 팝업pop-up 메뉴, 드래그스트립DragStrip, 런처Launcher, 파인더Finder 등을 비롯하여 적어도 여덟 가지 방식으로 폴더에 접근할 수 있었는데, 바로 그 점이 문제였다. 라츨라프는 이렇게 말했다. "문제는 창이 너무 많다는 것이었습니다. 스티브는 창 관리를 단순화하길 바랐지요."

이러한 기능들에 대해 주요 책임을 맡은 라츨라프는 일자리가 걱정되기 시작했다. 그러나 부끄러운 비판이 20분 동안 계속되자 해고당할 일은 없을 것 같다는 생각이 들었다. "해고할 것 같지는 않았습니다. 그럴 생각이었다면 벌써 그랬을 겁니다." 라츨라프는 말했다.

잡스와 라츨라프, 그리고 디자이너들은 맥의 기존 인터페이스와 그것을 전면 쇄신하는 방법에 대해 심층 토의를 벌이기 시작했다. 라츨라프 팀은 잡스에게 그들이 제작한 모형을 보여주었다. 이윽고 회의는 원만하게 마무리되었다. "이것을 시제품으로 만들어서 보여주세요." 잡스가 지시했다.

디자인팀은 소프트웨어나 웹사이트의 유저 인터페이스 모형 제작에 자주 쓰이는 매크로미디어 디렉터Macromedia Director라는 멀티미디어 저작 도구를 사용하여 제대로 기능하는 시제품을 만들기 위해 밤낮으로 3주를 일했다. 라츨라프는 이렇게 말했다. "우리의 밥줄이 걸린 일이라는 걸 알았기 때문에 무척 걱정했습니다. 잡스가 우리 사무실로 와서 오후 내내 머물러 있었지요. 하지만 그가 몹시 흥분하는 것을 보고 우리는 맥 OS X에 새로운 유저 인터페이스가 생길 거라는 확신을 가질 수 있었습니다.”

잡스는 몹시 감동하여 라츨라프에게 이렇게 말했다. “애플에 세 자릿수 IQ를 가진 인물이 존재한다는 증거를 처음 찾은 것 같군요.” 그런 찬사를 듣고 나자 라츨라프는 몹시 기뻤다. 잡스가 세 자릿수 IQ를 인정한다는 것은 열렬히 지지하겠다는 선언과 다를 바 없었기 때문이다. 더 이상 일자리를 잃을 걱정이 없다는 확신이 들자 라츨라프와 디자이너들은 맥주를 사와서 작은 축하 파티를 열었다. 그러나 잡스가 애플의 마케팅 책임자인 필 실러Phil Schiller와 함께 다시 복도를 걸어오는 모습을 보자 초조해지기 시작했다. 다행히 잡스는 기분이 좋아 보였다. 잡스가 흥분해서 실러에게 말하는 소리가 들렸다. “꼭 봐야 합니다.”

“그때부터 우리는 더 이상 걱정하지 않았습니다.” 라츨라프는 말했다.

## ：어떠한 세부사항도 하찮을 수 없다

이후 18개월 동안 라츨라프 팀은 매주 잡스를 만나 최신 모형들을 보여주었다. 잡스는 메뉴, 대화상자, 라디오 버튼 등의 새로운 인터페이스 요소 하나하나마다 여러 가지로 변형시켜볼 것을 요구했다. 그 가운데 가장 적절한 것을 고르기 위해서였다. 사실 잡스는 하드웨어든 소프트웨어든 개발 중인 제품들에 대해 늘 여러 가지로 변형시켜볼 것을 요구했다. 라츨라프와 회의를 가질 때면 잡스는 디자인을 좀 더 세련되게 다듬을 수 있도록 수많은 피드백을 제공했다. 그리고 한 가지 기능에 완전히 만족한 다음에야 다음 기능을 살펴볼 수 있었다.

매크로미디어 디렉터로 제작한 디자인팀의 모형은 동적이긴 했지만 소프트웨어라고 할 수는 없었다. 창을 여닫고 메뉴를 아래로 펼치고 시스템 작동 방식을 볼 수는 있었지만, 그것은 코드가 아닌 애니메이션에 불과했다. 디자인팀은 매크로미디어 디렉터 데모demo 옆에 또 한 대의 컴퓨터를 놓고 코드를 실행시키고 있었는데, 잡스에게 해당 코드를 보여주자 잡스는 화면에 코를 박다시피 하며 데모와 시제품을 번갈아 꼼꼼하게 살펴보았다.

라츨라프는 이렇게 말했다. "그는 양쪽이 일치하는지 확인하기 위해 픽셀 하나하나까지 비교하곤 했습니다. 세부사항들을 깊숙이 파고들어 픽셀에 이르기까지 모든 것을 꼼꼼히 점검한 것이지요. 만약 일치하지 않는 것이 있으면 아무 엔지니어나 골라서 소리를 지르곤 했습니다."

놀랍게도 라츨라프 팀은 스크롤바 하나를 잡스의 마음에 들 때까지 다듬는 데에만 6개월의 시간을 보내야 했다. 사실 스크롤바는 컴퓨터 운영체제에서 중요한 역할을 하지만 유저 인터페이스에서 그리 눈에 띄는 요소는 아니다. 그런데도 잡스의 고집 때문에 라츨라프 팀은 계속해서 디자인을 개선해야 했던 것이다. "스크롤바 하나도 꼭 맞게 만들어야 했지요." 라츨라프는 지극히 하찮게 보이는 세부사항에 엄청난 노력을 쏟아 부었다는 사실에 웃음 지으며 이렇게 말했다.

처음에 디자인팀은 스크롤바의 세부사항들을 정확하게 만드는 데

애를 먹었다. 작은 화살표들은 크기가 맞지 않거나 엉뚱한 곳에 가 있었고, 색상이 잘못된 경우도 있었다. 또한 스크롤바는 활성창일 때 와 비활성창일 때 각각 다르게 보여야 했다. "여러 개발 상태에 있는 나머지 디자인에 그것들을 끼워 맞추는 일은 꽤 힘들었습니다." 라 즐라프는 진력이 난다는 듯이 말했다. "적절한 디자인이 나올 때까 지 매달릴 수밖에 없었지요. 꽤 오랫동안 매달렸던 것 같습니다."

# 유저 인터페이스의 단순화

맥 OS X의 인터페이스는 새로운 사용자들을 염두에 두고 디자인 되었다. 해당 시스템은 누구에게나, 심지어는 아주 능숙한 맥 사용자 들에게도 새로운 그 무엇이 되어야 했다. 따라서 잡스는 인터페이스 를 가능한 한 단순화하는 데 주력했다. 예를 들어 기존의 맥 운영체 제에서는 시스템 행동을 결정하는 설정 대부분이 수많은 시스템 확 장기능과 제어판 메뉴들, 그리고 다양한 시스템 구성요소들에 대한 대화상자 속에 숨어 있었다. 따라서 인터넷 연결을 설정하는 데에도 최대 여섯 군데에서 설정을 조정해야 했다.

단순화를 꾀한 잡스는 가능한 한 많은 설정들을 독Dock에서 실행 되는 단일 시스템 환경설정 상자에 모두 넣으라고 지시했다. 컴퓨터 하단에 있는 독은 아이콘으로 가득한 바bar로서, 일반적으로 사용하 는 애플리케이션들과 휴지통이 포함되어 있으며, 자주 사용하는 폴더에서 '스크립트script'라 불리는 미니 프로그램에 이르기까지 온갖 것들을 수용할 수 있었다.

잡스는 가장 중요한 것은 윈도우 자체가 아니라 윈도우의 콘텐츠라고 주장하며, 계속해서 인터페이스에서 가능한 한 많은 요소들을 제거하라고 요구했다. 많은 것을 제거하여 되도록 단순화하고자 하는 잡스의 열망 때문에 여러 가지 주요 기능들이 종말을 맞게 되었는데, 디자인팀이 수개월에 걸쳐 제작한 단일창 모드도 그 중 하나였다.

잡스는 여러 개의 창을 열어두는 것을 싫어했다. 그러나 새로운 폴더나 문서가 열릴 때마다 새로운 창이 생겨서 화면에는 곧 여러 개의 창들이 겹쳐지기 일쑤였다. 디자이너들이 단일창 모드를 만든 것은 바로 이런 이유에서였다. 단일창 모드를 사용하면 어떤 프로그램을 실행시키든 모든 것이 하나의 창으로 통합되어 표시되었다. 스프레드시트도, 텍스트 문서도, 디지털 사진도 모두 하나의 창에 배치될 수 있다는 얘기다. 굳이 비유하자면, 하나의 웹 브라우저 창에서 여러 개의 웹사이트를 옮겨 다니는 것과 같은 효과였다. 로컬 하드 드라이브에 저장된 여러 개의 문서들을 쉽게 오갈 수 있었으니 말이다.

이 시스템은 적절하게 효과를 발휘하는 경우도 있었지만, 다른 종류의 문서를 배치할 때에는 종종 창의 크기를 조정해야 한다는 문제가 있었다. 텍스트 문서 작업을 할 경우에는 텍스트를 아래위로 쉽게 움직일 수 있도록 좁고 긴 창이 적절했지만, 넓은 형식의 이미지를 띄울 때에는 창의 폭이 넓어야만 제대로 볼 수 있었다.

그러나 결정적인 문제는 따로 있었다. 잡스가 생각하기에 가장 중요한 문제는 이 시스템을 실행시키려면 툴바에 버튼 하나를 더 추가해야 한다는 사실이었다. 잡스는 그 버튼을 없애기로 결정했다. 단순화를 위해서였다. 창의 크기야 때에 따라 조정하면 그만이지만, 버튼 하나를 더 추가해서 메뉴 바를 복잡하게 만들 수는 없었다. 라슬라프는 말했다. "그 정도 기능으로는 버튼 하나를 추가하는 것을 정당화할 수 없었지요."

새로운 인터페이스를 제작하는 동안 잡스는 이따금씩 말도 안 되는 아이디어를 내놓았는데, 재미있는 점은 그처럼 황당무계한 아이디어들이 나중에는 기발한 것으로 인정받았다는 사실이다.

한번은 잡스가 창을 열 때마다 왼쪽 상단 구석에 나타나는 세 개의 조그만 버튼들을 한참 들여다보고 있었다. 각각 창을 닫는 버튼, 축소하는 버튼, 확대하는 버튼이었다. 디자이너들은 사용자의 집중력을 빼앗지 않겠다는 의도에서 세 버튼을 모두 연한 회색으로 만들었는데, 그러고 나니 각 버튼의 용도를 알아보기가 힘들었다. 회의에서는 각 버튼 위에 마우스 커서를 갖다놓으면 애니메이션이 나타나게 해서 기능을 알려줘야 한다는 의견이 제시되었다.

그러나 잠시 후 잡스가 기묘한 제안을 내놓았다. 세 개의 버튼에 각각 신호등 색깔을 입히자는 것이었다. 닫기 버튼은 빨간색, 축소 버튼은 노란색, 확대 버튼은 녹색으로 말이다. 라슬라프는 당시의 상황을 이렇게 표현했다. "그 말을 처음 들었을 때에는 컴퓨터와 연결시키기에 다소 이상하다고 느꼈지만, 잠깐 생각해보니 그럴듯한 아이디어였습니다." 각 버튼을 클릭했을 때 나타나는 결과를 색깔로 알려주자는 것이었다. 예를 들어 빨간색 버튼은 창을 닫을 의도가 없는 상태에서 실수로 눌렀을 경우 '위험'을 암시할 수 있었다.

# ⋮마침내 출시된 맥 OS X

잡스는 맥 OS X가 출시되면 애플의 외부 소프트웨어 개발업체들이 강력하게 항의할 거라는 사실을 알고 있었다. 새로운 시스템에 맞게 소프트웨어를 전부 다시 작성해야 하기 때문이다. 맥 OS X가 아무리 훌륭한 프로그래밍 툴을 갖추었다 해도 반발을 피할 수는 없었다. 잡스와 간부들은 소프트웨어 업체들에 대해 최선의 접근 방식을 짜내려 고심한 끝에 마침내 한 가지 전략을 세웠다. 가장 큰 업체 세 군데, 즉 마이크로소프트, 어도비, 매크로미디어가 맥 OS X를 수용하도록 설득한다는 전략이었다. 세 업체만 설득하면 나머지 업체들은 자연히 따라올 거라는 생각에서였다.

전략은 결국 성공했다. 사실 마이크로소프트는 처음부터 맥 OS X를 지지했다. 1998년 잡스가 5년간 소프트웨어를 지원하도록 빌 게이츠에게 못을 박은 덕분이었다. 그러나 어도비와 매크로미디어는 포토샵과 드림위버 같은 주요 애플리케이션을 곧바로 맥 OS X에 맞게 바꾸려 하지 않았다. 결국 두 기업은 포토샵과 드림위버를 다시 작성하지만, 일반 소비자용 애플리케이션들은 끝내 맥 OS X에 맞게 조정하지 않았다. 그리하여 애플은 자체 애플리케이션 소프트웨어를 개발하고, 간접적으로는 아이팟까지 개발하게 된다.

애플이 맥 OS X를 제작한다는 사실은 공공연하게 알려져 있었지만, 맥 OS X가 새로운 인터페이스를 갖춘다는 사실은 비밀이었다. 인터페이스는 전적으로 비밀리에 디자인되고 있었던 것이다. 애플 내에서도 극소수의 관계자들을 제외하고는 아무도 인터페이스가 전면 개선되고 있다는 사실을 알지 못했다. 잡스는 그것이 어떤 면에서는 다른 회사들, 특히 마이크로소프트의 모방을 막기 위해서였다고 밝혔다.

그러나 그것보다 중요한 이유가 있었다. 잡스는 기존 맥 운영체제의 매출에 나쁜 영향을 주고 싶지 않았던 것이다. 아직 개발 단계에 있는 신기술을 발표함으로써 회사를 자멸로 이끄는 오즈본 효과 Osborne effect를 피하기 위해서였다.

맥 OS X의 개발이 시작되자마자 잡스는 애플의 모든 임직원에게 기존의 맥 운영체제를 공공연하게 비판하는 일을 중단하라고 지시했다. 수년 동안 애플의 프로그래머들은 해당 시스템의 문제점과 단점들을 솔직하게 밝혀왔다. 피터 호디는 이렇게 말했다. "그는 맥 OS X가 자신의 작품인 만큼 그것이 얼마나 대단한 성과물인지 확실히 알고 있었습니다. 그러면서도 기존의 맥 운영체제가 없으면 새로운 OS X도 결코 성공할 수 없다며 앞으로 2, 3년간은 기존 운영체제에 역점을 두어야 한다고 강조했지요. 신발로 테이블을 탕탕 치며 말하는 모습이 꼭 흐루시초프(구소련의 전 총리) 같았습니다. 당시 잡스는 '여러분, 기존의 맥 운영체제를 지지해야 합니다. 꼭 새겨두길 바랍니다' 라고 말했습니다."[2]

2000년 1월 잡스는 맥월드 엑스포에서 맥 OS X의 베일을 벗겼다. 약 2년 6개월 동안 1,000여 명의 프로그래머들이 땀 흘려 일궈낸 결실이었다. 맥 OS X는 거대한 작업이었다. 당시로서는 투명한 메뉴와 음영, 애니메이션 등의 복잡한 실시간 그래픽 효과를 갖춘 가장 정교한 디자인의 컴퓨터 인터페이스였기 때문이다. 지금도 가장 정교한 디자인이라는 주장이 제기되고 있다. 그러나 그것은 애플이 시판하는 모든 G3 프로세서에서 구동되어야 했으며, 겨우 8메가바이트의 비디오 메모리에서도 작동되어야 했다. 매우 까다로운 도전이 아닐 수 없었다.

맥월드 엑스포에서 맥 OS X를 소개하던 잡스는 또한 자신이 애플의 임시 CEO에서 정식 CEO가 된다고 발표하여 기조연설을 듣던 청중들에게 뜨거운 박수갈채를 받았다. 애플 직원들의 말에 의하면, 잡스는 2001년 3월에 맥 OS X가 출시되기 전까지 정식 CEO가 아니었다. 그러나 그때까지 잡스는 애플을 지휘하며 거의 모든 중역들과 간부들을 교체하고 마케팅 및 광고를 수정했으며, 아이맥으로 하드웨어 부문에 다시 활력을 불어넣고 영업 부문의 조직을 개편했다. 라슬라프는 잡스가 맥 OS X로 애플과 애플의 모든 주요 제품들을 쇄신했다고 말했다. "잡스는 회사의 마지막 주요 부분들이 자신의 기준에 맞게 움직일 때까지 기다렸다가 그 모든 것이 이루어진 다음에야 CEO직을 수락했습니다."

## ⦂잡스의 디자인 프로세스

수년 동안 애플은 휴먼 인터페이스 지침HIG(Human Interface Guidelines)을 엄격하게 준수하도록 독려했다. HIG는 소프트웨어 애플리케이션 전반에 걸쳐 한결같은 사용자 경험을 보장하기 위해 고안한 일종의 규범집이었다. 메뉴의 위치와 각 메뉴에 포함되어야 할 명령의 종류들, 그리고 대화상자의 디자인 방식 등에 대한 여러 지침들이 여기에 포함되어 있었다. 제조업체에 관계없이 맥에서 구동되는 모든 소프트웨어들이 기본적으로 흡사하게 작동되도록 하기 위해서였다.

이 지침이 처음 작성된 것은 1980년대였다. 당시만 해도 컴퓨터는 주로 문서를 작성하고 출력하는 등 무언가를 생산할 목적으로 사용되었다. 그러나 인터넷 시대에서 컴퓨터는 문서 출력 및 비디오 편집은 물론이고 통신과 미디어 소비 등의 용도로도 사용된다. 동영상 재생이나 화상 전화를 위한 소프트웨어는 포토샵이나 엑셀 같은 애플리케이션보다 훨씬 간단할 수 있다. 대개는 두세 가지 기능만 요구되기 때문에 드롭다운 메뉴와 대화상자를 생략하고 간단한 버튼 몇 개만 갖추면 된다. 1990년대 후반과 2000년대 초반에 걸쳐 맥과 윈도우 모두 지속적으로 단일 용도의 미니 애플리케이션(맥은 위젯Widget, 윈도우는 가젯Gadget)을 지향하는 변화를 꾀하고 있었다.

애플의 퀵타임 플레이어는 인터페이스를 재검토하는 과정에서 탄생한 초창기 소프트웨어의 한 예이다. 음악과 동영상 같은 멀티미디어 파일을 재생하는 데 사용되는 플레이어의 경우, 시작 및 일시 중지, 볼륨 조절 등의 몇 가지 기능만 갖추면 문제될 게 없었다. 그리하여 애플은 간단한 가전제품 같은 인터페이스를 갖추기 위해서 애플의 첫 소프트웨어 가운데 퀵타임 플레이어를 포함시켜야 한다는 결정을 내렸다.

퀵타임의 인터페이스는 캐나다 출신으로 상냥하고 부드러운 성격을 지닌 팀 와스코Tim Wasko가 디자인했다. 훗날 그는 아이팟 인터페이스의 디자인까지 책임지게 된다. 애플에서 디자인의 신으로 알려져 있는 와스코는 넥스트에서 잡스와 일하다가 애플로 옮겨온 사람이다. 그에 대해 피터 호디는 이렇게 말했다. "말 그대로 포토샵의 달인입니다. 누가 '이 아이디어 어때?' 라고 말하면 곧바로 딸깍, 딸깍, 딸깍," 호디는 입으로 키보드를 두드리는 소리를 내며 말을 이었다. "금세 만들어서 보여주는 사람이지요."

퀵타임 플레이어 디자인팀은 호디와 와스코를 포함하여 여섯 명의 디자이너 및 프로그래머로 구성되었다. 그들은 6개월 동안 일주일에 한두 번씩 잡스와 회의를 가지며 매주 질감과 모양 등에 변화를 주어 열두 가지가 넘는 새로운 디자인을 선보였다. 초기에는 소니의 스포츠 워크맨에서 모티프를 딴 노란색 플라스틱 디자인을 선보이기도 했고, 목재나 금속 재질의 갖가지 디자인도 시도해보았다. 시도하지 않은 게 없을 정도였다. 호디는 말했다. "스티브는 혁신적인 디자인을 꾀하지는 않았지만 기꺼이 새로운 것을 시도하고자 하지요."

처음에는 팀원들이 컴퓨터로 여러 디자인을 선보였지만, 디자인을 하나씩 불러왔다가 닫는 일이 번거로워지자 커다란 광택지에 출력해서 보여주는 방식으로 바꾸었다. 출력한 디자인들을 커다란 회의 테이블에 늘어놓으면 좀더 빠르고 자세하게 검토할 수 있었기 때문이다. 누군가가 한 디자인의 질감과 다른 디자인의 모양이 어울린다는 의견을 내놓으면 파일에서 각각의 요소를 뽑아내어 결합해볼 수 있었다. 이 방식은 매우 효과적인 것으로 판명되어 그 후 애플의 디자이너들 대부분이 이 방식을 채택하고 있다.

이따금씩 잡스는 회의가 끝난 후 출력한 디자인을 한 움큼씩 갖고 가서 다른 사람들에게 보여주기도 했다. 호디는 말했다. "잡스는 훌륭한 디자인 감각을 지녔을 뿐만 아니라 다른 사람의 말에도 귀를 기울이는 사람입니다."

몇 주에 걸쳐 다양한 디자인을 만들어내던 와스코가 마침내 금속 재질의 디자인을 내놓았을 때, 잡스는 마음에 들긴 했지만 여전히 미흡하다는 생각을 지울 수 없었다. 다음 회의에서 그는 고급 가전제품의 재질과 흡사한, 거친 금속 느낌의 로고가 찍힌 휴렛팩커드의 브로슈어를 들고 나타나서 팀원들에게 말했다. "이게 좋을 것 같소. 여러분들이 어떻게 해내는지 한번 봅시다."

디자인팀은 결국 거친 금속 질감의 퀵타임 플레이어를 만들었고, 이것은 디자인의 주요 모티프가 되어 이후 수년 동안 애플의 소프트웨어뿐만 아니라 고급 하드웨어에도 널리 사용되었다. 2000년대 초 전반에 걸쳐 애플의 애플리케이션 대부분은 웹 브라우저 사파리 Safari에서 달력 아이캘iCal에 이르기까지 거친 금속 느낌의 질감으로 디자인되었다.

잡스는 디자인 프로세스에 긴밀하게 관여한다. 그는 아이디어를 한아름 가져와서는 디자인 개선을 위한 의견을 내놓는다. 그저 마음에 드는 것과 마음에 안 드는 것을 집어내는 데 그치는 것이 아니다. 호디는 이렇게 말했다. "스티브는 이건 나쁘고 이건 좋다에서 그치는 것이 아니라 디자인의 진정한 일부와도 같은 존재입니다."

# : 제품은 단순하게, 더 단순하게

잡스는 기술을 위한 기술에는 관심이 없다. 또한 쉽게 추가할 수 있다는 이유로 한 제품에 여러 기능들을 쑤셔넣어 잡다한 프로그램을 만드는 법도 없다. 오히려 그 반대이다. 잡스는 복잡한 제품을 차근차근 깎아내어 최대한 간단하고 사용하기 쉽게 만든다. 애플 제품의 대다수는 사용자의 관점에서 설계된다.

온라인 파일 공유가 한창 인기를 끌던 2001년, 애플은 아이튠즈 뮤직스토어를 열었다. 당시 사람들은 이 뮤직스토어가 음악을 마구 도용하는 해적질과 어떻게 경쟁을 벌이겠냐며 의문을 제기했다. 공짜로 구할 수 있는 음악을 누가 1달러씩이나 내고 듣겠냐는 것이었다. 잡스의 대답은 '고객 경험' 이었다. 음악팬들은 파일 공유 네트워크에서 음악을 찾으며 시간을 허비하는 대신, 아이튠즈에 접속해서 한 번의 클릭으로 음악을 구입할 수 있었다. 혜택은 원클릭 쇼핑이라는 편리성뿐만이 아니었다. 품질과 신뢰성까지 보장받을 수 있었다는 얘기다. 잡스는 이렇게 말했다. "채찍만 줘서는 안 됩니다. 당근까지 줘야지요. 어떻게 당근도 안 주고 도둑질을 그만하라고 설득할 수 있겠습니까. '우리는 더 나은 경험을 제공하겠습니다. 게다가 한 곡당 1달러만 내시면 됩니다.' 이것이 바로 우리의 당근입니다." [3]

잡스는 극도로 고객 중심적이다. 그는 여러 인터뷰에서 아이팟의 시발점은 작은 하드 드라이브나 새로운 칩이 아니라 사용자 경험이었다고 역설했다. 디자이너 조너선 아이브는 아이팟에 대해 이렇게 말했다. "초창기에 스티브는 그 본질이 내비게이션 콘텐츠라며 아주 흥미로운 관측을 내놓았습니다. 골자는 예리하게 초점을 맞춰 기기에 잡다한 짓을 해놓지 말자는 것이었지요. 너무 많은 짓을 해놓으면 기기가 복잡해질 것이며 그것은 곧 기기의 종말을 의미한다고 말입니다. 기기의 작동을 가능하게 하는 기능들은 밖으로 드러나지 않습니다. 가능한 한 없애는 데 주력했기 때문입니다."[4]

애플의 디자인 프로세스에서 가장 중요한 부분은 단순화이다. 애플 제품의 단순성은 고객들의 선택권을 빼앗은 데에서 비롯된다. 잡스는 언제나 덜어낼수록 좋다는 생각을 갖고 있다. "극도로 복잡한 기술을 평범한 사람도 이해할 수 있게 만드는 것이 애플의 핵심 역량입니다. 기술이 복잡해질수록 이에 대한 요구가 크게 늘고 있습니다." 그는 이렇게 밝혔다.[5]

1983년에서 1993년까지 애플의 CEO를 지낸 존 스컬리는 잡스가 추가되는 기능들과 제거되는 기능들에 똑같이 관심을 가졌다고 말했다. "스티브는 언제나 무언가를 하겠다는 결정보다는 무언가를 하지 않겠다는 결정이 더 중요하다고 생각했지요. 스티브의 방식이 차별성을 구축할 수 있었던 것도 바로 그 점 때문이었습니다."[6]

네덜란드 아인트호벤 공과대학교의 엘케 덴 오우덴Elke den Ouden 박사는 연구를 통해, 환불 요청이 들어온 제품의 절반가량은 결함 때문이 아니라 구입자가 사용법을 파악하지 못했기 때문이라는 사실을 밝혀냈다. 오우덴의 연구에 따르면, 보통의 미국 소비자들은 새 기기를 구입하면 20여 분 동안 만지작거리다가 결국 포기하고 반품하러 가는 것으로 나타났다. 휴대폰이나 DVD 플레이어나 MP3 플레이어 모두 마찬가지였다. 그러나 그보다 더욱 놀라운 사실이 있었다. 네덜

란드의 거물 전자제품 업체인 필립스Philips는 오우덴의 클라이언트였다. 오우덴은 필립스의 몇몇 관리자들에게 회사 제품을 집으로 가져가서 주말에 사용해보라고 요청했는데, 기술에 정통하기로 유명한 그들조차 대부분이 제품을 제대로 작동시키지 못한 것이다. 오우덴은 이렇게 기록했다. "일반 소비자들의 고충을 직접 겪어보기 위해 참여한 제품 개발자들은 자신들이 초래한 혼란에 경악을 금치 못했다."

이 일에 대해 오우덴은 대부분의 제품들이 디자인의 초기 단계에서 명확하게 정의되지 않기 때문에 일어나는 현상이라고 결론지었다. 제품의 주 기능을 명확하게 정하지 않았기 때문이라는 얘기다. 그 결과 디자이너들은 여러 가지 기능들을 최대한 쑤셔넣는 데에만 급급하여 제품을 혼란 덩어리로 전락시켰다. 소비자 가전 및 소프트웨어의 디자인에서는 너무나도 흔하게 일어나는 일이다. 엔지니어들은 오직 자신만 이해할 수 있는 제품을 만드는 경향이 있다. 크리에이티브Creative 사의 노매드 주크박스Nomad Jukebox 같은 초창기 MP3 플레이어만 봐도 그렇다. 컴퓨터광이 아니면 절대 이해할 수 없는 인터페이스를 갖추고 있지 않은가.

대다수의 소비자 가전제품들은 기능이 많을수록 높은 가치를 지닌다는 전제하에 설계된다. 엔지니어들이 새로 출시되는 제품 버전에는 새로운 기능들이 추가되어야 한다는 중압감에 시달리기 때문이다. 어쨌든 새 버전은 한층 개선된 제품으로 마케팅을 해야 할 테니 말이다. 사실 이러한 피처 크리프를 부추기는 것은 주로 소비자의 기대, 즉 새로운 모델이라면 마땅히 새로운 기능을 갖춰야 한다는 기대라고 할 수 있다. 그렇지 않다면 업그레이드할 이유가 뭐가 있겠는 가. 게다가 고객들은 기능이 가장 많은 기기를 찾는 경향이 있다. 기 능이 많을수록 가치가 높은 제품이라는 생각에서다.

애플은 이에 정면 대항을 시도했다. 최초의 아이팟은 FM 라디오 및 음성 녹음용 하드웨어를 갖추고 있었지만 애플은 나중에 이러한 기능들을 모두 제거했다. 기기를 단순하게 만들기 위해서였다. 아이 브는 이렇게 말했다. "재미있는 것은 단순성, 거의 뻔뻔한 수준의 단 순성과 그것을 표현하는 과정에서 완전히 차별화된 제품이 나왔다는 사실이지요. 그러나 결코 의도한 바는 아니었습니다. 사실 차별화된 무언가를 만드는 일은 아주 쉬울 수도 있습니다. 단, 아이팟의 차별 성은 순전히 극도의 단순성을 추구하는 과정에서 탄생한 산물이었습 니다. 이 점이 훨씬 흥미로운 부분이지요."

자신들이 고객 중심적이라고 떠벌리는 기업들은 수없이 많다. 그 들은 사용자에게 접근하여 무엇을 원하는지 묻는다. 이러한 이른바 사용자 중심의 혁신을 이끄는 주요 요소는 피드백과 '포커스 그룹' (한 자리에 모여 특정 제품이나 쟁점에 대해 기탄없이 의견을 말하는 사용자 그룹의 표본 집 단)이다. 그러나 잡스는 사용자들을 회의실에 가둬놓고 많은 시간과 노력을 투자하여 연구하는 일을 기피한다. 오히려 자신이 직접 신기 술을 사용해보고 그것에 대한 자신의 생각을 파악해내어 엔지니어들 에게 피드백으로 제공한다. 사용하기 힘든 것이 발견되면 단순화하 라고 지시하며, 불필요한 것이나 혼란을 일으키는 것이 있으면 모두 제거하라고 지시한다. 자신에게 효과를 발휘하면 애플의 고객들에게 도 효과를 발휘할 거라는 논리이다.

존 스컬리는 잡스가 언제나 사용자 경험에 초점을 맞추었다고 말했다. "그는 언제나 사용자의 경험을 미리 예상하는 관점에서 기기들을 평가했습니다. 당시에는 제품 마케팅 담당자들이 밖으로 나가 사람들에게 무엇을 원하느냐고 묻는 소비자 테스트가 유행했지만, 스티브는 그런 방식을 신뢰하지 않았지요. '그래픽 기반의 컴퓨터에 대해 완전히 문외한인 사람에게 어떻게 그것에 대해 물을 수 있겠는가. 그들은 아직 그런 것을 보지도 못했을 텐데.' 그는 늘 이렇게 말했습니다."[7]

예술과 기술 분야에서 창의성은 전적으로 개인의 표현력과 관련된다. 포커스 그룹을 운영하여 그림을 그리는 화가는 없다. 잡스도 마찬가지이다. 잡스 역시 포커스 그룹에게 원하는 바를 물음으로써 혁신을 꾀할 수는 없었다는 얘기다. 포커스 그룹은 자신들이 무엇을 원하는지도 모른다. 예전에 포드자동차의 창립자 헨리 포드는 이렇게 말한 바 있다. "내 고객들에게 무엇을 원하느냐고 물으면 보다 빨리 달리는 말을 원한다고 대답했을 것이다."

미국 최대의 디자인 대학원인 일리노이 공과대학교 디자인 연구소 소장 패트릭 휘트니Patrick Whitney는 기술 혁신에 사용자 그룹이 적합하지 않다고 말했다. 전통적으로 기술 업계는 신중한 통제하에 신제품 연구, 특히 인터페이스 연구를 수행해왔다. 인간과 컴퓨터의 상호작용에 대한 이러한 연구들은 대개 제품이 설계된 후에 수행된다. 예상한 그대로 효과를 발휘하는지, 좀더 다듬을 필요가 있는지 여부를 파악하려는 목적에서다. 원칙적으로 이러한 연구를 수행하기 위해서는 해당 기술을 접해본 적이 없는 사용자들의 도움을 받아야 한다.

그렇지 않으면 적절한 연구가 이루어질 수 없을 것이다. 휘트니는 이렇게 설명했다. "사용자 그룹은 주로 초보 사용자들로 구성되지요. 그러나 그들은 자신이 원하는 바를 알려줄 수가 없습니다. 연구자가 그들을 지켜보면서 그들이 원하는 바를 파악해내야 하지요."

휘트니의 말에 따르면, 소니 역시 사용자들의 말에 귀를 기울였다면 절대 워크맨을 고안하지 못했을 것이다. 사실 소니는 워크맨을 출시하기 전에 여러 차례 조사를 실시했다. "마케팅 자료들을 종합해 보면 워크맨은 실패할 것이 확실했습니다. 그에 대해서는 한 치의 의심도 끼어들 수 없었지요. 아무도 사지 않을 게 분명했습니다. 그러나 소니의 창립자 아키오 모리타는 그냥 밀어붙였습니다. 그는 알고 있었던 것이지요. 잡스도 마찬가지입니다. 잡스는 사용자 경험에 관한 전문가이기 때문에 사용자 그룹을 필요로 하지 않습니다."[8]

잡스는 〈비즈니스 위크〉와의 인터뷰에서 다음과 같이 말했다. "우리는 많은 고객을 확보하고 있으며, 기존의 사용자층에 대해서도 많은 조사를 실시합니다. 또한 업계 동향도 주의 깊게 관찰합니다. 그러나 이렇게 복잡한 제품의 경우, 포커스 그룹을 토대로 디자인하기란 매우 힘이 들지요. 사람들은 눈앞에 보여주기 전까지는 자신이 무엇을 원하는지 모르는 경우가 태반이기 때문입니다."[9]

잡스는 애플의 1인 포커스 그룹이다. 그의 훌륭한 강점 한 가지는 바로 엔지니어가 아니라는 사실이다. 잡스는 엔지니어링이나 프로그래밍에 대해 정식으로 교육을 받은 적이 없다. 경영학 학위도 없다. 사실 따져보면 그는 학위가 전혀 없다. 대학을 중퇴했기 때문이다. 잡스는 엔지니어가 아닌 문외한의 입장에서 생각한다. 이런 점에서 보면 애플 제품을 테스트하기에 완벽한 조건을 갖춘 셈이다. 그는 애플의 보통 사람이자 이상적인 고객이다.

캘리포니아 주 마운틴뷰에 있는 컴퓨터 역사박물관의 수석 큐레이터 댁 스파이서Dag Spicer는 이렇게 말했다. "엄밀히 말하면 그는 취미가, 즉 다소 진지한 수준의 취미가라고 할 수 있습니다. 정식 교육은 받지 않았지만 십대 시절부터 꾸준히 기술을 추종해왔지요. 따라서 기술 업계의 동향을 파악할 정도의 기본 지식은 갖춘 셈입니다. 훌륭한 증권 분석가에 빗댈 수 있지요. 그의 문외한적인 시각은 훌륭한 자산이 아닐 수 없습니다."[10]

애플의 기업전도사를 자처했던 가이 가와사키는 애플이 포커스 그룹과 시장조사에 할당한 예산은 마이너스 수준이었다고 말했다. 물론 과장이긴 하지만 완전히 틀린 말은 아니다. 애플도 대부분의 기업들과 마찬가지로 시장조사에 돈을 투자한다. 그러나 잡스는 신제품을 개발할 때만큼은 사용자들의 의견을 묻지 않는다. 가와사키는 말했다. "스티브 잡스는 시장조사를 하지 않습니다. 자신의 우뇌가 좌뇌에게 피드백을 제공하는 것, 그것을 시장조사라고 생각하지요."[11]

# 스티브의 교훈

**"독재자가 되라."**

누군가는 결정을 내려야 한다. 잡스는 애플의 1인 포커스 그룹이다.
다른 회사들과는 다른 방식이지만 어쨌든 그것은 효과를 발휘한다.

**"여러 가지 대안을 만들어
그 중에서 최고를 뽑아라."**

잡스는 선택을 고집한다. 가장 적절한 것을 고르기 위해 개발 중인
제품들에 대해 늘 여러 가지로 변형시켜볼 것을 요구했다.

**"픽셀 하나하나까지 디자인하라."**

세부사항을 파고들어라.
잡스는 가장 조그만 세부사항에도 주의를 기울였다.

**"곤란한 상황을 자초하지 말라."**

애플의 엔지니어들은 기존의 맥 운영체제를 못마땅하게 여겼지만,
잡스는 그것에 대해 비판하는 일을 중단하라고 지시했다.
기존 제품을 깎아내리고 싶지 않았기 때문이다.

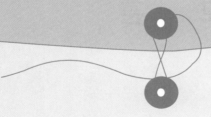

# Lessons from Steve

## "처음부터 시작하는 것을 두려워하지 말라."

맥 OS X를 만들기 위해 1,000여 명의 프로그래머들이 3년 동안 쉬지 않고 매달렸다.
그러나 그것은 분명 그만한 가치가 있었다.

## "오즈본 효과를 피하라."

고객들이 신제품을 기다리느라 기존 제품을 구입하지 않는
사태를 방지하려면 신기술은 출시 준비가 끝날 때까지 비밀에 부쳐라.

## "아이디어에 관한 것이라면 무엇이든 시도하라."

잡스는 혁신적인 디자인을 꾀하지는 않았지만 기꺼이 새로운 것을 시도한다.

## "단순화하라."

단순화는 깎아내는 것을 의미한다. 이것 역시 잡스가 설정한 초점이다.
단순화를 위해서는 다른 것을 거부할 줄 알아야 한다.

## "고객의 말에 귀를 기울이지 말라."

고객들은 자신이 무엇을 원하는지 모른다.

# 디자인에서
# 완벽을 고집하라
## #3

Steve
Jobs

# Steve Jobs says:

나는 애플을 살릴 방법을 알고 있다.
그것은 완벽한 제품과 완벽한 전략이라고만
말해두겠다. 하지만 애플의 누구도
내 말에 귀 기울이지 않을 것이다.

― 〈포춘〉 1995년 9월 18일자

1999년 1월 다채로운 색상의 아이맥 신제품라인을
소개하기 전날, 스티브 잡스는 애플 본사의 인근에 위치한 어느 대강
당에서 제품 프레젠테이션을 연습하고 있었다. 〈타임〉의 기자 한 명
은 텅 빈 관중석에 앉아 아이맥 신제품이 대중에게 처음 공개되는 중
요한 순간을 위해 리허설을 하고 있는 잡스를 지켜보았다. 커튼 뒤에
는 밝은 색상의 아이맥 다섯 대가 바퀴 달린 받침대에 놓인 채 잡스
의 큐 사인에 맞춰 무대 중앙으로 등장할 준비를 하고 있었다.

다섯 대의 아이맥이 커튼 뒤에서 미끄러져 나오는 순간, 잡스는 그
중요한 순간이 무대에 걸린 대형 스크린에 투사되길 원했다. 기술자
들이 스크린을 설치해놓긴 했지만, 잡스가 생각하기에 반투명의 아름
다운 아이맥들이 제대로 조명을 받지 못하는 것 같았다. 무대 위에서
는 멋지게 보이는 아이맥들이 프로젝션 스크린에서는 그리 밝게 빛나
지 않았기 때문이다. 조명이 좀더 일찍, 좀더 밝게 켜졌으면 좋겠다고
생각한 잡스는 프로듀서에게 다시 해보자고 말한다. 프로듀서는 헤드

셋에 대고 무대 뒤의 스태프들에게 조명을 조정하라고 지시한다. 잠시 후 다섯 대의 아이맥이 무대 뒤로 들어갔다가 큐 사인과 함께 다시 등장한다.

여전히 조명이 제대로 비추지 않는다. 잡스는 관중석 가운데로 달려가 의자에 털썩 앉은 다음, 두 다리를 앞 의자에 걸치고 이렇게 주문한다. "제대로 될 때까지 계속 해봅시다. 괜찮지요?"

다섯 대의 아이맥이 다시 한 번 커튼 뒤로 들어갔다 나왔지만 여전히 잡스는 만족하지 못한다. 잡스가 고개를 절레절레 흔들며 말한다. "그게 아니에요. 전혀 안 되고 있어요." 그들은 다시 시도한다. 이번에는 충분히 밝긴 했지만 너무 늦게 켜진다. 마침내 잡스가 더 이상 참지 못하고 고함을 친다. "얼마나 더 해야 하는 거요!"

네 번의 시도 끝에 마침내 조명이 적절하게 조정된다. 다섯 대의 아이맥이 거대한 프로젝션 스크린에서 빛을 발한다. 우쭐해진 잡스가 소리친다. "됐어요! 바로 그거예요! 멋져! 완벽해! 아주 완벽해!"

이 모든 과정을 지켜보던 기자는 조명 신호 하나에 왜 그렇게 엄청난 노력을 들이는지 이해가 가지 않았다. 행사 전체로 따지면 아주 작은 일부에 불과하지 않은가. 왜 그렇게 사소한 세부사항 하나하나에 저리도 큰 노력을 쏟아 붓는 걸까? 게다가 좀 전에 잡스는 오드왈라(미국의 음료 브랜드) 주스 병의 뚜껑이 돌려 따는 방식으로 바뀌었다며 기뻐서 떠들어대지 않았던가. 그것 역시 기자에게는 수수께끼였다. 돌려 따는 병뚜껑이나 커튼이 열리기 1초 전에 무대 조명이 들어오도록 조정하는 일 따위에 누가 관심이나 갖겠는가. 그런다고 해서 대체 뭐가 달라진다는 말인가.

그러나 다섯 대의 아이맥이 미끄러져 나오고 그 위로 조명이 비치자 기자는 크게 감명을 받았다. 결국 그는 다음과 같은 기사를 썼다. "그가 옳았다. 아이맥은 조명이 좀더 일찍 켜질 때 더 멋져 보인다. 오드왈라 병에는 손으로 돌려 따는 뚜껑이 더 잘 어울린다. 일반인들이 원한 것은 바로 플러그 앤 플레이plug-and-play 방식으로 인터넷에 접근할 수 있는 다채로운 색상의 컴퓨터였다."[1]

# :지치지 않는 완벽주의자

잡스는 세부사항에 집착하는 사람이다. 귀찮고 성가신 완벽주의자로서 까다로운 요구들로 부하 직원들을 미칠 지경까지 몰고 가기도 한다. 그러나 이처럼 까다로운 완벽주의 성향을 탁월성을 추구하는 것으로 보는 사람들도 있다.

잡스의 비타협 정신은 애플의 독특한 제품 개발 방식에 영감을 불어넣는 역할을 했다. 애플의 제품들은 잡스의 지휘하에 끊임없는 수정 및 변경 작업과 모형 및 시제품 제작 작업을 거쳐 개발되는 것이다. 하드웨어나 소프트웨어도 마찬가지이다. 애플의 제품은 디자이너, 프로그래머, 엔지니어, 경영자 사이를 끊임없이 오가면서 개발된다. 결코 순차적인 흐름을 따르는 법이 없다. 수차례의 회의와 브레인스토밍을 거치고 단순화에 역점을 두어 거듭 수정된다. 이처럼 유동적이고 반복적인 프로세스를 거치면서 처음부터 다시 시작하는 경우도 있고 전면 무효화되는 경우도 있다.

아이맥을 출시할 때 그랬던 것처럼 모든 것이 완벽히 제대로 수행될 때까지 다양한 시도가 반복된다. 아이맥은 처음 출시된 이후로 꾸준히 계속해서 시중에 나왔다. 칩과 하드 드라이브가 업그레이드되는 것은 물론이고, 색상도 여러 가지로 변해서 나중에는 좀더 차분한 색상으로 계속해서 바뀌었다.

작업 전반에 걸쳐 잡스는 언제나 세부사항에 이전보다 더 큰 주의를 기울일 것을 고집했다. 세부사항에 주의를 기울임으로써 장인 정신이 깃든 제품을 생산하겠다는 의지에서다. 애플의 제품들은 꾸준히 크고 작은 디자인상을 수상해왔으며, 고객들에게 마니아 수준의 충성심을 불러일으킨다.

애플의 뛰어난 디자인의 비결은 바로 탁월성을 추구하고자 하는 잡스의 의지에 있다. 잡스에게 디자인은 장식이 아니다. 제품의 외양을 상징하는 것도 아니고, 색상이나 세부적인 스타일을 의미하지도 않는다. 잡스에게 디자인은 제품의 작동 방식이다. 디자인을 형태가 아닌 '기능'으로 간주한다는 얘기다. 제품의 작동 방식을 적절히 파악하려면 디자인 과정에서 이를 철저히 파헤쳐야 한다.

1996년 〈와이어드〉와의 인터뷰에서 잡스는 이렇게 설명했다. "디자인은 참 재미있는 단어입니다. 디자인이 외관을 의미한다고 생각하는 사람도 있지만 좀더 깊이 파고들면, 사실 작동 방식을 의미하지요. 맥의 디자인은 단순히 외관을 의미하는 것이 아니었습니다. 물론 어느 정도는 외관을 의미했지만 전반적으로는 작동 방식과 관련된 것이었습니다. 무언가를 진정으로 적절하게 디자인하기 위해서는 그것을 완벽히 이해해야 합니다. 본질이 무엇인지 철저하게 파악해야 한다는 얘기입니다. 무언가를 그냥 꿀꺽 삼키지 않고 충분히 곱씹으며 철저하게 이해하는 데에는 열정적인 헌신이 필요합니다. 대부분의 사람들은 그런 일에 시간을 투자하지 않지요."

루마니아 조각가 콘스탄틴 브랑쿠시Constantin Brancusi가 말했듯이, 단순성은 복잡성이 해결된 상태이다. 최초의 맥은 디자인에만 3년이 걸렸다. 그것도 3년 내내 믿기 힘들 만큼 고된 노력을 기울였다. 대다수의 기술 제품들은 빡빡한 일정 속에서 경쟁을 벌이며 신속하게 제작되지만 맥은 수없이 많은 수정 과정을 거쳐 탄생한 산물이었다. 케이스에 적절한 베이지색을 정확하게 골라내는 작업에서 키보드의 자판을 선정하는 작업에 이르기까지 디자인의 모든 측면이 제대로 어우러질 때까지 수많은 노력을 쏟아 부었다.

1983년 잡스는 맥 디자이너들에게 이렇게 말했다. "어떤 문제를 보고 그것이 정말 간단하다고 생각하기 시작하면, 실제로 문제가 얼마나 복잡한지 이해할 수 없습니다. 그러다가 그 문제에 뛰어들고 나서야 복잡하다는 사실을 깨닫고 뒤죽박죽 복잡한 해결책들을 떠올리게 되지요. 대부분의 사람들은 여기에서 중단합니다. 하지만 그렇게 생각해낸 해결책들은 아주 잠시 동안만 효과를 발휘하지요. 진짜 훌륭한 사람은 거기에서 멈추지 않고 계속 나아가며, 근본적인 문제를 찾아 어떤 차원에서든 효과를 발휘하는 멋진 해결책을 내놓는 사람입니다. 우리의 맥도 바로 이런 방식으로 개발하길 바랍니다."[2]

# : 아마추어적인 미학은 싫다

물론 디자인에서는 미학을 빼놓을 수 없다. 컴퓨터 미학에 관한 잡스의 관심은 애플 최초의 컴퓨터인 애플I으로 거슬러 올라간다. 스티브 워즈니악이 설계하고 집 차고에서 손으로 조립된 애플I은 몇 개의 칩으로 덮인 마더보드 뼈대에 불과했다. 당시 개인용 컴퓨터를 구입하는 사람은 극소수의 틈새 소비자, 즉 수염이 덥수룩한 엔지니어들과 취미가들이었다. 그들은 컴퓨터를 부품별로 사서 작업대에 놓고 땜질한 다음, 전원 장치와 모니터와 케이스를 별도로 추가했다. 대부분은 목재 상자, 주로 오렌지 궤짝으로 케이스를 만들었다. 그 중 한 사람은 애플I의 마더보드를 가죽 서류가방에 넣고 뒤쪽에 전기 코드를 연결해서 최초의 노트북 컴퓨터를 만들기도 했다.

잡스는 이런 취미가들의 아마추어적인 미학이 싫었다. 그보다는 고객에게 돈을 받고 완성된 컴퓨터를 팔고 싶었다. 다다익선이라는 말도 있지 않은가. 일반 고객의 마음을 끌기 위해서는 반쯤 조립한 히스키트가 아니라 진짜 제품처럼 보여야 했다. 당시의 컴퓨터에 필요한 것은 소비재로서의 기능을 암시해주는 멋진 케이스였다. 이미 조립이 다 되어 있어 더 이상의 조립이 필요 없는 컴퓨팅 장치, 즉 플러그만 꽂으면 준비가 갖춰지는 기기를 만들겠다는 생각이었다.

잡스의 디자인 개혁 운동이 시작된 것은 애플II에 이르러서였다. 애플II는 1976년에 애플이 설립된 직후에 구상되었다. 워즈니악이 획기적인 하드웨어(이것으로 그는 미국 발명가 명예의 전당에 입성했다)에 매달려 있는 동안 잡스는 컴퓨터 케이스에 집중했다. "스스로 컴퓨터를 조립하고 싶어 하는 하드웨어 취미가는 1,000명에 한 명꼴이라는 생각이 들었습니다. 나머지 사람들은 프로그램을 이리저리 짜맞춰보고 싶어도 능력이 안 돼서 못하고 있었을 거라는 말입니다. 열 살 때에는 나 역시 그랬었지요. 애플II에는 최초의 진짜 패키지 컴퓨터를 팔아보겠다는 나의 꿈이 담겨 있었습니다. 나는 컴퓨터를 플라스틱 케이스에 넣고 싶어 미칠 것 같았습니다."[3]

컴퓨터에 플라스틱 케이스를 씌우는 사람은 아무도 없었다. 모양에 대해 도무지 감이 잡히지 않았던 잡스는 영감을 얻기 위해 백화점을 뒤지기 시작했다. 그리고 마침내 메이시스 백화점의 주방용품 매장에서 퀴진아트Cuisinart 사의 식품가공기를 찾아냈다. 이것이 바로 애플II가 필요로 하는 것이었다. 부드러운 모서리, 차분한 색상, 가벼운 질감의 멋진 플라스틱 케이스.

산업디자인에 문외한이었던 잡스는 전문 디자이너를 찾아 나섰다. 그는 주로 최고부터 찾아 다녔다. 먼저 실리콘 밸리의 최고 디자인 회사 두 군데를 찾아갔지만 돈이 부족하다는 이유로 퇴짜를 맞았다. 그는 애플의 지분을 제의했지만, 당시 애플의 주식은 휴지조각과도 같았다. 물론 두 회사는 훗날 거절한 일을 후회하게 된다.

곳곳을 찾아 헤매던 잡스는 마침내 휴렛팩커드에서 일하다가 한 달 전에 퇴사하고 일거리를 구하고 있던 프리랜서 디자이너 제리 마녹Jerry Manock을 만나게 되었다. 둘은 꽤 잘 맞는 한 쌍이었다. 잡스는 많은 돈을 줄 수 없는 형편이었고 마녹은 거의 무일푼이었기 때문이다. 마녹은 이렇게 말했다. "스티브가 애플II의 케이스를 디자인해달라고 했을 때 나는 도저히 거절할 수 없는 형편이었어요. 대신

선불로 해달라고 부탁했지요."⁴

마쿨라는 워즈니악의 마더보드 모양에 맞춰 실용적인 케이스를 디자인했다. 가장 중요하게 고려해야 할 부분은 제조 속도와 비용이었다. 빠르고 값싸게 만들어야 했기 때문이다. 마쿨라는 키보드 일체형인 본체의 앞부분은 비스듬히 내려오게 만들고 뒤쪽은 확장 슬롯 공간을 확보하기 위해 높게 만들었다. 잡스는 사용자가 케이스를 열어보았을 때 보기 좋도록 케이스 안쪽에도 색을 칠하자고 제안했지만, 마쿨라은 그의 제안을 무시했다. 잡스도 더 이상 강요하지는 않았다.

1977년 4월에 열린 제1회 웨스트코스트 컴퓨터 박람회(오늘날 이 행사는 개인용 컴퓨터 산업의 탄생을 알린 행사로 간주된다)에서 애플 II를 화려하게 데뷔시키기 위해 마쿨라는 값이 저렴한 인근 플라스틱 주형 공장에 케이스 제작을 주문했다. 그러나 배송된 케이스들은 서로 잘 들어맞지 않아서 상단과 하단이 잘 맞물리도록 직접 사포로 갈아내야 했다. 개중에는 군데군데 구멍이 뚫리고 제대로 색칠이 안 된 것도 있어서 별도로 손을 봐야 했다. 마쿨라는 박람회용으로 스무 개를 준비했지만, 그중 세 개에만 회로기판을 넣고 완성할 수 있었다. 잡스는 이 세 대를 앞쪽 데스크에 배치하고 나머지 빈 케이스는 매우 솜씨 좋게 부스 뒤쪽에 쌓아놓았다. 마쿨라는 이렇게 회상했다. "우리의 완제품 플라스틱 컴퓨터는 박람회장에 전시된 다른 원시적인 컴퓨터들과 대조를 이루어 모든 사람들을 매료시켰습니다. 당시 애플은 몇 달 전에 문을 연 신생 기업이었지만, 플라스틱 케이스 덕분에 벌써 대량생산 단계에 들어간 듯한 기업의 이미지를 풍길 수 있었지요."⁵ 잡스는 케이스 덕분에 애플 II를 소비자 제품으로서 시장에 내놓을 수 있었다.

친숙한 플라스틱 케이스가 덮인 애플II는 개인용 컴퓨터 시장에 일대 혁신을 일으켰다. 이제 개인용 컴퓨터가 취미가들의 자가 조립 프로젝트에서 일반 소비자들의 플러그 앤 플레이 기기로 탈바꿈한 것이다. 잡스는 애플II가 전자제품을 만지기를 좋아하는 취미가들뿐만 아니라 소프트웨어광들의 관심도 끌 수 있길 바랐다. 그리고 그의 바람은 현실이 되었다. 하버드 대학교의 학생 프로그래머인 댄 브리클린Dan Bricklin과 밥 프랭크스톤Bob Frankston이 최초의 스프레드시트인 비지캘크VisiCalc를 만든 것이다. 비지캘크는 곧 애플II의 '킬러 앱'이 되었다. 따분한 비즈니스 수치들을 자동으로 계산해줌으로써 회계사들이 몇 시간씩 작업하던 장부 기록을 하찮은 일로 바꿔놓았기 때문이다. 비지캘크, 그리고 애플II는 모든 사업체에서 반드시 갖춰야 할 필수 품목이 되었다. 애플II는 1977년에는 77만 달러, 1978년에는 790만 달러, 1979년에는 4,900만 달러로 매출을 극적으로 끌어올리며 당시 가장 빨리 팔려나가는 컴퓨터로 자리를 잡았다.

# : 잡스, 디자인을 신앙으로 받아들이다

잡스는 애플II의 대성공을 토대로 산업디자인에 대해 진지한 태도를 견지하기 시작했다. 박스에서 꺼내 바로 작업할 수 있는 소비자 친화적인 컴퓨터를 만들겠다는 애플의 철학과, IBM 등의 초기 경쟁사들이 추구하는 실용적인 외장을 구분짓는 핵심적 요소가 바로 디자인이었기 때문이다.

1982년 3월 잡스는 이제 애플에도 세계적인 수준의 산업디자이너, 즉 국제적인 명성을 갖춘 디자이너가 필요하다는 결론을 내렸다. 제리 마녹을 비롯한 애플의 디자인팀 직원들은 이러한 조건을 충족시키지 못했다. 1980년대 초반에 디자인은 점차 산업의 주요 원동력으로 자리 잡기 시작했다. 특히 유럽에서는 이러한 현상이 더욱 두드러졌다. 이탈리아의 상품 및 가구 디자인 공동체 멤피스Memphis의 성공을 지켜보면서 잡스는 컴퓨터 산업에도 세련미와 수준 높은 디자인을 도입할 때가 되었다는 확신을 얻었다.

그가 특히 관심을 가진 부분은 애플의 전 제품에 적용할 단일 디자인 언어를 만드는 일이었다. 애플이 소프트웨어에서 성공을 거두기 시작한 디자인의 일관성을 하드웨어에도 적용하여 누구든 한눈에 애플 제품을 알아볼 수 있기를 바란 것이다. 그리하여 애플은 디자인 대회를 개최했다. 〈ID 매거진〉을 비롯한 여러 디자인 잡지에서 후보자들을 선발한 다음, 〈백설 공주〉에 등장하는 일곱 난장이들의 이름을 딴 일곱 가지 제품을 디자인하도록 지시한 것이다.

우승자는 30대 중반의 독일인 산업디자이너 하르트무트 에슬링거 Hartmut Esslinger였다. 잡스처럼 강력한 동기와 야심 때문에 대학을 중퇴한 에슬링거는 소니에서 TV를 디자인한 것으로 주목을 받기도 했다. 1983년 에슬링거는 캘리포니아로 이주하여 프로그 디자인이라는 스튜디오를 차리고, 한 달에 10만 달러와 기타 비용 및 특근 수당을 청구할 수 있다는 전례 없는 조건으로 애플에 독점적인 서비스를 제공했다.[6]

에슬링거가 애플을 위해 만든 독특한 디자인은 '스노우 화이트 Snow White'라는 디자인 언어로 알려지면서, 이후 10년 동안 애플에 서뿐만 아니라 컴퓨터 산업 전반에 걸쳐 주요 컴퓨터 케이스 디자인 으로 사용되었다.

에슬링거의 스노우 화이트는 깎아낸 모서리, 사선, 둥근 모서리 등 을 현명하게 활용한 것이 특징이다. 그 좋은 예가 오늘날 종종 어항 으로 사용되는 일체형 컴퓨터 매킨토시 SE다. 수많은 사람들이 사랑 하는 컴퓨터를 버리지 못하고 어항으로 개조한 것이다.

잡스와 마찬가지로 에슬링거에게도 세부사항을 보는 눈이 있었다. 에슬링거의 대표적인 모티프 중 하나는 수직선과 수평선의 활용이었 다. 컴퓨터 케이스의 투박한 선들을 재치 있게 분할함으로써 실제보 다 작아 보이는 효과를 연출한 것이다. 이 선들은 환기구가 위치한 부분이기도 했는데, 클립 같은 조그만 물건이 컴퓨터 내부로 들어가 지 않도록 정확히 S자 모양의 환기구가 수평선과 교차하도록 만들어 졌다.

에슬링거는 가장 좋은 품질의 제조 공정을 이용해야 한다며 잡스 에게 제로 드래프트zero-draft라는 전문 기법을 채택하라고 설득했다. 제로 드래프트는 비용은 많이 들었지만 잡스가 높이 평가하는 깔끔 한 마무리 기법으로 애플의 케이스를 작고 정확하게 만들 수 있었다. 또한 모방하기도 힘들어서 당시 애플의 골치를 썩이던 값싼 모조품 문제까지 해결해주었다.

애플의 스노우 화이트 디자인은 여러 번에 걸쳐 디자인상을 받으 면서 결국 경쟁사들에게도 널리 채택되어 암묵적으로 케이스 디자인

업계의 표준으로 자리 잡았다. 1980년대와 1990년대에 걸쳐 델, IBM, 컴팩 등을 비롯한 여러 컴퓨터 회사들이 출시한 베이지색 컴퓨터들은 모두 흡사한 모습을 갖고 있다. 바로 스노우 화이트 때문이다.

## ⋮ 매킨토시, 잡스의 '국민컴퓨터'

1984년 잡스는 최초의 매킨토시를 제작하면서 끊임없이 시제품을 수정하는 것이 주요 특징인 디자인 프로세스를 구축하기 시작했다. 마녹에게 맥의 케이스 디자인을 맡겼지만 결코 꼼꼼한 지도를 멈추지 않은 것이다. 그 무렵 애플의 정직원이 된 마녹은 초기 구상 대부분을 맡은 애플의 또 다른 유능한 디자이너 테리 오야마Terry Oyama와 긴밀하게 협력했다.

잡스는 맥이 '크랭크 없는 폭스바겐'이 되길 바랐다. 파격적이면서도 대중적인 저렴한 보급형 컴퓨터 말이다. 이른바 '폭스컴퓨터 volkscomputer'(volk는 국민, 민중이라는 의미), 즉 '국민컴퓨터'를 저렴하게 생산하기 위해 잡스는 자신이 존경하는 인물인 헨리 포드를 본보기로 삼았다. 검은색이기만 하면 무슨 색이든 상관없다는 말로 유명해진 포드자동차의 모델 T(1908년부터 1927년까지 생산 판매된 자동차로, 검은색 모델만을 생산하여 파격적인 가격으로 자동차의 대중화를 이끈 역사적인 모델로 간주된다)처럼 잡스는 맥에도 오직 한 가지 사양만을 제공하겠다고 생각했다.

최초의 맥은 베이지색에 확장 슬롯도 없고 극도로 한정적인 메모리를 장착하겠다는 것이 잡스의 계획이었다. 당시 이러한 결정에 대해서는 이견이 분분했으며, 대다수의 사람들은 맥이 결국 운명의 기로에 서게 될 것이라고 전망했다. 연산 능력도 떨어지고 업그레이드도 어려운 컴퓨터를 누가 사겠는가. 잡스가 그러한 결정을 내린 것은 생산비를 줄이기 위해서였다. 포드처럼 말이다. 그러나 잡스는 이를 통해 소비자들에게 이로울 거라 예상되는 부차적인 효과까지 얻게 된다. 바로 기계를 단순화하는 효과였다.

잡스는 맥이 컴퓨터를 사용해본 사람에게나 그렇지 않은 사람에게나 즉시 사용될 수 있는 컴퓨터가 되길 원했다. 그리하여 구입한 사람이 누구든 번거로운 설치를 할 필요가 없어야 한다고 주장했다. 모니터와 본체를 연결할 필요도, 난해한 명령어를 배울 필요도 없어야 했다.

잡스와 디자인팀은 설치를 용이하게 하기 위해 맥의 화면, 디스크 드라이브, 회로를 모두 하나의 케이스에 넣고, 키보드와 마우스만 분리하여 케이스 뒤에 꽂게 만들기로 결정했다. 이러한 일체형 디자인을 취하면 다른 PC들에서 볼 수 있는 복잡한 전선들과 플러그들을 없앨 수 있을 거라는 생각에서였다. 그리고 공간 활용을 높이기 위해 당시에는 보기 드문 세로형 디자인을 택하기로 했다. 그리하여 당시 다른 컴퓨터에서는 납작한 피자 상자 모양으로 모니터 옆쪽에 설치되던 디스크 드라이브가 모니터 아래쪽으로 들어갔다.

세로형 디자인 덕분에 맥은 사람과 흡사한 외양, 즉 사람 얼굴 같은 외양을 지니게 되었다. 디스크 드라이브 슬롯은 입처럼, 키보드 때문에 움푹 들어간 하단 부분은 턱처럼 보였던 것이다. 이것을 포착한 잡스는 맥이 친근하고 사용하기 쉽게 제작되길 바라는 마음에서 디자인팀에게 케이스를 '친근하게' 만들라고 지시했다. 처음에 디자이너들은 그의 말뜻을 전혀 이해할 수 없었다. 훗날 오야마는 이렇게 말했다. "스티브는 선 하나 그리지 않았지만 맥을 디자인한 것은 그의 아이디어와 영감이었습니다. 솔직히 말해 우리는 스티브가 말해주기 전까지 컴퓨터가 친근하다는 것이 무슨 뜻인지 몰랐습니다."[7]

잡스는 맥에 앞서 제작된 리사Lisa의 디자인을 몹시 싫어했다. 화면 위에 얹은 두툼한 플라스틱 띠를 보면 크로마뇽인의 이마가 연상되었기 때문이다. 그는 맥의 이마는 훨씬 더 좁고 지적으로 보여야 한다고 주장했다. 또한 케이스에 긁힘 방지 처리를 하고 내구성을 강화하라는 잡스의 요구에 따라, 마녹은 레고Lego 블록에 사용된 튼튼한 등급의 ABS 플라스틱을 사용하기로 하고 긁힌 자국이 잘 드러나지 않도록 표면에 미세한 결을 만들었다. 색상은 베이지 계열인 팬톤 453으로 선택했다. 햇빛에 바래도 흉하지 않을 거라는 생각에서였다. 이전의 컴퓨터에는 그것보다 밝은 색상을 사용했지만, 시간이 지나면서 보기 싫은 연주황색으로 퇴색하는 경우가 다반사였다. 사실 누르스름한 색조는 사무실이든 가정이든 무난하게 잘 어울릴 것 같았고, 당시 휴렛팩커드도 컴퓨터에 이와 비슷한 색상을 사용하고 있었다. 이로써 컴퓨터와 사무기기에 베이지 색상을 사용하는 경향이 시작되어 이후 20년 가까이 지속되고 있다.

오야마가 석고로 예비 모형을 만들자 잡스는 그것을 평가하기 위해 개발팀의 팀원들을 소집했다. 수많은 시스템 소프트웨어를 작성한 개발팀의 핵심 팀원 앤디 허츠펠드Andy Hertzfeld는 해당 모형이 귀

엽고 매력적이며 독특하다고 생각했지만, 잡스는 또다시 개선의 여지를 포착했다. 허츠펠드는 자신의 저서에 이렇게 썼다. "모두가 제각기 의견을 내놓은 뒤에 스티브는 가차 없는 비판을 쏟아냈다. '너무 각이 졌어요. 곡선을 좀더 살려야지요. 첫 번째 모따기(맞물린 두 개의 선이나 개체 구석을 각이 지게 깎아내는 작업)의 반경이 더 커야 합니다. 사선의 크기도 마음에 안 들고요. 하지만 이제 시작입니다.' 나는 모따기가 뭔지도 몰랐다. 그러나 스티브는 산업디자인 용어를 유창하게 구사하며 까다로운 요구사항들을 내놓았다."[8]

잡스는 세부사항 하나하나에 꼼꼼한 주의를 기울였다. 심지어는 마우스도 컴퓨터의 모양을 반영하는 디자인으로 제작되었다. 면의 수도 컴퓨터와 동일했고, 사각형의 버튼 역시 컴퓨터 화면의 모양 및 위치와 일치하도록 만든 것이다.

맥에는 스위치가 전원 스위치 하나뿐이었다. 그것마저 사용자가 실수로 전원을 켜거나 끄는 일을 방지하기 위해 뒤쪽에 배치했다. 이때 마눅은 스위치가 뒤에 숨겨져 있다는 점을 고려하여 손으로 쉽게 더듬어 찾을 수 있도록 스위치 둘레를 매끄럽게 만들었다. 마눅은 맥이 역사적인 관심을 불러일으킬 수 있었던 이유가 이처럼 세부사항 하나하나에 주의를 쏟아서라고 생각한다. "그러한 세부사항들은 평범한 상품을 일종의 유물로 전환시킨 것과 같았습니다."

또한 잡스는 맥의 디자인이 어떤 방식으로 사용자와의 상호작용을 결정할 것인지에 대해서도 고심했다. 예를 들어 그는 당시 키보드에 표준으로 갖춰져 있던 기능키와 화살표 키들을 모두 없앴다. 사용자들이 기능키를 두드리는 대신 마우스를 사용하여 기계와 상호작용하길 바랐기 때문이다. 기능키를 없앰으로써 또 하나의 부차적인 효과가 생겨났다. 소프트웨어 개발자들은 애플Ⅱ에 맞게 작성한 소프트웨어를 약간 변경하여 사용할 생각이었지만, 새로운 키보드 형식 때문에 맥 인터페이스에 맞게 프로그램을 전부 새로 작성할 수밖에 없게 된 것이다. 컴퓨터와의 새로운 상호작용 방식을 표상하는 맥의 그래픽 유저 인터페이스. 잡스는 소프트웨어 개발자들이 이를 완전히 받아들이길 원했다.

수개월에 걸쳐 마녹과 오야마는 한 달에 한 번꼴로 새로운 모델을 제작했고, 그때마다 잡스는 개발팀을 소집하여 피드백을 받아냈다. 새로운 모델이 나오면 이전 모델들을 모두 그 옆에 세워놓고 꼼꼼하게 비교했다. 허츠펠드는 이렇게 회상했다. "네 번째 모델이 나왔을 때, 나는 세 번째 모델과의 차이점을 찾아내기가 힘들었습니다. 그러나 잡스는 언제나 단호한 태도로 호된 비평을 쏟아냈지요. 나조차 가까스로 알아볼 수 있는 세부사항들에 대해 늘 명확한 입장을 밝혔습니다."

마녹과 오야마는 대여섯 개의 시제품을 만들고 나서야 잡스의 최종 승인을 얻어 케이스의 대량생산으로 주의를 돌릴 수 있었다. 잡스는 드디어 디자인이 결정된 것을 자축하고 그때까지 기울인 예술적 노고를 치하하기 위해 '서명 파티'를 열었다. 샴페인을 터뜨리고 팀의 핵심 멤버들이 케이스 안쪽에 서명을 한 것이다. 잡스는 이렇게 설명했다. "예술가는 자신의 작품에 서명을 하는 법입니다."[9]

1984년 1월 마침내 맥이 출시되었지만 심각할 정도로 연산 능력이 떨어졌다. 잡스가 비용을 줄이기 위해 메모리 용량을 128킬로바이트로 제한한 탓이었다. 필요한 능력에 현저하게 못 미치는 용량 때문에 사용자들은 파일 복사와 같은 단순한 작업을 수행할 때에도 번거롭게 플로피 디스크를 넣었다 빼기를 반복해야 했다. 초기 사용자들은 대체로 맥을 좋아했지만 그 실용성만큼은 좋아할 수 없었다. SF 작가인 더글러스 애덤스Douglas Adams는 이렇게 썼다. "내가 사랑한 것은 느려 터진 속도에 연산 능력까지 떨어지는 기계가 아니라 그 기계에 담긴 낭만적인 아이디어였다."[10]

다행히 맥의 주요 하드웨어 엔지니어였던 버렐 스미스Burrell Smith는 이러한 사태를 미리 예상하여 잡스의 명령을 어기고 몰래 맥의 로직보드에다 메모리 용량을 512킬로바이트까지 늘릴 수 있는 회로를 추가해두었다. 이러한 스미스의 선견지명 덕분에 몇 개월 후 애플은 메모리 용량이 늘어나 연산 능력이 크게 개선된 버전의 맥을 출시할 수 있었다.

## 포장 디자인에 대한 고집

컴퓨터 디자인의 세부사항 하나하나를 눈여겨보는 잡스에게는 포장 디자인도 예외가 아니었다. 사실 잡스는 첫 매킨토시의 포장이 자신의 '혁명적인' 컴퓨터 플랫폼을 소비자들에게 소개하는 데 필수적인 부분이 될 거라고 판단했다.

1984년 당시만 해도 매킨토시 같은 제품은 몇몇 연구소에서만 사용되었다. 개인용 컴퓨터가 두툼한 안경을 낀 엔지니어나 취미가들의 전유물이었기 때문이다. 부품별로 따로 구매되어 개인의 작업대에서 조립된 컴퓨터는 수학 계산을 실행했고, 깜박거리는 커서에 입력되는 난해한 명령어에 의해 제어되었다.

반면, 잡스와 맥 개발팀은 그림으로 된 아이콘과 쉬운 단어로 된 메뉴를 갖춘 친근한 기계를 만들어냈다. 모든 것은 생소한 포인팅 및 클릭 장치, 즉 마우스로 이루어졌다.

잡스는 소비자들이 마우스를 비롯한 맥의 구성요소들과 친해지도록 하기 위해서는 직접 맥을 박스에서 꺼내 조립하게 해야 한다고 생각했다. 직접 조립하다 보면 맥의 모든 구성요소들을 하나하나 파악하여 작동 방식에 대해서도 감을 잡을 수 있을 거라는 생각에서였다.

컴퓨터, 키보드, 마우스, 코드, 디스크, 매뉴얼 등 모든 부품들이 따로따로 포장되었다. 잡스가 직접 개입하여 디자인된 미니멀리즘적인 박스는 맥의 흑백 사진과 애플의 가라몬드Garamond 서체로 작성된 라벨들로 장식되었다. 당시 잡스는 우아함과 풍미를 강조했지만, 실제로 그의 포장 아이디어는 기술 업계에 '포장 풀기 절차'를 소개한 셈이었다. 이후 델에서 휴대전화 제조업체들에 이르기까지 수많은 기업들이 이 같은 '기계와 친해지기' 의식을 적용해왔다. 애플은 지금도 기계에 대한 입문 교육을 실시한다는 생각으로 포장 디자인에 심혈을 기울인다.

조너선 아이브는 1999년 〈패스트 컴퍼니〉라는 경영지와의 인터뷰에서, 첫 아이맥 포장은 맥을 새로운 소비자들에게 적절하게 소개한다는 생각으로 신중하게 디자인되었다고 밝혔다. 아이맥의 액세서리, 키보드, 매뉴얼을 모두 받침대로도 이용할 수 있는 하나의 스티로폼 틀에 포장한 것이다. 맨 처음 나오는 스티로폼 조각을 꺼내면 아이맥 상단에 부착된 손잡이가 나왔다. 이것은 곧 기계를 박스에서 들어내 책상 위에 놓으라는 의미였다. "손잡이는 정말 훌륭한 아이디어였습니다. 한눈에도 그 용도가 무엇인지 알 수 있었으니 말입니다."[11]

그리고 나면 소비자의 눈은 자연스럽게 액세서리 박스로 향하게 된다. 박스를 열면 세 개의 케이블이 보인다. 각각 전원용, 인터넷용, 키보드용이다. 아이브가 밝힌 바에 따르면, 이러한 요소들을 그처럼 정확한 순서대로, 즉 아이맥의 손잡이에서 설치 케이블의 순서대로 배치한 것은 컴퓨터를 처음 사본 소비자들에게 기계를 설치하고 작동시키기 위해 밟아야 할 단계들을 명확하게 전달할 목적으로 치밀하게 계획된 것이었다. "지금은 너무도 단순하고 명확해 보이겠지만 종종 그 정도의 단순성을 달성하기 위해서는 디자인을 몇 번씩 수정해야 합니다. 사람들이 어떤 문제를 겪을지, 어떤 어려움을 겪을지 이해하기 위해서는 막대한 에너지를 투자해야 하지요. 이러한 문제들을 정확하게 표현하는 것조차 힘들어 하는 사람들이 태반이기 때문입니다."[12]

이 정도로 세부사항에 꼼꼼하게 주의를 쏟는 것이 때로는 광적으로 보일 수도 있다. 또 때로는 정말 광적인 일이 되기도 한다. 아이팟이 출시되기 직전에도 잡스는 이어폰을 꽂고 뺄 때 헤드폰 잭에서 '딸깍' 소리가 만족스럽게 나지 않는다는 사실에 실망했다. 제품 프레젠테이션에서 샘플 아이팟 수십 개를 기자들과 VIP 고객들에게 나누어줄 예정이었기 때문이다. 잡스는 결국 한 엔지니어에게 샘플 아이팟의 잭을 '딸깍' 소리가 만족스럽게 나는 잭으로 모두 교체하라고 지시했다.

또한 미학적인 이유로 최초 맥의 마더보드 디자인을 수정하고 싶어 한 적도 있다. 마더보드에 보기 흉한 부분들이 있다고 생각하여 칩과 회로들을 좀더 보기 좋게 배치하고 싶어 한 것이다. 당연히 엔지니어들은 기겁할 수밖에 없었다. 마더보드는 극도로 복잡한 기술의 집합체였다. 마더보드의 레이아웃은 구성요소들이 안전하고 확실하게 연결될 수 있도록 주의 깊게 설계된다. 칩이 떨어져나가거나 회로 사이에 방전이 일어나지 않도록 신중하게 구성요소들을 배치한다는 얘기다. 그러한 마더보드의 디자인을 보기 좋게 바꾸는 것은 쉬운 일이 아니었다. 엔지니어들은 당연히 누가 마더보드를 눈여겨보겠느냐며 이의를 제기했다.

그러나 더 중요한 것은 배치를 바꿀 경우 컴퓨터 자체가 작동되지 않을 거라는 예측이 대두되었다는 사실이었다. 그러나 잡스는 고집을 꺾지 않았다. "훌륭한 목수는 아무도 보지 않는 장식장 뒷면에도 형편없는 목재를 사용하지 않습니다." 하드웨어 엔지니어들은 마지못해 새 디자인을 제작했다. 좀더 보기 좋은 회로기판 하나를 만들어내는 데에도 수천 달러가 들었다. 하지만 예측한 대로 새로운 마더보드는 작동하지 않았다. 잡스는 자신의 아이디어를 포기할 수밖에 없었다.[13]

탁월성을 추구하는 잡스의 고집은 이따금씩 제품의 생산을 지연시키기도 하고, 개발팀이 수년 동안 노력을 쏟아 부은 프로젝트들을 기꺼이 중단시키기도 한다. 그러나 타협할 줄 모르는 그의 완고함 덕분에 애플은 만족스럽게 다듬어질 때까지 절대로 제품을 성급하게 출시하지 않는다.


# :세탁기 살 때도 토론하는 사람

잡스는 80년대 초반에 가구가 거의 없는 저택에서 생활한 것으로 유명하다. 수준 이하의 가구를 참을 수 없었기 때문이다. 잡은 매트리스에서 잤고, 주위에는 거대한 사진들만 몇 장 걸어놓았을 뿐이었다. 그러다가 디자인과 장인의 솜씨가 마음에 든다는 이유로 연주할 줄도 모르는 독일제 그랜드 피아노를 구입하기도 했다. 애플의 전임 CEO 존 스컬리는 잡스의 집을 찾아가보고 그 너저분한 광경에 놀라지 않을 수 없었다. 마치 버려진 집 같았다. 게다가 이웃에는 멋진 가구들이 완벽하게 꾸며진 저택들이 늘어서 있었다. "가구가 없어서 죄송합니다." 잡스는 스컬리에게 사과를 건넸다. "가구를 살 시간이 없었습니다."[14]

스컬리는 그가 최고가 아니면 만족하지 않는다고 말했다. "스티브의 집에 가봤는데, 가구는 없고 그가 매우 존경하는 아이슈타인의 사진과 티파니 램프 하나, 의자 하나, 잠자리뿐이었습니다. 주위에 이것저것 갖춰놓고 사는 사람은 아니었습니다만, 어느 한 가지를 살 때에는 크게 신중을 기했지요."[15]

잡스는 쉽게 쇼핑을 하지 못한다. 휴대전화 하나 사는 것도 결정을 잘 내리지 못하기 때문이다. 주로 어떤 장치와 기술을 구입하느냐는 질문에 그는 이렇게 대답했다. "결국에는 너무 형편없어 보여서 안 사는 경우가 많습니다."[16]

그러나 한번 쇼핑을 하게 되면 엄청난 시간과 노력을 투자한다. 건조기 겸용 세탁기를 새로 구입할 때였다. 잡스는 세탁기 모델을 결정하기 위해 온 가족을 끌어들여 2주 동안 토론을 벌였다. 잡스의 가족은 다른 사람들처럼 기능과 가격을 훑어보고 결정하기보다는 미국 디자인을 택할 것인지 유럽 디자인을 택할 것인지, 물과 세제의 소비량이나 세탁 속도, 옷감 손상 정도는 어느 정도인지 등에 대해 토론을 벌였다.

"우리 가족은 한동안 각자 원하는 세탁기의 조건에 대해 논의했습니다. 디자인에 대해서도 많은 얘기를 나눴지만, 우리 가족이 중요하게 생각하는 가치들도 빼놓을 수 없는 문제였습니다. 1시간 만에 끝나는 세탁기와 1시간 반이 걸리는 세탁기 중에서 골라야 하는 것인지, 아니면 옷의 손상을 줄여 오래 가게 하는 것을 골라야 하는지, 물 소비량은 또 어떠한지 등등 말입니다. 우리는 약 2주일에 걸쳐 매일 저녁에 식사를 하며 논의를 했습니다. 정말이지 세탁기에 대해 이야기하는 데 많은 시간을 소비했지요. 논의의 주제는 주로 디자인이었습니다."[17]

결국 잡스는 독일 제품을 선택했다. 너무 비싸다는 생각이 들었지만 소량의 물과 세제만으로도 적절하게 세탁이 이루어졌기 때문이다. "진정으로 감탄할 만한 제품이었습니다. 우리 가족이 지난 몇 년간 구입한 제품들 가운데 정말 흡족해 하는 몇 안 되는 제품 중 하나였습니다. 제조업체는 제조 공정의 처음부터 끝까지 심혈을 기울였더군요. 디자인 솜씨도 뛰어납니다. 첨단 제품을 보고 그렇게 큰 전율을 느낀 것은 수년 만에 처음이었습니다."

물론 훌륭한 세탁기를 고르기 위해 2주 동안 토론을 벌였다는 것은 다소 지나친 감이 없지 않다. 그러나 잡스는 애플의 제품을 개발할 때에도 이와 동일한 가치관과 프로세스를 적용한다. 애플은 다른 기업들처럼 산업디자인을 이미 완성된 제품에 마지막 광택을 입히는 작업으로 간주하지 않는다. 디자인을 마지막에 덮어씌우는 껍데기로 생각하는 기업들은 너무도 많다. 사실 대다수의 기업들은 디자인을 통째로 외부 업체에 맡기기도 한다. 완전히 다른 회사에서 제품의 외관을 다룬다는 얘기다. 마치 완전히 다른 회사에서 제조 공정을 다루듯이 말이다.

"주변 제품들을 둘러보면 전혀 관심을 기울이지 않았음을 입증하는 증거물처럼 보입니다. 슬프고 답답한 현실이 아닐 수 없지요. 이런 점에서 보면 제품이라는 것은 참 재미있습니다. 제품은 그것을 생산한 기업, 그리고 그 기업의 가치와 우선순위에 대해 많은 이야기를 들려주기 때문이지요." 애플의 디자인팀을 이끄는 상냥한 성격의 소유자 조너선 아이브는 말했다.

애플은 제조 공정의 대부분을 외부에 맡기지만 제품 디자인만큼은 정반대이다. 애플의 산업디자이너들은 첫 회의 때부터 긴밀하게 관여한다.

# : 애플의 디자이너, 조너선 아이브

30대 후반의 영국인인 아이브는 짧은 스포츠머리에 레슬링 선수 같은 우람한 몸을 가졌지만, 누구든 쉽게 다가갈 수 있는 친근한 사람이다. 그는 애플처럼 직원들을 혹사시키는 회사의 중역답지 않게 매우 부드러운 말씨를 가졌으며, 심지어는 수줍음을 타는 것처럼 보이기도 한다. 극도로 나서기를 꺼리는 성격 때문에 어느 시상식에서는 청중석에 앉아 있으면서도 잡스에게 대신 무대에 올라가 상을 받아달라고 부탁하기도 했다.

대학 시절에 그는 대학생으로서는 처음으로 주요 디자인상을 두 번이나 수상했으며, 그 이후로도 줄기차게 상을 받아오고 있다. 아이맥에서 아이폰에 이르기까지 대중에게 큰 인기를 끈 다양한 제품들을 디자인한 덕분에 아이브는 런던의 영향력 있는 디자인박물관Design Museum에서 두 번이나 '올해의 디자이너'로 선정되었다. 2006년에는 영국 왕실로부터 대영제국 상급 훈작사를 받기도 했다.

어떤 면에서 아이브는 명확하게 규정하기가 힘든 사람이다. 주로 추상적이고 관념적인 화법을 사용하지만 때로는 중역다운 비즈니스 화법을 사용하기도 하며, 개인적인 질문은 꺼리면서도 디자인에 대해 말할 기회를 주면 좀처럼 입을 다물지 않는다. 게다가 강조하고 싶은 부분에서는 손가락으로 우두둑 소리를 내는 등 열성적인 몸짓을 취하며 대단한 열의로 끊임없이 이야기를 쏟아놓는다.

애플의 제품 프레젠테이션에서 나는 그에게 애플의 전문가용 고급 워크스테이션의 알루미늄 케이스 디자인에 대해 짧게 설명해달라고 부탁했다. 그것은 2003년의 파워맥 G5에서 현재의 맥 프로Mac Pro에 이르기까지 몇 년 동안 일련의 제품들에 사용되어온 바로 그 케이스 였다. 케이스는 영화 〈2001 스페이스 오디세이〉에 나오는 정체불명 의 검은 돌기둥만큼이나 밋밋하고 거친 알루미늄 판으로 구성되어 있었다.

그는 해당 디자인에 숨은 철학에 대해, 그리고 그동안 쏟아 부은 고된 노력에 대해 너무도 즐겁게 이야기를 쏟아놓았다. "누구든 그 렇겠지만 자신이 방금 개발한 것에 대해서는 특히 더 큰 만족감을 느 끼는 법이지요. 이 디자인은 정말 힘들었습니다." 아이브는 가까이 에 전시된 모델 쪽으로 걸어가서 밋밋한 알루미늄 케이스를 가리키 며 말을 이었다. "미니멀리즘적인 단순한 스타일이 적용되었지요. 진정한 단순성이 엿보이는 디자인입니다. 이것이 단순해 보이는 것 은 진짜 단순하기 때문이지요."

아이브는 해당 제품의 전반적인 디자인 철학은 단순함을 유지하는 것이었다고 밝혔다. "우리는 꼭 필요한 것 외에는 모두 제거하길 원 했지만, 소비자 입장에서는 그런 노력이 안 보일 겁니다. 우리는 끊 임없이 처음으로 돌아가 다시 시작했습니다. '저 부분이 꼭 필요한 가? 저것 하나로 다른 네 가지 기능까지 모두 수행하게 할 수는 없을 까?' 이런 생각으로 말입니다. 우리는 끊임없이 줄이기를 반복했지 만, 덕분에 좀더 쉽게 만들 수 있게 되었고 사람들이 사용하기도 더 쉬워졌습니다."

그때부터 아이브는 20분에 걸쳐 새 컴퓨터 디자인의 구석구석을 보여주며 설명을 이어나갔다. 애플의 홍보팀 직원이 와서 다음 스케

줄을 상기시키지 않았더라면 설명을 계속했을 것이다. 아이브는 어쩔 수 없는 디자이너이다. 디자인은 그의 천직이다. 일단 시동만 걸어주면, 간단해 보이지만 그리 간단하지 않은 노력이 들어간 어느 한 제품의 디자인에 대해 열의를 갖고 성심성의껏 이야기를 펼쳐나간다. 나는 아이브와 헤어지면서 에이리언웨어나 팔콘 노스웨스트 Falcon Northwest에서 나온 윈도우 PC 세상의 컴퓨터들, 즉 불꽃을 그려넣거나 크롬 그릴을 장식하여 마치 고성능 자동차처럼 보이는 이른바 '하이디자인high-design' 컴퓨터들과 파워맥 G5를 비교해달라고 요청했다.

"그런 장식판은 강력해 보이긴 하지만 사실 덧붙이지 않는 편이 훨씬 강력해 보입니다. 저는 파워맥 G5를 하나의 툴로 간주합니다. 극도로 강력한 툴이지요. 그것이 정말 강력한 툴이라는 사실에 플라스틱 허울 따위를 덧붙이지는 않습니다. 그것이 무엇인지는 아주 분명하니까요. 디자이너의 관점에서 보면, 우리가 벌이는 것은 외관에 관한 게임이 아닙니다. 그보다는 아주 최소한의 방식으로 재료를 활용하는 것이지요."

아이브가 알루미늄 케이스의 구석구석을 보여주는 과정에서 디자인 프로세스에 관한 많은 것이 드러났다. 최대한 줄여 단순화하려는 노력, 세부사항에 대한 관심, 재료에 대한 존중 등이 엿보였다는 얘기다. 또 아이브의 열정과 추진력도 볼 수 있었다. 이러한 모든 요소들이 아이브의 독특한 디자인 프로세스에 기여하는 것이다.

원래 아이브의 꿈은 자동차 디자이너였다. 그는 런던의 센트럴 세인트 마틴스 예술대학에서 공부했지만 그곳 학생들을 모두 이상하다고 생각했다. 그는 이렇게 말했다. "그들은 스케치를 하면서도 입으로 '부릉 부릉' 소리를 냈습니다."[18] 그리하여 그곳을 나와 현재의 노섬브리아 대학교인 뉴캐슬 폴리테크닉 대학교에서 제품 디자인을 전공했다.

아이브가 시제품 제작에 열의를 갖게 된 것도 바로 이 학교에서였다. 아이브의 동문이며 나중에 그의 동료가 되는 클라이브 그리니어Clive Grinyer는 아이브의 뉴캐슬 아파트에 갔다가 놀라운 광경을 마주하게 된다. 아이브는 졸업 작품으로 청각 장애 학생들과 교사 간의 의사소통을 돕는 보청기와 마이크를 준비하고 있었는데, 제작한 모델 수백 개가 아파트를 가득 채우고 있었던 것이다. 디자인과 학생들 대부분은 기껏해야 대여섯 개의 모델을 만드는 데에서 그쳤다. 그리니어는 말했다. "아이브는 내가 만난 그 누구보다도 자신이 달성하고자 하는 바에 강력하게 집중하는 친구였습니다."[19]

한 가지 재미있는 점은 대학 시절에 아이브는 컴퓨터에 전혀 관심이 없었다는 사실이다. 아이브는 이렇게 말했다. "대학 때에는 늘 컴퓨터를 다루는 데 애를 먹었습니다. 그래서 내가 기술에는 젬병인 줄 알았지요."[20] 그러나 1989년 뉴캐슬을 떠나기 직전에 그는 맥을 보게 되었다. "입을 다물 수가 없었습니다. 내가 그동안 힘겹게 사용했던 컴퓨터들보다 훨씬 나은 컴퓨터가 나타난 것입니다. 인상적이었던 것은 전반적으로 사용자 경험에 각별히 신경 썼다는 점이었습니다. 그 기계를 보면서 그것을 제작한 디자이너들과 연결되는 느낌을 받았지요. 그래서 제조업체에 대해 알아보기 시작했습니다. 창립 배경, 가치관, 조직구조 등을 말입니다. 뻔뻔스러운, 아니 거의 반항적인 회사였습니다. 그 회사에 대해 알아갈수록 나는 더 큰 매력을 느꼈어요. 창의성이라고는 눈곱만큼도 찾아볼 수 없는 안일한 업계에서 태연하게 한 가지 대안을 지향하고 있었던 것입니다. 애플에게는 분명히 표방하는 무언가가 있었습니다. 단순히 돈을 버는 것이 아닌 또 다른 존재 이유를 지니고 있었다는 말입니다."

대학을 졸업한 후, 1989년 아이브는 런던에서 탠저린Tangerine이라는 디자인 공동체를 공동 설립하고 변기, 머리빗 등 각양각색의 제품들을 디자인했다. 그러나 하청을 받아 하는 일만으로는 성이 차지 않았다. 하청업자의 아이디어는 해당 기업의 성과에 거의 영향을 미칠 수 없었기 때문이다.

1992년 그는 애플로부터 초창기 노트북 컴퓨터에 대해 몇 가지 콘셉트를 내달라는 전화를 받았다. 아이브의 아이디어는 애플에 깊은 인상을 주었고, 결국 아이브는 디자이너로 채용되어 애플 본사가 있는 캘리포니아로 이주했다. 그러나 당시 하락세를 겪고 있던 애플은 디자인에 신경 쓸 겨를이 없었다. 애플의 경영진은 영감을 얻기 위해 경쟁사들로 눈을 돌리기 시작했고, 아이브는 퇴사 지경에 이르러 홀로 독립적으로 일하기 시작했다. 계속해서 시제품을 디자인하긴 했지만 시제품의 대부분은 사무실 선반에 처박힌 채 세상의 빛을 보지 못했다. 물론 잡스가 돌아오면서부터 상황은 크게 달라졌다. 아이브는 예전과 똑같은 디자이너였지만 성과는 극적으로 바뀌었다.

아이브가 이끄는 디자인팀은 비교적 소규모의 팀으로 애플에서 오랫동안 함께 일해온 산업디자이너 10여 명으로 구성되어 있다. 아이브는 이렇게 말했다. "우리는 훌륭한 디자인팀을 구성했습니다."[21] 그들은 애플의 다른 사옥들과는 멀리 떨어진 비공개 스튜디오에서 일한다. 별다른 특징이 없는 스튜디오 건물은 애플의 직원들조차 대부분 출입이 금지되어 있다. 신제품에 대한 정보가 새어나가는 것을 막기 위해서다. 전자출입증을 소지한 극소수의 고위 직원만 출입할 수 있으며, 검은색의 소위 프라이버시 유리privacy glass로 된 문과 창문에는 블라인드까지 설치되어 있다. 심지어 당시 CEO 존 스컬리조차도 디자인 스튜디오에 들어가지 못했다. "화가 단단히 났었지요." 당시 디자인 부문을 이끌던 로버트 브루너Robert Brunner는 이렇게 말했다.[22]

스튜디오 내부에는 개인적인 공간이 거의 없다. 칸막이도 없고 별도의 사무실도 없다. 몇 개의 공동 디자인 구역이 갖춰진 널찍하게 개방된 공간이다. 3D 프린터, 강력한 CADcomputer aided design(컴퓨터 이용 설계) 워크스테이션, CNCcomputer numerical control(컴퓨터 수치 제어) 공작 기계 등 값비싼 최첨단 시제품 제작 기계들이 가득 들어차 있으며, 막강한 사운드 기기에서는 하루 종일 일렉트로니카 음악이 울려 퍼진다. 그 중 일부는 영국에서 아이브의 고향 친구들이 보내준 것이다. 아이브는 자신이 음악광이며, 일류 테크노 DJ 존 딕

위드John Digweed와도 친한 친구 사이라고 고백했다.

아이브는 툴에 관한 비용은 아끼지 않는다. 디자이너를 충원하는 대신 시제품 제작 기계에 투자한다. 그는 이렇게 말했다. "핵심 팀을 소규모로 유지하고 툴과 프로세스에 많은 자원을 투자함으로써 어디에서도 찾아보기 힘든 수준 높은 협동 작업을 수행합니다. 사실 우리가 함께 작업한 추억은 우리가 제작한 제품보다도 훨씬 오래갈 것입니다."[23]

친밀한 소규모 팀은 창의성과 생산성을 높이는 열쇠라고 아이브는 말한다. 그의 생각에 따르면, 애플의 혁신은 어느 한 디자이너가 이룩한 결실이 아니라 팀의 협동 작업의 결과이다. "그것은 집단적인 학습을 통해 우리의 능력을 향상시키는 과정입니다. 우리 팀의 한 가지 특징은 바로 탐구 정신이지요. 우리는 잘못을 저질러도 기뻐합니다. 잘못을 저질렀다는 것은 새로운 것을 발견했다는 의미가 되기 때문입니다."[24]

# :좋은 디자인은 상호협력으로부터

대다수의 사람들은 애플 제품을 보이는 그대로 이해한다. 너무 밋밋하고 단순해서 디자인이 전혀 개입되지 않았다고 생각하는 것이다. 디자인 프로세스를 입증해주는 장식이나 장신구가 없기 때문이다. 그러나 아이브에게는 그것이 핵심이다. 아이브는 말했다. "매우 복잡한 문제들을 풀어내어 믿을 수 없을 만큼 단순하고 필연적인 해답을 내놓는 것, 그리하여 그것이 처음에 얼마나 어려운 문제였는지 전혀 알 수 없게 만드는 것이 우리들의 임무입니다."[25]

수많은 아이디어들을 내놓은 다음, 그것들을 다듬어가는 디자인 프로세스를 거치면 단순성이라는 열매가 맺힌다. 맥 OS X의 인터페이스도 이러한 방식으로 디자인되었다. 그 과정에는 디자이너들뿐만 아니라 애플의 여러 팀들이 개입한다. 엔지니어, 프로그래머, 심지어는 마케터까지도 관여한다. 아이브가 이끄는 산업디자이너들도 어떠한 프로젝트든 초반부터 깊숙이 관여한다. 아이브는 이렇게 말했다. "우리는 정말 일찍부터 관여합니다. 스티브와 하드웨어 및 소프트웨어 개발팀과도 아주 자연스럽게 지속적으로 협력하지요. 저는 그것이 애플의 특수성 가운데 하나라고 생각합니다. 아이디어를 구상하는 단계에서는 최종적으로 확정된 컴퓨터의 구성 방식이란 존재하지 않습니다. 따라서 마음껏 탐구하고 기회를 발견할 수 있는 시기는 바로 초기 단계라고 생각합니다."[26]

이러한 기회를 발견하기 위해 잡스는 부서 간의 교류가 전혀 없는 상태에서 순서에 따라 팀에서 팀으로 제품을 넘기는 단계별 디자인 체제를 피하려고 부단히 노력한다. 다른 기업에서는 찾아보기 힘든 광경이다. 잡스는 바로 이런 체제 때문에 모터쇼에 출품된 멋진 콘셉트카가 4년 뒤에는 형편없는 상품으로 생산되는 것이라고 말한 바 있다. "이런 생각이 절로 듭니다. '대체 어떻게 된 거야? 아주 멋진 모델을 손에 거머쥐고 있었다고! 그런데 어떻게 승리를 앞에 두고 패배를 이끌어낼 수 있는 거지?' 그 실상을 들여다보면 이렇습니다. 디자이너들이 아주 훌륭한 아이디어를 내서 엔지니어들에게 가져가면 엔지니어들은 이렇게 말합니다. '말도 안 돼. 이런 걸 어떻게 만들어? 불가능한 일이야.' 그래서 제품은 처음 구상한 것에 크게 못 미치는 상태가 됩니다. 그런 다음 엔지니어들이 생산 부문 담당자들에게 가져가면 생산 부문 담당자들은 또 이렇게 말하지요. '이런 건 만들 수 없어.' 이렇게 되면 제품은 훨씬 나빠지는 것입니다."[27]

여러 인터뷰에서 아이브는 긴밀한 협력, 상호 교류, 동시공학 등을 언급해왔다. 애플에서 개발되는 제품은 팀에서 팀으로, 즉 디자이너에서 엔지니어, 프로그래머, 마케터의 순서로 전달되지 않는다. 디자인 프로세스가 순차적으로 이루어지지 않는다는 얘기다. 그보다는 모든 팀이 동시에 작업을 하여 여러 번의 검토가 이루어진다.

이때 회의는 끝이 없다. 회의는 긴밀한 협력을 위해 필수적인 것이며, 회의가 없으면 충분한 상호 교류도 일어나지 않는다. 〈타임〉과의 인터뷰에서 아이브는 이렇게 말했다. "전통적인 제품 개발 방식은 우리 같은 야심가들에게는 맞지 않습니다. 도전 과제들이 복잡할 때에는 좀더 협력적이고 통합적인 방식으로 제품을 개발해야 합니다."

이러한 디자인 프로세스의 출발점은 여러 번 진행되는 스케치 작업이다. 아이브의 팀은 함께 일하면서 서로의 아이디어를 평가해주고 잡스와 엔지니어들의 피드백을 반영한다. 그런 다음 다양한 CAD 애플리케이션으로 컴퓨터 상에 3D 모델을 만들고, 이것을 바탕으로 제작 재료들을 사용하여 물리적인 모델을 만든다. 종종 여러 개의 모델을 만들어서 신제품의 외양뿐만 아니라 내부까지 테스트한다. 이렇게 내부 공간과 벽의 두께까지 정확히 만들어진 시제품이 하드웨어 엔지니어들에게 보내지면, 엔지니어들은 내부 공간이 구성요소에 알맞은지 확인한다. 그리고 케이스 내부에서 공기의 흐름이 충분히 이루어지도록 내부 요소들을 정렬한다.

아이브는 이렇게 말했다. "우리는 여러 개의 모델과 시제품을 만들고, 다시 돌아가서 그 과정을 반복합니다. 시제품처럼 손으로 만져볼 수 있는 무언가를 만들어보아야 한다고 굳게 믿기 때문이지요." 만들어지는 모델의 개수는 상상을 초월할 정도이다. "우리는 무수히 많은 시제품을 만듭니다. 단 하나의 해결책을 얻기 위해 창피할 정도로 여러 번 시도하지만, 그것은 분명히 우리에게 유익함을 안겨줍니다."[28]

현재 세계적인 디자인 회사로 유명한 펜타그램 디자인Pentagram Design의 공동 경영자이자 과거에 애플의 디자인 부문을 이끌었던 로버트 브루너에 따르면, 중요한 점은 애플의 시제품들이 언제나 제조 과정을 크게 고려하여 디자인된다는 사실이다. "애플의 디자이너들은 작업 시간의 10퍼센트는 전통적인 산업디자인을 하는 데, 즉 아이디어를 내고 그림을 그리며 모델을 제작하고 브레인스토밍을 하는 데 쓰고, 나머지 90퍼센트는 자신들의 아이디어가 어떻게 실현될지를 규명하는 제조 작업에 씁니다."

애플의 디자이너들은 끊임없이 테스트를 하며 수십 가지의 잠재 해결책을 내놓는다. 아이브는 말했다. "단순화하고 다듬고자 하는 시도는 극도로 어렵고 까다로운 일입니다."[29]

## :보이지 않는 디자인에도 관심을

아이브의 팀은 다른 회사들이 종종 간과하는 세부사항들에 주의를 기울인다. 일테면 조명의 단순한 켜짐/꺼짐 기능이나 전원 어댑터 등과 같은 것들이다. 첫 아이맥의 전원 코드는 컴퓨터와 똑같이 반투명으로 만들어져 세 가닥의 전선이 꼬여 있는 모습이 훤히 들여다보였다. 이처럼 하찮아 보이는 세부사항에 세심한 주의를 기울이는 기업은 찾아보기 힘들다. 그러나 애플은 마치 수공예품을 만들듯 꼼꼼히 주의를 기울임으로써 차별화를 꾀한다. 애플의 제품들은 공장에서 대량생산되는 생산품보다는 맞춤복이나 수공 도자기에 어울릴 법한 세심한 손길을 담고 있다. 아이브는 이렇게 말했다. "우리 애플의 대표적인 특징 가운데 하나는 아주 작은 세부사항 하나에도 신경을 쓰는 것이지요. 가끔은 대량생산 활동이라기보다 공예 활동으로 간주될 정도입니다. 하지만 저는 그 점이 매우 중요하다고 생각합니다."[30]

심지어 그들은 기계의 내부도 주의 깊게 살펴본다. 디자인박물관에서 전시회가 열렸을 때, 아이브는 관람객들에게 꼼꼼한 내부 디자인을 보여주기 위해 노트북 컴퓨터를 분해하여 전시했다. "보이지 않는 부분에도 세심한 노력을 기울였음을 알 수 있을 것입니다." 아이브는 이렇게 말했다.[31]

애플의 제품 대다수는 이처럼 보이지 않는 디자인이 특징이다. 아이맥의 최근 모델은 커다란 평면 화면 뒤에 컴퓨터가 붙은 형태이다. 화면에는 이음새가 없이 하나로 이루어져 일정 각도에서 구부러진 알루미늄 받침대가 부착되어 있다. 그 받침대 덕분에 화면을 살짝 미는 것만으로도 컴퓨터를 여러 각도로 움직일 수 있다. 그러나 힘들이지 않고 화면을 움직여 고정시키는 그 기술에는 수개월의 노력이 들어갔다. 화면을 움직인 후에 흔들림 없이 안정적으로 고정시키기 위해서는 완벽한 균형을 잡아야 했기 때문이다. 어느 디자인 컨퍼런스에서 아이브는 "정말 힘든 작업이었습니다"라고 말하기도 했다.

아이맥의 알루미늄 받침대의 발판은 화면을 기울일 때 따라 움직이지 않도록 특수 미끄럼 방지 소재로 제작되었다. 굳이 특수 소재를 사용할 필요가 있었을까? 그것은 아이브가 고무 발판을 좋아하지 않기 때문이다. 고무 발판은 받침대에 쉽게 붙일 수 있는 것이다. 게다가 고무 발판의 존재를 의식하는 사람도 없을 것이다. 그러나 아이브에게 고무 발판은 기술 수준의 제자리걸음을 의미했다.

아이브는 스티커도 싫어한다. 대다수의 애플 제품들은 제품의 정보를 케이스에 직접 레이저 에칭으로 새겨넣는다. 제품의 일련번호도 마찬가지이다. 분명히 스티커를 붙이는 편이 훨씬 쉽고 간단하지만, 레이저 에칭은 애플의 제조 방식을 한 단계 높여주는 또 하나의 방식이다.

## ⋮소재와 제조 공정을 중시하다

지난 몇 년 사이 애플의 제품 디자인은 과일 색상의 아이맥에서 검은색의 맥북 노트북에 이르기까지 몇 가지 뚜렷한 단계들을 밟아왔다. 애플 디자인의 특징은 대략 4년에 한 번씩 바뀐다. 1990년대 후반의 애플 제품들은 밝은 색상의 반투명 플라스틱(이북eBook, 첫 아이맥인 본디블루 아이맥)으로 구분되었다. 이후 2000년대 초반에는 흰색 폴리카보네이트 플라스틱과 반짝이는 크롬을 사용하기 시작했다(아이팟,

아이북, 룩소Luxo 스탠드를 닮은 아이맥). 그 다음에는 티타늄과 알루미늄 등의 금속으로 제작된 노트북 컴퓨터들이 나왔고(파워북, 맥북 프로), 최근에는 검은색 플라스틱과 거친 느낌의 알루미늄, 유리를 사용하고 있다(아이폰, 아이팟 나노, 인텔칩이 탑재된 아이맥, 맥북 노트북).

이러한 디자인의 변천은 사전에 계획한 것이 아니다. 적어도 의식적으로 계획한 것은 아니라는 얘기다. 그보다는 한 제품에 새로운 디자인이 도입되면 다른 제품도 해당 디자인을 따라가면서 서서히 전반적인 변천이 이루어진다. 또한 새로운 소재와 생산 방식의 실험을 통해 자연스럽게 변천이 이루어지기도 한다.

애플의 디자이너들은 새로운 소재를 다루는 방식을 습득하면 그것을 보다 많은 제품에 적용하기 시작한다. 알루미늄을 예로 들어보자. 다루기 힘든 금속 중 하나인 알루미늄은 2003년 1월 파워북을 만들 때 처음 사용되었다. 그 후 2003년 6월 파워맥의 케이스에 사용되었고, 2004년 1월에는 아이팟 미니에 사용되었다. 현재 알루미늄은 아이폰 뒷면에서 아이맥 키보드에 이르기까지 애플의 다양한 제품에 쓰이고 있다.

아이브는 애플의 디자인이 결코 억지로 짜낸 것이 아니라고 거듭 강조해왔다. 디자이너들끼리 "유기적이고 여성스러운 모양의 컴퓨터를 만들자"라는 식의 대화는 나누지 않는다는 얘기다. 아이맥은 친근하고 쉽게 다가갈 수 있는 모습을 갖추고 있지만, 이것이 아이맥의 디자인 브리핑에서 요구조건으로 언급되지는 않는다. 애플의 디자이너들은 이렇게 말한다. "플라스틱을 사용하면 무엇이 나오는지 봅시다. 반투명 컴퓨터를 만들 수 있을지도 모르잖아요." 바로 여기서부터 작업이 시작되는 것이다.

아이브와 그의 디자이너들은 소재와 재료 과학에 면밀한 관심을 기울인다. 대다수의 기업들은 생산 공정에서 소재를 뒷전으로 미루어둔다. 그러나 아이브의 디자인팀은 소재를 최우선으로 여긴다. 예를 들어 최초의 맥은 '당당한 플라스틱 제품'을 지향했다고 아이브는 설명한다. 이때 플라스틱은 주로 값싼 제품을 연상시킨다는 점을 고려하여, 디자인팀은 아이맥을 싸구려가 아닌 고급 제품으로 보이게 하기 위해 케이스를 투명하게 만들기로 결정했다. 그러나 초기에 그들은 여기저기 점과 선 등의 얼룩이 생기는 문제에 봉착했다. 투명 플라스틱 케이스의 투명도가 고르게 나오지 않았던 것이다. 그리하여 그들은 색상을 고르게 하기 위해 사탕 공장을 찾아가 대량생산의 착색 공정을 배웠다.

최근에 나온 평면 아이맥의 알루미늄 받침대에 대해 아이브는 이렇게 말했다. "가공하지 않은 소재인 두툼한 알루미늄 한 조각으로 그렇게 실용적인 무언가를 만들어냈다는 사실이 너무도 자랑스럽습니다. 우리는 세부사항을 확실하게 파악하기 위해 일본 북부지방에 가서 금속 성형의 대가를 만나보기도 했습니다. 사물을 분해하여 제작 방법을 알아내는 일은 무척 좋습니다. 소재를 충분히 이해하면 제품 구조의 틀이 잡히기 시작하지요."[32]

아이브와 그의 디자인팀은 소재뿐만 아니라 새로운 제조 공정을 배우는 일에도 열을 올린다. 그들은 새로운 제조 기법에 대해 끊임없이 촉각을 곤두세우고 있으며, 애플의 상징적인 디자인 중 일부는 새로운 제조 기법들의 산물이라고 할 수 있다. 예를 들어 여러 종류의 아이팟 제품들은 플라스틱 몸체 상단에 얇고 투명한 막이 씌워져 있다. 이 얇고 투명한 플라스틱 코팅 덕분에 아이팟은 별도로 무엇을 추가하지 않고도 더욱 무게 있고 깊이 있어 보인다. 또한 밋밋한 플라스틱 표면보다 훨씬 세련되어 보이기도 한다.

이 플라스틱 피복은 '트윈샷twin-shot'이라는 플라스틱 주형 기법의 산물이다. 서로 다른 두 종류의 플라스틱을 하나의 틀에 동시에 넣어 매끈하게 접합시키는 방식이다. 그 결과 아이팟의 앞면은 두 가지 소재로 만들어진 듯 보이지만 이음새는 보이지 않는다.

디자인박물관에서 아이브는 이렇게 말했다. "우리는 이전까지 플라스틱으로는 불가능하다고 간주되던 작업들을 해내게 되었습니다. 트윈샷 기법은 이전까지 존재하지 않았던 다양한 기회들을 부여하고 있지요. 트윈샷 플라스틱으로 만들어진 아이팟에는 배터리 도어도 장착하지 않았습니다. 완전히 밀폐된 고밀도의 디자인을 구현할 수 있었지요."[33]

아이브의 팀은 아이팟이 출시되기 전에 새로운 주형 기법을 투명 플라스틱으로 만든 여러 제품에 적용해보며 실험을 해왔다. 아이팟은 참신하고 새로워 보이지만, 사실은 여러 해에 걸쳐 새로운 주형 기법을 실험해온 결과라고 할 수 있다. 아이브는 이렇게 말했다. "우리가 만든 흰색 제품들 가운데 일부는 단지 그 실험의 확장일 뿐입니다."

그러나 이음새 없이 매끈하게 만든 것 때문에 애플은 소비자들에게 쓴소리를 듣기도 한다. 바로 배터리를 교환할 수 없는 디자인 때문이다. 아이팟의 배터리는 기기 본체 내부에 단단히 감춰져 있어서 대부분의 사용자들은 금속으로 된 뒷면을 억지로 뜯어보지 않는 이상 찾을 수가 없다. 애플과 다른 몇몇 회사들이 배터리 교환 서비스를 제공하고 있지만 별도의 비용을 지불해야 한다.

애플은 배터리가 아이팟의 유효 수명보다 훨씬 오래가도록 고안했다고 주장했지만, 일부 소비자들은 배터리가 다 되면 더 이상 아이팟을 사용하지 못하게 하려는 의도였다고 생각한다. 심지어 아이팟이 일회용품 같다고 비판하는 소비자들도 있다.

# 스티브의 교훈

**"타협하지 말라."**

잡스는 탁월성에 집착한다. 이러한 고집으로 독특한 개발 프로세스를 창출하여
진정으로 훌륭한 제품을 생산할 수 있었다.

**"디자인은 형태가 아니라 기능이다."**

잡스에게 디자인은 장식이 아니다. 제품의 작동 방식이다.

**"충분한 논의를 통해 해결책을 찾아라."**

잡스는 좋은 세탁기를 사기 위해 가족들과 2주 동안 토론을 벌이기도 했다.
제품을 개발할 때에도 이와 동일한 프로세스를 적용한다.

**"모두를 개입시켜라."**

디자인은 디자이너만의 것이 아니다. 엔지니어, 프로그래머,
마케터도 제품의 작동 방식을 표현하는 데 도움이 될 수 있다.

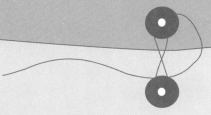

# Lessons from Steve

"순차적인 프로세스를 피하라."

잡스는 공정 순서에 따라 시제품을 팀 사이에서 한 방향으로만 전달되게 하지 않는다.
그보다는 필요에 따라 각 팀을 자유롭게 오가도록 독려한다.

"만든 후 검증하라."

시행착오를 잘 활용하여 창피할 정도로 많은 시제품들을 내놓고
검증한 후 최종적으로 단 하나를 선택하라.

"억지로 짜내지 말라."

잡스는 의식적으로 친근한 제품을 디자인하려 노력하지 않는다.
디자인 프로세스에서 친근함이 자연스럽게 도출되도록 한다.

"제품의 소재를 중요하게 생각하라."

아이맥은 플라스틱이었고, 아이폰은 유리이다.
이것들의 형태는 소재에 의해 결정된다.

# A급 선수들만 고용하고 얼간이들은 해고하라

## #4

Steve Jobs

# Steve Jobs says:

우리 사업에서는 더 이상
혼자서 해낼 수 있는 일이 없습니다.
이제는 팀을 구성해야 합니다.

― 스미소니언 박물관 비디오 전기傳記

스티브 잡스는 지옥의 사장으로 정평이 나 있다. 직원들에게 쉴 새 없이 고함을 지르고 그들을 무작위로 해고하는 공포의 감독관이라는 의미이다. 그러나 잡스는 경력 전반에 걸쳐 개인적으로든 사업적으로든 일련의 장기적이고 생산적인 협력 관계를 구축했다. 잡스의 성공은 주로 훌륭한 인재들을 끌어들여 자신을 위해 훌륭한 일을 해내도록 만든 결과라고 할 수 있다. 그는 애플의 공동 창립자인 스티브 워즈니악에서 아이맥과 아이팟 등 애플의 상징적인 제품들을 디자인한 천재 디자이너 조너선 아이브에 이르기까지 늘 훌륭한 협력자들을 선발해왔다.

잡스는 자신의 분야에서 가장 창의적인 사람들과 성공적으로 일적인 관계를 맺어왔다. 이러한 관계는 대개 수년 동안 지속된다. 그는 또한 세계 최고의 브랜드인 디즈니와 펩시, 그리고 대규모 음반회사들과도 대체로 조화로운 관계를 형성해왔다. 잡스는 훌륭하고 창의적인 파트너를 선정하는 데 탁월한 능력을 지녔지만 그들에게서 최고의 실력을 끌어내는 일에도 능하다. 당근과 채찍을 적절히 이용하여 최고의 인재들을 확보하고 그들에게 동기를 부여한다.

잡스는 소규모의 A급 팀을 갖추는 것이 수많은 엔지니어와 디자이너들을 확보하는 것보다 훨씬 효과적이라고 믿는 엘리트주의자이다. 그는 사람이든 제품이든 광고든 언제나 최고만을 모색한다. 대다수 기업들은 규모가 커질수록 직원의 수도 늘려가지만, 그는 비교적 소규모의 핵심 팀을 유지한다. 엄선한 디자이너, 프로그래머, 간부로 구성된 A팀이 그 좋은 예이다. 잡스의 A팀 가운데 대다수가 잡스를 위해 애플에서 오랫동안 일해온 사람들이다. 잡스가 애플로 돌아온 이후, 애플의 최고경영진은 주로 넥스트에서 데려온 간부들로 채워졌다. 잡스를 위해 일하기는 쉽지 않지만, 그것을 견뎌낼 수 있는 사람들은 대개 충성심을 잃지 않는다.

잡스의 전략은 가능한 한 가장 똑똑한 프로그래머와 엔지니어와 디자이너를 고용하는 것이다. 그는 스톡옵션 등으로 그들의 헌신을 유지하려 열심히 노력하며 소규모 작업팀의 정체성을 독려한다. 잡스는 이렇게 말했다. "나는 언제나 나와 함께 일하는 조직원들의 질적 수준을 높게 유지하는 것이 내 임무 가운데 하나라고 생각했습니다. A급 선수들만을 보유한다는 목표를 조직에 주입시키기 위해 노력하는 것, 그것이 내가 개인적으로 기여할 수 있는 몇 안 되는 일 가운데 하나인 것 같습니다. 세계 최고의 사람들을 찾기 위해 그동안 기울인 모든 노력이 이제는 진정한 대가로 돌아오고 있지요."[1]

잡스의 관점에서 보면, 택시 운전자나 요리사의 경우에는 형편없는 사람과 훌륭한 사람이 크게 차이 나지 않는다. 훌륭한 택시 운전사는 형편없는 택시 운전사보다 기껏해야 두세 배 더 일을 잘할 거라는 게 잡스의 생각이다. 택시 운전이라는 직업에서는 실력을 여러 등급으로 나눌 수가 없다. 그러나 산업디자인이나 프로그래밍 분야의 경우, 형편없는 직원과 훌륭한 직원 사이의 차이는 어마어마하다. 훌륭한 디자이너는 형편없는 디자이너보다 100배에서 200배 더 뛰어나며, 프로그래밍 분야에서도 훌륭한 프로그래머와 평범한 프로그래머를 여러 등급으로 구분할 수 있다고 잡스는 믿는다.[2]

잡스는 최고를 원하는 사람이다. 그는 늘 최고의 자동차, 최고의 개인용 제트기, 최고의 필기구, 최고의 직원들을 원한다. 잡스의 개인 비서였던 짐 올리버는 내게 이렇게 말했다. "잡스는 모든 것을 양극화하는 경향이 있습니다. 사람들도 천재가 아니면 얼간이로 구분하고, 자신이 좋아하는 특정한 파일럿 펜을 제외한 나머지는 모두 쓰레기로 취급했습니다." 맥을 제작할 때에는 맥 팀이 아닌 사람들을, 심지어 애플 직원들조차도 얼간이로 취급했다. 잡스와 함께 인도를 여행했던 절친한 친구 다니엘 코트케Daniel Kottke는 말했다. "사내에 엘리트주의가 팽배했습니다. 스티브는 분명히 직원들에게도 업계의 다른 사람들은 모두 얼간이라는 생각을 주입시켰습니다."[3]

잡스의 처음이자 가장 중요한 파트너로 추정되는 사람은 고등학교 시절에 만난 스티브 워즈니악이다. 하드웨어에 미친 천재 워즈니악은 PC를 살 돈이 없어서 직접 만들어 사용할 정도였다. 그러나 워즈니악의 설계를 직접 제작하여 판매하겠다는 생각으로 친구들을 모아 차고에서 부품을 조립하게 한 사람은 바로 잡스였다. 그렇게 제작한 컴퓨터를 동네 전자제품 가게에서 판매한 장본인도 잡스였다. 곧이

#4 A급 선수들만 고용하고 얼간이들은 해고하라

**133**

어 잡스는 외부에서 인재를 영입하여 회사를 키우고 제품을 개발했다. 그리고 애플의 초기 컴퓨터를 디자인하기 위해 실리콘 밸리 최고의 디자인 회사들을 찾아가 설득을 시도했으나 자금이 부족하여 포기할 수밖에 없었다. 그때부터 잡스는 계속해서 동일한 방식을 따르고 있다. 첫 아이맥 개발팀에서 픽사의 스토리텔러들에 이르기까지 최고의 인재들만을 채용하여 보유하고 있다는 얘기다.


## ː픽사, 예술은 팀 스포츠다

A급 팀을 구축하기 위한 잡스의 노력을 가장 극명하게 보여주는 것은 바로 2006년에 74억 달러를 받고 디즈니에 매각한 픽사이다. 1995년 픽사는 최초의 장편 애니메이션 영화 〈토이 스토리〉를 개봉하여 그 해 최고의 흥행 성적을 거두고 아카데미상을 수상했다. 그리고 꾸준히 해마다 〈벅스 라이프〉, 〈토이 스토리 2〉, 〈몬스터 주식회사〉, 〈니모를 찾아서〉 등의 흥행작들을 내놓고 있다. 이러한 영화를 통해 벌어들인 수익은 33억 달러에 달하며, 아카데미상과 골든글로브상도 여러 차례 수상했다. 다른 할리우드 스튜디오들과는 견줄 수 없는 놀라운 기록이다. 더욱 놀라운 것은 그것이 할리우드의 전통적인 방식을 완전히 뒤엎음으로써 달성한 성과라는 사실이다.

픽사 본사는 스모크 유리와 강철로 지어진 건물 여러 채로 구성되어 있으며, 캘리포니아 주에 있는 예전의 항구도시 에머리빌에 위치하고 있다. 나무가 많은 본사 부지는 마치 대학 캠퍼스처럼 여유로운 분위기를 자아낸다. 수영장, 영화관, 그리고 운치 있는 장작 난로가 설치된 카페테리아 등 21세기 최첨단 직장이 갖춰야 할 모든 복지시설들이 있으며, 커다란 애니메이션 캐릭터 동상들, 책꽂이처럼 보이지만 밀면 문이 되는 출입구, 장난감을 판매하는 안내 데스크 등 도처에서 별난 것들을 볼 수 있다. 픽사의 애니메이터들은 칸막이 대신 개인 전용 오두막에서 일한다. 해변의 오두막처럼 말 그대로 여러 개의 오두막들이 일렬로 늘어서 있으며, 각각의 오두막은 개인 취향에 따라 열대 오두막이나 해자垓子로 둘러싸인 중세시대의 작은 성 등으로 꾸며져 있다.

픽사를 운영하는 친절하고 부드러운 말투의 소유자 에드 캣멀Ed Catmull은 컴퓨터 형성 이미지, 즉 CGI의 선구자이며 컴퓨터 애니메이션을 가능하게 만든 핵심 기술 가운데 일부를 창조한 사람이다. 2006년 1월 디즈니가 픽사를 인수한 이래로 캣멀은 픽사와 디즈니의 애니메이션 스튜디오 사장이 되었다. 픽사의 스토리텔링의 핵심 인물은 아카데미상을 수상한 창의성의 천재 존 래스터John Lasseter이다. 자상하고, 커다란 덩치에 화려한 색상의 하와이안 셔츠를 즐겨 입는 래스터는 픽사의 흥행대작 네 편인 〈토이 스토리〉 두 편과 〈벅스 라이프〉, 〈카Cars〉를 감독했다. 현재 래스터는 디즈니의 최고창의성책임자로서 퇴색해가는 디즈니의 애니메이션 부문에 픽사의 마력을 불어넣는 역할을 책임지고 있다.

애플에서 잡스는 실무에 직접 참여하여 꼼꼼히 진두지휘하지만, 픽사에서는 유능한 캣멀과 래스터에게 일상적인 운영을 맡긴 채 간

**135**

섭을 자제하는 편이다. 오랫동안 그는 수표를 끊어주고 거래를 협상하는 호의적인 후원자의 역할을 자처해왔다.

픽사의 〈인크레더블〉을 감독한 브래드 버드Brad Bird는 이런 농담을 던지기도 했다. "나는 그들을 각각 성부와 성자와 성령이라고 부릅니다. 이 멋진 매체를 고안하고 픽사라는 인간 기계를 설계한 에드는 성부이고 픽사의 창의력을 이끄는 존은 성자입니다. 성령이 누구인지는 굳이 이름을 대지 않아도 알 것입니다."[4]

《창조형 리더는 원칙을 배반한다Mavericks at work》라는 책에서 픽사를 소개한 두 저자 폴리 라바르Polly LaBarre와 윌리엄 테일러William C. Taylor의 글에 따르면, 픽사는 계약을 통해 영화 제작자들을 고용하는 할리우드와는 정반대의 문화를 지향한다. 할리우드의 스튜디오들은 영화 제작에 필요한 인재들을 프리랜서로 고용한다. 따라서 제작자, 감독, 배우, 스태프가 모두 계약을 맺고 일하는 자유계약자로, 영화가 끝나면 곧바로 또 다른 영화를 찾아 떠난다. 픽사 대학의 학장 랜디 넬슨Randy S. Nelson은 테일러와 라바르에게 이렇게 말했다. "할리우드 방식이 지닌 문제점은 함께 일하는 법을 터득했다고 느낄 무렵에 제작이 끝나버린다는 것입니다."[5]

픽사는 정반대의 방식을 사용한다. 감독, 작가, 스태프가 모두 스톡옵션을 가진 봉급생활자라는 얘기다. 픽사의 영화들은 제각기 감독은 다르지만 모두 동일한 작가, 감독, 애니메이터로 구성된 핵심팀이 회사의 직원으로서 협력하여 제작한 것이다.

할리우드의 스튜디오들은 스토리 아이디어에 자금을 대지만, 픽사는 직원들의 경력 개발에 자금을 댄다. 넬슨은 이렇게 설명한다. "우리는 아이디어 중심의 비즈니스에서 인간 중심의 비즈니스로 도약했습니다. 우리는 아이디어가 아닌 사람을 개발합니다. 아이디어가 아닌 사람에 투자한다는 얘기입니다."

사람에 대한 투자를 지향하는 픽사 문화의 중심에는 픽사 대학이 있다. 미술, 애니메이션, 영화 제작 등과 관련하여 수백 가지 강좌를 제공하는 사내 교육 프로그램이다. 픽사의 직원이라면 누구나 자신의 업무와 관계없이 좋아하는 과정을 수강할 수 있다. 다른 스튜디오들은 크리에이터와 기술팀, 여타 스태프들을 뚜렷하게 구분한다. 그러나 픽사의 독특한 문화에는 그러한 구분법이 존재하지 않는다. 그보다는 영화에 관여하는 사람이라면 누구든 예술가로 간주한다. 모두가 협심하여 스토리를 구상하며, 따라서 누구나 주당 노동 시간 가운데 최소한 4시간은 강좌를 들을 수 있다. 강의실은 다양한 계층의 사람들로 가득 찬다. 수위가 부문장과 나란히 앉아 공부하는 경우도 비일비재하다. "우리는 평생학습자들로 가득한 학습 문화를 조성하려고 노력하고 있습니다." 넬슨은 말했다.[6]

픽사 사람들은 "예술은 팀 스포츠"라고 말한다. 그들은 이것을 일종의 진언으로 삼고 수없이 되뇐다. 혼자서는 누구도 영화를 만들지 못한다. 유능한 스토리텔러들로 구성된 팀은 형편없는 스토리를 수정할 수 있지만 유능하지 못한 팀은 그런 일을 수행하지 못한다. 대본이 부적절하다고 생각되면 팀 전체가 합심하여 수정에 들어간다. 작가든 애니메이터든 감독이든 모두 자신의 공식적인 역할이나 직위를 떠나 힘을 합친다. 라바르는 이렇게 말했다. "이러한 방식을 활용하면 어느 업계에서나 가장 고질적인 인력 문제, 즉 어떻게 하면 다

방면에 재능이 있는 인재들을 끌어들일 수 있는가, 어떻게 하면 그들이 지속적으로 협력하여 훌륭한 제품을 생산하도록 독려할 수 있는 가라는 문제를 해결할 수 있습니다."

해답은 바로 픽사가 양분을 제공하는 즐거운 작업 환경을 구축했다는 데 있다. 할리우드에서는 영화 제작자들이 유리한 입지를 구축하기 위해 교묘한 책략을 사용하고 은밀하게 협력자들을 배신하는 일에 많은 시간을 낭비한다. 뿐만 아니라 늘 최신 정보를 간과하고 있지는 않은지 불안해 한다. 이러한 과열 경쟁은 초조함을 안겨주어 사람을 지치게 만든다. 반면, 픽사는 협력과 팀워크와 학습을 영화 제작 프로세스의 본질로 삼는다. 물론 압박이 전혀 없는 것은 아니다. 특히 마감기한이 가까워지면 더더욱 압박감을 피할 수 없다. 그러나 전반적으로 픽사의 작업 환경은 양분을 제공하고 지원하는 분위기를 지향한다. 배움의 기회, 창조하는 기회, 무엇보다도 재능 있는 사람들과 함께 일할 수 있는 기회를 보상으로 삼는다는 얘기다. 게다가 스톡옵션도 후하게 제공한다. 픽사의 애니메이터들은 즐기면서 돈을 번다. 픽사 대학의 건물에는 라틴어로 다음과 같은 글이 새겨져 있다. "더 이상 혼자가 아니다Alienus Non Diutius."

그 결과 픽사는 할리우드 최고의 애니메이션 인재들을 영입해왔다. 그 밖에도 픽사에는 〈니모를 찾아서〉의 앤드류 스탠턴Andrew Stanton, 〈인크레더블〉과 〈라따뚜이〉의 브래드 버드, 〈몬스터 주식회사〉의 피트 닥터Pete Docter 같은 최고의 애니메이터들이 있으며, 이들 모두 경쟁사들로부터 공격적인 스카우트 제의를 받고 있다. 래스터는 수년 동안 디즈니로부터 제의를 받았지만, 픽사의 독특한 창의적 업무 환

잡스처럼 일한다는 것

138

경 때문에 거절했다. 어떤 스튜디오도, 심지어 디즈니조차도 픽사와 대적할 수 없었던 것이다. 잡스는 이렇게 자랑했다. "지금까지 픽사는 단연코 전 세계를 통틀어 가장 뛰어난 컴퓨터 그래픽 인재들을 영입 해왔으며, 이제는 이 분야에서 세계적으로 가장 뛰어난 애니메이터들 과 미술가들까지 보유하고 있습니다. 이러한 일을 해낼 수 있는 곳은 픽사밖에 없지요. 정말이지 픽사는 경이로운 회사입니다. 필경 다른 어떤 회사보다도 10년은 앞서 있을 것입니다."[7]

## 최고의 인재만이 경쟁력

애플에서도 잡스는 비슷한 관점, 즉 유능한 직원들은 경쟁사들을 앞지르게 해주는 일종의 경쟁 우위의 요소라는 관점을 견지한다. 잡 스는 해당 분야의 최고 인재를 찾아 직원으로 만들려고 노력한다. 애 플에 복귀하여 자신의 제품을 검토하면서 잡스는 대부분의 애플 제 품에 대해 '스티브식 종결'을 가했지만 디자이너 조너선 아이브 등 을 비롯한 최고의 인재들은 그대로 남겨두었다.

2001년 애플 소매점을 구상할 때에도 그가 가장 먼저 한 일은 조언 을 해줄 소매업계의 최고 인물을 찾는 것이었다. 모험이 두려웠던 잡 스는 전문가를 찾아 나섰다. 〈포춘〉과의 인터뷰에서 잡스는 이렇게 밝혔다. "그 문제에 대해 우리는 논의를 통해 다음과 같은 결론을 내 렸습니다. '이 일은 필경 매우 어려울 것이다. 그러나 다른 사람의 머리를 활용하는 일은 그리 어렵지 않을 것이다.' 그래서 우리는 몇 가지 조치를 취했습니다. 가장 먼저 나는 당시 소매점 책임자들 가운데 최고의 인재가 누구인지 여기저기 물어보기 시작했습니다. 사람들이 전부 의류업체 갭Gap을 운영하는 밀러드 미키 드렉슬러Millard Mickey Drexler라고 입을 모으더군요." 잡스는 드렉슬러를 애플 이사회에 들이고 애플이 소매점을 시작할 때 조언을 제공하게 했다.

1980년 최초의 맥을 제작하기 위해 잡스는 빌 앳킨슨Bill Atkinson, 앤디 허츠펠드, 버렐 스미스 등을 포함한 첫 A팀을 구성했다. 핵심 인재들은 기본적으로 최초 맥 팀의 리더였던 제프 래스킨Jef Raskin에 의해 영입된 사람들이었지만, 잡스도 여러 사람을 모집해왔다. 잡스는 직위와 경험에 상관없이 애플 내부와 실리콘 밸리 전역에서 인재들을 끌어 모았다. 적임자라고 생각되는 사람은 어떤 노력을 기울여서라도 끝내 채용해야만 직성이 풀렸다. 예를 들어 맥 운영체제의 핵심인 파인더Finder(윈도우의 파일 관리자에 해당하는 기능)를 만든 프로그래머 브루스 혼Bruce Horn도 처음에는 애플에서 일할 생각이 전혀 없었지만 결국 잡스의 꼬임에 넘어가고 말았다. 혼은 사이닝 보너스signing bonus(새로 합류하는 직원에게 주는 1회성 보너스)로 당시에는 거액에 해당하는 1만 5,000달러를 주겠다는 VTI의 제의를 받아들인 상태에서 잡스의 전화를 받았다. 혼은 당시를 다음과 같이 회상했다.

금요일 저녁에 전화가 걸려왔다.

"안녕하세요, 브루스. 스티브입니다. 애플에 대해 어떻게 생각하십니까?" 스티브 잡스의 전화였다.

"글쎄요, 스티브. 애플… 멋진 회사지요. 하지만 저는 이미 VTI의 제의를 받아들였습니다."

"뭐라고요? 그건 잊어버리시고 내일 아침에 좀 와주십시오. 우리가 훨씬 많은 것을 보여드리겠습니다. 그럼 아침 9시에 뵙겠습니다."

스티브는 단호했다. 나는 일단 가서 듣는 시늉만 하다가 이미 VTI로 마음을 정했다고 말할 생각이었다.

스티브는 있는 힘껏 현실왜곡장Reality Distortion Field(스티브 잡스가 프로젝트 완수를 위해 발휘하는 매력, 카리스마, 마케팅 기술 등을 비꼬아 총칭하는 말)을 드러냈다. 나는 앤디, 로드 홀트, 제리 마녹, 소프트웨어 엔지니어들, 그리고 스티브까지 맥 팀의 구성원들을 모두 만났다. 꼬박 이틀 동안 시연과 다양한 디자인 스케치, 마케팅 프레젠테이션 등을 지켜본 나는 그만 그들에게 압도당하고 말았다.

월요일에 나는 VTI에 전화를 걸어 마음이 바뀌었다고 말했다.[8]

일단 팀을 구성하고 나자 잡스는 그들이 자유롭게 창의성을 발휘하도록 독려하고 점점 늘어나는 애플의 관료들이 영향을 미치지 않도록 보호막을 제공했다. 애플의 관료들은 맥 프로젝트를 사내 집중력을 분산시키는 하찮은 프로젝트로 간주하여 여러 차례 중단하려고 시도했다. "일을 하는 사람들은 매킨토시의 배후에 있는 인재들이다. 나의 임무는 그들에게 공간을 마련해주고, 사내의 다른 사람들이 방해하지 않도록 보호해주는 것이다."[9] 1984년 〈맥월드〉 창간호에 실린 글에서 잡스는 이렇게 밝혔다. 허츠펠드는 좀더 솔직하게 표현했다. "스티브가 수행한 가장 중요한 일은 거대한 우산을 펼쳐들고 맞은편에 있는

사악한 중역들을 막으며 프로젝트를 보호해준 것입니다." [10]

잡스는 최고의 인재들을 채용하는 동시에 기대에 못 미치는 사람들은 신속하게 잘라냈다. '비상한 인재들만 채용하고 얼간이들은 해고한다.' 이것은 잡스가 가장 오랫동안 지켜온 경영 원칙 중 하나이다. "사내에 세계 최고가 아닌 사람들이 있어서 그들을 해고해야 한다는 것은 정말 고통스러운 일이지요. 하지만 때로는 기준에 미치지 못하는 사람들을 쫓아내는 것이 나의 임무라고 생각했습니다. 그래도 항상 인간적인 방식을 사용하려고 노력했지요. 그것은 반드시 해야 하는 일이었습니다. 즐거운 일은 절대 아니었지만 말입니다." 1995년 인터뷰에서 잡스는 이렇게 말했다. [11]

# ：소규모 팀이 낫다

잡스는 소규모 팀에서 일하는 것을 좋아한다. 최초의 맥 팀은 100명이 넘지 않기를 바랐다. 초점을 잃고 통제하기 힘든 상태로 빠지는 것을 피하기 위해서였다. 잡스는 유능한 인재들로 구성된 소규모 팀이 대규모 팀을 크게 능가한다고 굳게 믿는다. 픽사의 경우 잡스는 회사의 인원이 절대 몇백 명을 넘기지 않게 하려고 노력했다. 애플과 픽사를 비교해달라는 질문에 잡스는 픽사의 성공은 주로 작은 규모 덕분이라고 대답했다.

"애플은 놀라운 인재들이 일부 포함되어 있지만, 픽사는 지금껏 내가 목격한 집단 가운데 가장 비범한 사람들만 집약해놓은 형태라고 할 수 있습니다. 컴퓨터 생성 식물, 즉 3D 풀과 나무와 꽃의 분야에서 박사 학위를 딴 사람도 있고, 세상에서 이미지를 필름에 가장 잘 담아내는 사람도 있습니다. 또한 픽사는 여러 전문 분야에 걸쳐 핵심 인재들을 보유하고 있지요. 그 점에 관한 한 애플은 절대 따라갈 수 없을 겁니다. 그러나 무엇보다도 중요한 점은 픽사가 규모 면에서는 훨씬 작다는 사실입니다. 현재 픽사의 직원은 450명입니다. 만약 2,000명이었다면, 절대 지금과 같은 인재 구성을 갖추지 못했을 것입니다." 1998년 잡스가 〈포춘〉에서 밝힌 내용이다.

이러한 잡스의 철학은 워즈니악을 비롯한 몇몇 친구들과 함께 차고에서 손으로 컴퓨터를 조립하던 시절로 거슬러 올라간다. 잡스가 오늘날 애플에서 소규모 개발팀을 선호하는 것은 그 시절의 상황과도 어느 정도 통한다고 볼 수 있다. 창업 시절의 차고 회사를 직원 수가 2만이 넘는 대기업에 그대로 구현해낸 형태라는 얘기다.

1997년 애플로 돌아온 잡스는 회사를 살리기 위해 A팀을 구성하기 시작했다. 하드웨어 부문 책임자 존 루빈스타인, 소프트웨어 부문 책임자 에이비 티베이니언, 영업 부문 책임자 데이비드 마노비치 등을 포함하여 그가 최고경영진으로 임명한 사람들 가운데 몇 명은 이전에 넥스트에서 함께 일한 사람들이었다.

너무 꼼꼼하여 '마이크로매니저'로 불리긴 하지만, 잡스는 넥스트에서 자신의 참모들을 신뢰하는 법을 터득했다. 그는 더 이상 예전처럼 모든 결정들을 일일이 감독하지 않는다. 픽사에서는 캣멀과 래스터에게 거의 모든 책임을 위임했고, 애플에서도 일상적인 경영의 상당 부분을 최고운영책임자이자 애플의 2인자로 알려진, 운영 및 세부 계획의 대가 팀 쿡에게 넘겨주었다. 잡스가 췌장암 수술을 받고 6주 동안 병가를 냈을 때에는 쿡이 임시 CEO를 맡기도 했다. 소매 부문의 책임자인 론 존슨Ron Johnson은 애플 소매점과 관련된 일을 거의 총괄하고 있으며, 재무를 처리하고 월가를 상대하는 일은 최고재무관리자인 피터 오펜하이머Peter Oppenheimer가 맡고 있다. 이러한 권한 위임을 통해 잡스는 자신이 가장 사랑하는 일, 즉 신제품 개발에 자유롭게 에너지를 쏟을 수 있게 되었다.


## :잡스만의 역할

잡스는 조너선 아이브나 존 루빈스타인 같은 파트너들과 협력하면서 자신만의 역할을 수행한다. 그는 회로기판을 설계하지도, 코드를 작성하지도 않지만, 팀의 업무에 자신의 흔적을 뚜렷이 남긴다. 그는 비전을 제시하고 개발을 이끌며 여러 가지 핵심적인 결정을 내리는 리더이다. "그는 아무것도 만들지 않았지만 모든 것을 만들었다." 존 스컬리는 잡스가 최초의 맥에 기여한 바에 대해 이렇게 쓴 바 있다. 그가 밝힌 바에 따르면, 잡스는 이렇게 말했다고 한다. "매킨토시는 내 안에 있습니다. 그것을 끄집어내서 제품으로 만들어야 합니다." [12]

잡스는 팀의 리더로서 창의적인 파트너들이 해결책을 향해 나아가도록 인도하며 그들이 내놓는 작품들을 거절하거나 수용하는 결정자의 역할을 했다. 어느 관계자에게 전해 들은 바에 따르면, 아이브는 잡스의 의견이 없었다면 자신 역시 일을 해내지 못했을 거라고 털어놓았다고 한다. 창의적인 천재 아이브에게도 잡스의 지도가 필요했던 것이다.

잡스는 실리콘 밸리의 용어로 '제품 선별자product picker'이다. 실리콘 밸리의 벤처 투자가들이 신생 기업의 개발 제품을 선정하는 핵심 인재를 일컫는 말이다. 이론적으로 보면, 신생 기업은 당연히 첫 제품에서 성공을 거둬야 한다. 그렇지 못하면 문을 닫을 수밖에 없다. 그러나 모든 신생 기업이 하나의 제품으로 시작하는 것은 아니다. 풍부한 재능과 아이디어를 지닌 일단의 엔지니어들을 갖추고 있음에도 불구하고 어떤 제품을 개발해야 할지 결정하지 못하는 기업도 있다. 실리콘 밸리에서는 매일같이 이러한 상황이 일어난다. 이러한 신생 기업이 성공을 거두기 위해서는 직감적으로 개발 제품을 선정할 수 있는 인물이 있어야 한다. 꼭 CEO나 최고경영진이 아닐 수도 있다. 경영이나 마케팅에 대한 전문지식이 없는 사람일 수도 있다. 그들의 기술은 아이디어의 홍수 속에서 핵심 제품을 선별하는 것이다.

"제품이 아무리 많아도 지도자는 있어야 합니다." 벤처 투자가이자 기술 컨설턴트인 제프리 무어Geoffrey Moore는 이렇게 설명했다. 첨단 기술 제품을 주류로 끌어오는 방법을 다룬 무어의 저서《캐즘 마케팅Crossing the chasm》은 베스트셀러인 동시에 실리콘 밸리에서 마케팅 바이블로 추앙받고 있다. "신생 기업의 성패는 첫 제품에 달려 있지요. 신생 기업은 히트작의 사업이라고 해도 과언이 아닙니다. 히

**145**

트작을 내놓지 못하면 실패할 수밖에 없지요. 반면, 적절한 제품을 선정하면 큰 승리를 거둘 수 있습니다."[13]

무어는 잡스가 유능한 제품 선별자라고 말했다. 신생 기업들이 벤처 자본을 찾는 피치 미팅pitch meeting에서 무어가 눈여겨보는 핵심 사항 가운데 하나는 해당 신생 기업의 제품 선별자이다. 제품 선별은 위원회의 임무가 아니다. 의사 결정자의 역할을 수행할 수 있는 인물이 있어야 한다는 얘기다.

제너럴 모터스GM의 부회장으로서 전설의 '자동차 황제'로 통하는 밥 루츠Bob Lutz를 예로 들 수 있다. 크라이슬러, 포드, BMW의 간부를 지낸 루츠는 닷지 바이퍼Dodge Viper, 플리머스 프라우러Plymouth Prowler, BMW 2002같이 디자인 중심의 독특한 히트작을 낸 인물로 유명하다. 그는 위원회에 의해 디자인이 결정되는 비슷비슷한 모양을 띤 경쟁업체의 자동차를 지양한다. 그보다는 독특한 차량들을 구상해내는 전형적인 자동차맨이다. 또 한 사람을 예로 들면, 크게 히트한 휴대전화 레이저Razr를 탄생시킨 모토롤라의 전임 간부 론 개리케즈Ron Garriques이다. 개리케즈는 2007년 위기 상황에서 델로 복귀한 마이클 델Michael Dell에게 고용되어 델의 소비자 사업을 이끌었다. 여기서도 분명히 히트 제품을 선정했을 것이다.

무어는 또한 이렇게 덧붙였다. "줄타기 곡예와도 같습니다. 실패하면 어떻게 될지 너무도 뻔하지 않습니까? 줄타기는 매번 모든 것을 걸어야 합니다. 윔블던(런던 교외의 지명으로 국제 테니스 선수권 대회의 개최지로 유명하다)의 코트에서 경기를 한다고 생각하면 됩니다. 이를 위해서는 엄청난 힘을 가져야 하겠지요. 다른 사람들 때문에 자신의 생각을 수정하거나 타협하지 않고 밀고나가는 힘과 의지를 가진 사람은 많지 않습니다. 위원회의 결정에 맡기면 결코 성공할 수 없습니다."

애플에서 잡스는 아이맥, 아이팟, 맥북, 아이폰 등 2, 3년에 한 번씩 히트 제품을 선정하여 개발을 이끄는 데 성공했다. 무어는 말했다. "애플은 히트작에 의해 추진력을 얻는 회사입니다. 하나가 들어가면 또 다른 히트작이 나오지요."

지난 세기에는 이처럼 강한 의지를 가진 제품 지도자가 운영하는 기업이 무수히 많았다. IBM의 토마스 왓슨 주니어Thomas Watson Jr.나 월트 디즈니 등이 그 예이다. 그러나 최근 몇 년 사이, 아키오 모리타가 이끄는 소니처럼 제품 지도자의 지휘하에 성공을 거두는 기업의 수는 점점 줄고 있다. 대다수의 기업들은 위원회에 의해 운영된다. 수십 년에 걸쳐 독일 가전업체 브라운Braun의 이름을 널리 알린 천재 디자이너 디터 람스Dieter Rams는 이렇게 불평했다. "오늘날에는 그런 기업이 더 이상 존재하지 않습니다. 기껏해야 애플, 그리고 그에 조금 못 미치는 소니뿐입니다."[14]

# 스파링 파트너

제품을 개발할 때면 잡스는 기계의 열을 식혀주는 팬을 장착해야 하는지 여부에서, 포장 박스에 들어갈 글자 모양을 어떤 걸로 할지에 이르기까지 여러 가지 주요한 결정에 개입한다. 애플에서 잡스는 왕으로 군림하고 있지만 모든 의사 결정이 상명하달식으로 이루어지는 것은 아니다. 잡스의 창의적 사고의 중심에는 논쟁과 토의가 자리한다. 잡스는 파트너들이 자신의 아이디어에 이의를 제기하길 바라며, 그 역시 그들의 아이디어에 종종 강력하게 이의를 제기한다. 상호적인 지적 투쟁을 통해 결정을 내리는 셈이다. 호전적이고 까다로워 보이지만 그만큼 정확하고 창의적이다.

1984년 최초 맥의 가격을 책정하던 상황을 예로 들어보자. 잡스는 맥의 가격을 놓고 여러 주에 걸쳐 스컬리와 입씨름을 벌였다. 두어 번 회의를 가진 것이 아니라 몇 주 동안 밤낮으로 논쟁을 벌인 것이다. 맥의 가격 책정은 중대한 문제가 아닐 수 없었다. 애플의 수입은 곤두박질치고 있었고, 맥을 개발하는 데에도 많은 비용이 들어갔기 때문이다. 연구개발에 들어간 투자금을 회수하고 싶었던 스컬리는 경쟁사를 앞지르는 전략적 광고에 돈을 투자하고 싶어 했다. 그러나 이 때문에 가격이 너무 높게 책정되면 구매자들이 등을 돌려 매출이 부진해질 가능성을 배제할 수 없었다. 두 사람은 마치 변증법의 정립과 반정립을 이어가듯 정반대의 입장에서 주거니 받거니 하며 논쟁을 벌였다. 심지어는 논쟁이 어떻게 흘러가는지 지켜보기 위해 일부러 반대 입장을 취하기도 했다. 스컬리는 잡스와의 논쟁을 완곡하게 '마상 창시합'이라 불렀다. 그는 이렇게 썼다. "스티브와 나는 계속해서 입장을 바꿔가며 논쟁을 벌이는 일을 즐겼다. 새로운 아이디어나 새로운 프로젝트, 혹은 새로운 동료들에 대해 각자의 생각을 말하며 끊임없이 시합을 벌이곤 했다."

2007년 여름에 아이폰이 출시되었을 때에도 애플에서는 이와 비슷한 마상 창시합이 벌어졌다. 아이폰은 처음에는 600달러였지만 출시된 지 2개월 만에 잡스가 가격을 400달러로 떨어뜨렸다. 당연한 일이지만 누구보다 먼저 신제품을 산 얼리 어답터early adopter들은 배신감을 느끼고 강력하게 항의하기 시작했다. 그들의 항의가 점점 거세지자 잡스는 공개적으로 사과를 하고 100달러씩 환불을 해주었다. 매우 드문 일이 아닐 수 없었다.

잡스가 가격을 인하한 것은 초기에 100만 대 이상이나 팔려나가 애플의 기대치를 초과했기 때문이다. 한편으로는 연휴 기간을 이용하여 매출을 바짝 올리겠다는 심산도 어느 정도 작용했다. 아이팟을 포함하여 수많은 소비자 가전들은 연휴 기간의 매출이 나머지 1년의 매출과 거의 맞먹기 때문이다.

애플에서는 잡스와의 일상적인 회의가 종종 논쟁, 그것도 길고 전투적인 논쟁이 될 수 있다. 잡스는 지적 전투를 즐긴다. 그는 수준 높은 토론, 심지어는 싸움을 원한다. 그것이 문제를 낱낱이 파헤치는 가장 효과적인 방법이기 때문이다. 또한 그는 가능한 한 최고의 사람들을 고용함으로써 토론이 최고의 수준에 이르도록 보장한다.

잡스와의 회의는 매서운 재판이 되기도 한다. 그는 어떠한 의견에든 이의를 제기한다. 때로는 극도로 무례하게 말이다. 그러나 그것은 일종의 테스트이다. 사람들이 자신의 아이디어를 옹호하도록 강요하는 것이다. 자신의 입장에 대해 확고한 믿음을 가진 사람이라면 반론을 펼칠 것이다. 잡스는 판돈을 올리고 사람들의 혈압을 높임으로써 그들이 사실을 정확히 알고 있는지, 강력한 논거를 갖고 있는지 여부를 판단한다. 강력하게 주장하는 사람일수록 옳을 가능성이 높다.

애플의 프로그래머로 일한 피터 호디는 내게 이렇게 말했다. "스티브는 무조건 윗사람의 말에 동조하는 사람을 좋아하지 않습니다. 그는 자신이 아는 바에 대해 매우 자신만만한 사람입니다. 그래서 누군가가 이의를 제기해주길 바라지요. 스티브가 가끔씩 '이것을 반드시 해야 한다고 생각합니다' 라고 말하면, 그것은 상대방이 이의를 제기하는지 여부를 확인하는 일종의 테스트입니다. 이의를 제기하는 사람이 바로 그가 찾는 사람이기 때문입니다." [15]

잡스에게는 실없는 소리가 절대 통하지 않는다. "무슨 말인지도 모르면서 지껄이는 사람이 있으면 잡스는 단번에 그것을 간파합니다. 정말 명석한 사람이지요. 게다가 정보에도 정통한 사람입니다. 그는 지구상의 최고 인재들과 어느 정도 친분을 갖고 있습니다. 그러니 무슨 말인지도 모르면서 지껄여대면 어떻게 해서든 진상을 파악해낼 것입니다." 호디는 이렇게 덧붙였다.

호디는 프로세서 공급업체 인텔에서 개발 중이던 새로운 칩 기술에 대해 잡스와 논쟁을 벌인 적이 있었다. 호디는 가끔 까다로운 잡스를 떼어놓기 위해 거짓말을 하기도 했는데, 그날 오후에 잡스가 찾아와 호디가 인텔에 대해 했던 말에 대해 이의를 제기하며 몰아세우기 시작했다. 인텔 회장 앤디 그로브Andy Grove에게 전화를 걸어 호디가 말한 기술에 대해 확인해본 것이다. 다행히 그날 호디는 거짓말을 하지는 않았다. "그로브에게 전화를 걸 수 있는 사람을 어떻게 속이겠습니까?" 호디가 웃으면서 말했다.

# :애플의 믿음직한 광고 파트너

잡스가 보유한 가장 생산적인 협력 관계 가운데 하나는 커다란 키에 수염을 기른 히피 광고업자 리 클로우Lee Clow, 그리고 그가 이끄는 광고대행사 TBWA 샤이엇데이이다. 클로우의 광고대행사는 잡스와 수십 년간 좋은 파트너십을 유지하며, 1984년에 매킨토시를 처음 소개한 TV 스폿광고부터 전 세계의 옥외 광고판을 장식한 아이팟의 실루엣 광고에 이르기까지 매우 인상적이고 영향력 있는 광고들을 제작해왔다.

로스앤젤레스에 본사를 둔 TBWA 샤이엇데이는 세계에서 가장 창의적인 광고회사 가운데 하나로 인정받는다. 이 회사는 1968년 로스앤젤레스의 광고 베테랑 가이 데이Guy Day와 1960년대 중반에 뉴욕에서 남부 캘리포니아로 이주한 정력적인 인물 제이 샤이엇Jay Chiat이 공동 설립했다. 지금은 오랜 경력의 크리에이티브 디렉터인 리 클로우가 운영하고 있다. 이 회사는 논란의 여지가 많은, 때로는 무모하기까지 한 광고 방식 때문에 한때 '정신이상'으로 간주되기도 했지만, 이제는 한층 성숙해져서 닛산Nissan, 셸Shell, 비자Visa 등의 우량 고객들을 자랑하고 있다.

TBWA 샤이엇데이는 단순한 광고보다는 종종 문화 행사로 간주되거나 널리 격찬을 받고 상까지 받은 캠페인들을 애플에게 제공해왔다. '다르게 생각하라Think Different', '스위처스Switchers', '나는 맥이다I'm a Mac' 등의 광고들은 수많은 사람들이 논의하고 비평하며 패러디하고 모방해왔다. 유튜브YouTube에서 수백 번씩 패러디되고 심야 코미디 프로그램의 소재가 될 정도의 광고라면 이미 상업의 영역에서 문화의 영역으로 넘어온 셈이라고 볼 수 있다.

잡스가 TBWA 샤이엇데이와 관계를 맺기 시작한 것은 1980년대 초반이었다. 당시 이 광고회사(그때에는 샤이엇데이로 알려져 있었다)는 애플의 컴퓨터들을 홍보하는 인기 광고 시리즈를 제작했다. 1983년에는 광고 역사상 가장 유명한 광고 중의 한 편을 제작하기 시작했다. 1984년 1월 슈퍼볼 경기의 3쿼터에 나간 매킨토시의 TV 광고가 바로 그것이었다.

이 광고는 이전에 폐기된 광고의 슬로건 "어째서 우리의 1984년은 그들의 1984년(조지 오웰의 반유토피아적 소설을 가리킨다)과 다르다고 하는가"에서 출발했다. 그냥 폐기하기에는 너무 좋은 슬로건이었기에 샤이엇데이가 애플의 광고에 다시 적용한 것이다. 당연히 그것은 맥의 출시와 완벽하게 들어맞았다.

샤이엇데이는 〈블레이드 러너〉 촬영을 마친 리들리 스콧Ridley Scott 감독을 고용하여 런던의 방음 스튜디오에서 광고를 찍게 했다. 스콧은 영국의 스킨헤드skinhead들을 캐스팅하여 조지 오웰이 제시한 암울한 미래를 그려냈다. 거대한 TV에서 빅 브라더가 선전을 떠들어대며 대중을 복종시킨다. 그때 어디선가 매킨토시 티셔츠를 입은 여성 운동선수가 커다란 쇠망치를 들고 달려와서 화면을 부숴버린다. 이 60초짜리 광고에서는 맥은 물론이고 다른 어떤 컴퓨터도 보이지 않지만 그것이 전하는 메시지는 분명했다. IBM의 주도권 속에서 신음하는 컴퓨터 사용자들을 맥이 해방시켜주겠다는 것이었다.

애플의 이사회는 겨우 방송 일주일 전에 광고를 보고 몹시 흥분하며 슈퍼볼 스폿광고를 취소하라고 지시했다. 그러나 그때까지 해당 광고 시간을 다른 곳에 팔지 못해서 광고를 그대로 내보낼 수밖에 없었다.

그런데 뜻밖의 결과가 나타났다. 슈퍼볼 경기보다 애플의 광고가 대중과 언론의 관심을 더 많이 끌어 모은 것이다. 광고가 방송된 것은 두 번뿐이었지만(슈퍼볼 경기 전에 광고상 심사 자격을 얻기 위해 어느 이름 없는 TV 방송국에서 한밤중에 방영되었다), 수많은 뉴스 프로그램과 〈엔터테인먼트 투나잇〉과 같은 연예 프로그램에서 재방송되었다. 애플이 추정하는 바에 따르면, 해당 광고는 4,300만 명 이상이 시청했으며, 당시 CEO였던 존 스컬리는 무료 광고 효과가 수백만 달러에 달할 것이라고 밝혔다.

1994년 광고 전문지 〈애드버타이징 에이지〉의 칼럼니스트 브래들리 존슨Bradley Johnson은 당시를 회상하며 이렇게 썼다. "그 광고는 광고 자체를 변화시켰다. 맥이라는 제품은 광고 산업을 변화시켰으며 그 기술은 세상을 변화시켰다. 또한 슈퍼볼을 단순한 풋볼 경기에서 그 해의 슈퍼 광고 이벤트로 바꾸어놓은 동시에 뉴스 광고의 시대를 열었다."[16]

'1984' 광고는 잡스의 상징으로 간주할 수 있다. 대담하고 건방진 느낌을 주는 이 광고는 당시의 모든 광고를 통틀어도 단연 차별화된다. 또한 제품을 직접 보여주는 기법 대신 등장인물, 내러티브, 그리고 높은 제작 가치를 지닌 작은 미니 영화의 기법을 차용했다. 물론 아이디어를 내고 콘티를 짜고 감독을 한 것은 잡스가 아니었다. 그러나 그는 광고대행사에 창의성을 발휘할 여지를 줄 만큼 충분히 똑똑했다.

'1984' 광고는 샤이엇데이에게 칸 광고대상을 포함하여 최소한 35가지의 상을 안겨주었고, 추가적인 광고 대행료와 고객 측면에서 수백만 달러의 수입을 창출해냈다. 또한 제품의 기능보다 매력을 부각시키는 라이프스타일 광고의 시대를 열었다. 당시 컴퓨터 업계에서는 이러한 방식의 광고를 생각하는 사람이 전혀 없었다. 전통을 깨는 독창적인 방식으로 대중과 커뮤니케이션하고자 하는 회사도 거의 없었다. 애플은 1985년에 잡스가 떠난 이후로 광고대행사를 바꿨지만, 잡스는 애플에 복귀하자 다시 그들을 불러들였다. 애플의 초점을 '재조정'해줄 광고 캠페인을 만들기 위해서 말이다.

애플이 초점을 잃었다며 걱정하던 잡스는 샤이엇데이에게 애플의 핵심 가치관에 호소하는 광고 캠페인을 만들어달라고 부탁했다. 클로우는 말했다. "애플이 초점을 되찾으려면 어떻게 해야 하는지 논의해보자고 요청하더군요. 사실 그렇게 어려운 일은 아니었습니다. 그저 애플의 근본으로 돌아가는 일이었으니까요."[17]

티셔츠와 반바지에 샌들 차림을 즐기는 클로우는 '다르게 생각하라' 광고의 아이디어가 맥 사용자층, 다시 말하면 애플이 가장 암울한 시기를 겪을 때에도 충실한 고객으로 남아준 디자이너, 예술가, 그 밖에 창의적인 사람들을 생각한 데에서 나왔다고 말했다. "이 광고 캠페인이 상식의 틀을 깨는 창의적인 사고를 주제로 삼아야 한다는 아이디어에 모두가 공감했습니다. 우리는 세상을 변화시키는 방법을 생각해낸 사람을 찬미하는 내용이 어떻겠느냐고 제안했지요. 그때부터 우리의 아이디어는 더욱 커지기 시작했고, 이윽고 간디와 에디슨까지 거론되기 시작했습니다."[18]

캠페인은 빠르게 구상되어 무하마드 알리, 루실 볼, 세자르 차베스, 밥 딜런, 토머스 에디슨, 알베르트 아인슈타인, 알프레드 히치콕, 존 레논, 오노 요코, 피카소, 로자 파크스 등을 포함하여 인습을 타파한 유명인사 40여 명의 흑백 사진을 등장시켰다. 애플은 잡지와 옥외 광고판에 이 광고를 내고 사회 부적응자, 반항아, 말썽꾼, 미치광이들을 찬미하는 TV 광고도 방영했다. 광고는 이렇게 선언했다. "세상을 바꿀 수 있다고 생각할 만큼 미친 사람들이 바로 세상을 바꾸는 주역입니다."

이 광고는 애플의 역사에서 매우 중요한 시점에 제작된 것이다. 당시 애플은 고객들은 물론이고 직원들을 위해서도 자사의 가치관과 사명을 공공연하게 선언할 필요가 있었다. '다르게 생각하라' 광고 캠페인은 애플의 미덕들, 즉 창의성과 독창성과 야망을 널리 알렸다. 그것은 또 한 번 애플의 대담하고 커다란 선언이 되었다. 그야말로 애플과 애플의 사용자들이 인류에게 가장 추앙받는 인물들과 제휴하고 있다는 선언이 아니고 무엇이겠는가.

잡스는 처음부터 개인적으로 존경하는 건축가 벅민스터 풀러Buckminster Fuller나 사진작가 앤셀 애덤스Ansel Adams 등을 추천하며 적극적으로 참여했다. 또한 넓은 인맥과 강력한 설득력을 이용하여 고故 존 레논의 아내인 오노 요코와 알베르트 아인슈타인의 자손 등으로부터 허락을 얻어냈다. 그러나 잡스 자신까지 광고에 넣자는 광고회사의 제안은 끝내 거절했다.

# :존 스컬리를 영입한 이유

잡스는 늘 광고를 매우 중요하게 생각해왔다. 기술 다음으로 중요하게 여기는 것이 바로 광고였다. 그는 오래전부터 컴퓨터를 모든 사람이 이용할 수 있게 한다는 야망을 밝혀왔는데, 그러기 위해서는 대중에게 반드시 홍보가 되어야 한다고 생각한 것이다. 그는 이렇게 말했다. "세상 사람들 모두가 제각기 전용 애플 컴퓨터를 한 대씩 갖게 하는 것이 나의 꿈입니다. 그러기 위해서는 우리가 탁월한 마케팅 회사가 되어야 합니다."[19]

잡스는 애플의 광고를 대단히 자랑스럽게 여긴다. 맥월드 기조연설에서도 종종 새로운 광고를 소개한다. 신제품이 출시되면 대개는 그 제품의 광고가 탄생하는데, 잡스는 제품 프레젠테이션을 할 때 늘 그 광고를 대중에게 과시한다. 특히 마음에 드는 광고의 경우에는 몹시 흡족해 하며 두 번씩 보여주기도 한다.

잡스는 독특하면서도 대중적인 컴퓨터의 이미지를 창출하기 위해 PC 업계의 그 누구보다도 열심히 노력해왔다. 1970년대 후반에 잡스는 실리콘 밸리에서 광고의 선구자로 손꼽히는 레지스 맥케나Regis McKenna를 고용했다. 애플의 초창기 제품들이 일반 소비자들에게까지 호소력을 갖도록 만들기 위해서였다. 또 소비자들에게 새로운 PC가 필요한 이유를 전달하는 광고를 만들어야 했다. 그 광고는 가정용 컴퓨터에 대해 전혀 수요가 없는 상태에서 수요를 창출해야 한다는 임무를 띠고 있었다. 맥케나는 가정을 배경으로 컴퓨터를 보여주는 다채로운 광고들을 구상해냈다. 광고들은 이해하기 쉽고 간단한 언어로 쓰였으며, 애플과는 완전히 다른 시장, 즉 취미가들에게 호소하고자 노력하는 경쟁사들과 달리 광고를 지배하는 기술 전문 용어는 전혀 들어가지 않았다.

애플II의 첫 번째 잡지 광고에서는 유복해 보이는 청년이 주방 식탁에서 애플II를 조작하고 있고, 그의 아내는 설거지를 하면서 사랑스러운 눈길로 그를 바라본다. 이 광고는 성별에 따른 역할에 대해 보수적인 관점을 제시하지만, 애플 PC가 유용하며 실용적인 기계라는 메시지는 분명하게 전달한다. 주방이라는 배경은 애플 PC가 노동력을 절약해주는 평범한 가전제품이라는 인상을 주었다.

잡스가 광고를 중요하게 생각한다는 점은 초창기에 애플을 경영할 CEO를 선택하는 과정에서도 극명하게 드러난다. 그는 광고를 통해 펩시를 〈포춘〉이 선정한 500대 기업으로 등극시킨 펩시코PepsiCo의 사장 존 스컬리를 선택했다. 스컬리는 10년 동안 애플의 CEO 자리를 지키면서 몇 가지 전략적 실수를 저지르긴 했지만, 적어도 마케팅을 활용하여 애플을 크게 성장시키는 데에는 성공을 거두었다. 1983년 4월 그가 취임할 당시만 해도 애플의 총수입은 10억 달러였지만, 10년 후 그가 떠날 때 애플은 100억 달러 가치의 기업이 되어 있었다.

1983년 애플은 미국에서 가장 빠르게 성장하는 기업에 속했지만, 그러한 성장세를 계속 이어나가기 위해서는 경험이 많은 인물이 필요했다. 당시 잡스의 나이는 겨우 스물여섯이었다. 애플의 이사회는 잡스가 혼자 회사를 감당하기에는 너무 어리고 경험도 부족하다고 판단했다. 그리하여 잡스는 수개월에 걸쳐 함께 일할 만한 나이 많은 간부를 찾은 것이다.

서른여덟 살의 스컬리는 펩시 역사상 최초로 코카콜라를 브랜드 1위의 자리에서 물러나도록 한 '펩시 세대' 광고 캠페인을 지휘한 인물이었다. 잡스는 또다시 몇 개월을 투자하여 비범한 마케터인 스컬리에게 CEO 자리를 수락해달라고 설득했다.

1970년대의 '콜라 전쟁' 당시 스컬리는 막대한 자금을 들여 감각적인 TV 광고를 제작함으로써 펩시의 시장 점유율을 크게 끌어올렸다. 막대한 비용이 들어간 '펩시 챌린지Pepsi Challenge' 등의 멋진 캠페인들 덕분에 펩시는 낙오자의 처지에서 코카콜라와 어깨를 나란히 할 정도로 거대한 탄산음료계의 거물로 떠올랐다. 잡스는 스컬리가 걸음마 단계의 PC 시장에도 그러한 광고 기술을 적용해주길 원했다. 특히 몇 개월 후에 선보일 매킨토시 때문에 몹시 초조한 상태에서, 광고는 주요 성공 요소들 가운데 하나가 될 수 있다는 생각이 들었다. 잡스는 맥이 전자제품 광들뿐만 아니라 일반 대중에게도 호소력을 갖길 바랐고, 그 열쇠는 바로 이상하게 생긴 이 신제품의 광고에 있을 것 같았다. 스컬리는 기술 쪽에는 경험이 전혀 없었지만 그것은 중요하지 않았다. 잡스가 원하는 것은 그의 마케팅 기술이었다. 잡스는 '펩시 세대'처럼 '애플 세대'를 창조하고 싶었던 것이다.

스컬리는 잡스와 협력하여 애플을 이끌었다. 그는 잡스의 멘토이자 스승이 되어 빠르게 성장하는 신생 PC 시장에 자신의 마케팅 지식을 적용했다. 스컬리와 잡스의 전략은 매출을 급격하게 신장시킨 다음, 광고로 경쟁사들을 앞지르는 것이었다. "당시 애플은 10억 달러 가치의 기업으로서 아직 활용하지 않은 막대한 경쟁력이 있다는 사실을 깨닫지 못한 상태였다. 매출이 5,000만 달러, 심지어 2억 달러에 달하는 기업도 깊은 인상을 남기기 위해 막대한 돈을 투자하여 효과적인 TV 광고 캠페인을 제작하기는 불가능하다." 스컬리는 자신의 자서전 《오디세이Odyssey》에서 이렇게 밝혔다.[20]

잡스와 스컬리는 곧바로 애플의 광고 예산을 1,500만 달러에서 1억 달러로 늘렸다. 스컬리의 말에 따르면, 그들의 목표는 애플을 무엇보다도 제품 마케팅 기업으로 만드는 것이었다. 수많은 비평가들이 애플의 광고 능력을 하찮은 것으로 치부하며 무시했다. 겉치레일 뿐 알맹이가 없다는 것이다. 그러나 애플은 과거나 지금이나 마케팅을 핵심 전략으로 간주한다. 극도로 중요하고 효과적인 차별화 수단으로 광고를 이용해온 것이다. 스컬리는 이렇게 썼다. "스티브와 나는 우리가 성공의 비법을 가졌다고 확신했다. 혁명적인 기술과 마케팅의 결합이 그것이다."[21] 스컬리의 아이디어들은 잡스에게 매우 중요한 영향을 미쳤으며, 오늘날 애플에서 활용하는 수많은 마케팅 기법들의 토대를 제공했다.

펩시코에서 스컬리는 펩시코 초창기에 가장 큰 성공을 거둔 일부 라이프스타일 광고들, 즉 가슴을 통해 사람들의 마인드에 도달하고자 노력한 감동적인 광고들의 책임자였다. 그때에도 스컬리는 펩시가 다른 탄산음료보다 낫다는 점을 홍보하려 들지 않았다. 사람들이 관심을 갖지 않을 거라는 사실을 잘 알았기 때문이다. 그보다는 '부러워할 만한' 라이프스타일을 강조하는 광고를 만들었다.

스컬리의 '펩시 세대' 광고들은 건강한 미국 아이들이 이상적인 여가를 즐기는 모습, 즉 들판에서 강아지와 뛰어놀거나 수박을 먹으며 피크닉을 즐기는 모습 등을 보여준다. 미국의 중산층을 주인공으로 삼아 삶의 행복한 순간들을 단순하고 짤막하게 묘사한 것이다. 2차 세계대전 후의 미국 경제에서 가장 빠르게 성장하는 부유한 소비자들, 즉 베이비붐 세대들을 겨냥하여 그들이 동경하는 라이프스타일을 그려내는 것이 목적이었다. '펩시 세대' 광고들은 최초의 라이프스타일 광고로 인정받는다.

펩시의 광고들은 영화의 축소판과도 같았다. 할리우드 영화감독들이 제작하여 최대의 제작 가치를 지닌 일종의 단편영화였던 것이다. 다른 기업들은 광고 한 편을 촬영하는 데 1만 5,000달러를 투자했지만, 펩시는 스폿광고 한 편에 20만 달러에서 30만 달러까지 투자했다.[22]

오늘날 잡스도 애플에서 이와 똑같은 전략을 취하고 있다. 애플은 라이프스타일 광고로 유명하다. 다른 회사들처럼 속도, 용량, 기능 등과 같은 특징으로 광고를 채우지 않는다. 광고에서는 애플의 제품을 사용함으로써 '부러워할 만한' 라이프스타일을 누리는 최신식의 젊은이들을 보여준다. 큰 성공을 거둔 아이팟 광고 캠페인은 머릿속을 가득 메운 음악에 맞춰 춤을 추는 젊은이들의 모습을 보여준다. 아이팟의 하드 디스크 용량에 대해서는 전혀 언급하지 않은 채 말이다.

맥월드 엑스포와 같은 화려한 대규모 마케팅 행사를 뉴스 보도로 완성시킨 장본인도 스컬리였다. 펩시에서 스컬리는 '펩시 챌린지'를 구상해냈다. '펩시 챌린지'는 식료품점이나 쇼핑몰, 대규모 스포츠 대회 등에서 눈을 감고 펩시와 코카콜라를 시음한 다음, 좀더 맛이 좋은 쪽을 선택하게 하는 일종의 블라인드 테스트이다. 이러한 행사는 종종 지역 TV 방송국의 취재진을 끌어들일 정도로 큰 화젯거리가 되었다. 그날 저녁에 지역 TV 뉴스에 특집 기사로 보도되면 30초짜리 광고보다 훨씬 큰 효과가 나타났다. 스컬리는 점점 판돈을 늘려나갔다. 각종 대규모의 스포츠 경기에서 유명인들을 대상으로 블라인드 테스트를 실시하여 굉장한 홍보 효과를 얻은 것이다. 스컬리는 이렇게 썼다. "어차피 마케팅은 연극이다. 그것은 무대에서 공연하는 것과도 같다. 사람들이 제품에 관심을 갖도록 유도하고 그들을 즐겁게 해주며 제품을 극도로 중요한 이벤트로 전환시키는 것, 그것이 바로 사람들에게 동기를 부여하는 방법이다. '펩시 세대' 광고는 이러한 점을 모두 수행함으로써 펩시를 거대 기업으로 성장시키고 브랜드 가치를 크게 높였다." [23]

잡스도 해마다 열리는 맥월드 엑스포에서 같은 기법으로 신제품을 소개한다. 그는 자신의 맥월드 기조연설을 주요 미디어 이벤트로 전환시켰다. 그것은 세계의 언론이라는 무대에서 공연되는 마케팅 연극이다.


## :합동 마케팅 캠페인

맥월드 연설은 대중을 감동시킬 정도로 정확하게 실행되는 훨씬 방대한 합동 캠페인의 일부에 불과하다. 전통적인 마케팅에 소문과 깜짝 공개를 결합한 이 캠페인은 효과를 높이기 위해 철저히 기밀에 의존한다. 외부의 시각에서는 통제되지 않은 듯 다소 혼란스럽게 보일 수도 있지만 사실은 엄밀하게 계획되고 조율된 것이다. 그 과정을 한번 살펴보자.

비밀의 제품을 발표하기 몇 주 전, 애플의 홍보팀은 언론 매체들과 VIP들에게 초대장을 발송한다. 초대장에는 그 특별한 행사의 시간과 장소만 적혀 있을 뿐, 행사의 성격이나 소개할 신제품에 대해서는 거의 아무런 정보도 제공하지 않는다. 티저 광고처럼 말이다. 잡스는 다음과 같은 메시지를 효과적으로 전달하는 셈이다. "내게 비밀이 있는데, 그게 뭔지 한번 맞춰 보시지요."

그때부터 세간에서는 입방아가 시작된다. 잡스가 이번에는 무엇을 발표할 것인지를 추측하는 블로그 포스트와 언론 기사들이 폭발적으로 늘어난다. 몇 년 전만 해도 이러한 추측은 애플 웹사이트 및 팬 포럼의 수준에서 그쳤지만 최근에는 주류 언론 매체들도 합세하는 추세다. 〈월 스트리트 저널〉, 〈뉴욕 타임스〉, 〈인터내셔널 헤럴드 트리뷴〉, CNN 등이 모두 잡스의 제품 프레젠테이션을 기대하며 숨 가쁘게 기사를 쓰고 있다. 심지어 잡스가 아이폰을 소개한 2007년 맥월드 엑스포의 경우, 모든 케이블 및 TV 방송국의 심야 뉴스에 관련 소문이 보도되었다. 어느 업계, 어느 기업에서도 전무한 일이었다. 할리우드 영화가 개봉될 때에도 이 정도의 주목이 쏠리지는 않는다.

이러한 종류의 세계적인 홍보가 안겨주는 무료 노출 효과의 가치는 수억 달러에 달한다. 그 중에서도 지금까지 최대의 효과를 누린 것은 2007년 1월에 이루어진 아이폰의 출시였다. 잡스는 샌프란시스코의 무대에 홀로 서서 같은 시각 라스베이거스에서 열린 세계 가전 박람회를 무색하게 만들었다. 그 행사는 규모도 훨씬 컸을 뿐만 아니라 경제적인 측면에서도 맥월드 엑스포보다 훨씬 중요한 행사였다. 그럼에도 불구하고 잡스와 아이폰이 소비자들의 관심을 손쉽게 가로채버린 것이다.

또한 잡스의 아이폰 출시는 마이크로소프트에서 나온 일반 사용자 버전의 비스타Vista를 포함하여 보다 규모 있는 기업들의 중요한 발표들을 무참히 짓밟고 2007년 기술 업계의 최대 화제가 되었다. 하버드 경영대학원의 데이비드 요피David Yoffie 교수는 아이폰에 대한 보도와 사후 스토리들이 안겨준 무료 광고 효과가 약 4억 달러의 가치에 달한다고 추산했다. 요피는 이렇게 말했다. "제품을 출시하면서 그 정도의 관심을 받은 기업은 없었습니다. 전례 없는 일이지요."[24]

이러한 전략이 크게 성공을 거둔 덕분에 애플은 아이폰을 출시하기 전까지 광고비를 한 푼도 투자하지 않을 수 있었다. "우리 아이폰의 비밀 마케팅 프로그램은 무無의 전략이었습니다." 잡스는 사내 연설에서 직원들에게 이렇게 말했다. "우리는 아무것도 하지 않았습니다."

물론 제품 계획이 사전에 알려졌다면 이런 대대적인 관심은 받지 못했을 것이다. 쇼는 처음부터 끝까지 비밀에 부치며, 기밀 유지를 엄격하게 강요한다. 샌프란시스코 모스콘 센터에 설치된 애플 부스는 약 6미터 높이의 검은색 커튼으로 가려져 있다. 뒤쪽에 있는 유일한 출입구 앞에는 경비원 한 명이 배치되어 부스로 들어가려는 사람들의 신원을 일일이 확인한다. 직사각형으로 이루어진 양옆 코너에도 역시 경비원이 한 명씩 배치되어 있으며, 커튼 내부에 있는 것들도 모두 가려져 있다. 진열대 상단도 예외는 아니다. 심지어 부스 중앙에 자리한 프레젠테이션 무대와 천장에 매달려 있는 광고 현수막들도 모두 천으로 사방이 가려져 있다. 현수막 덮개에는 잡스가 발표를 하고 나면 커튼들이 모두 치워지도록 정교한 도르래가 설치되어 있다. 입구 위쪽에 걸린 대형 현수막 광고들도 역시 검은색 천으로 가려져 있으며, 경비원들이 매일 24시간 감시한다. 그들은 사진을 찍는 블로거들을 잡아서 메모리카드에 저장된 사진들을 지우게 하기도 한다. "정보 누출을 단속하려는 그들의 의지는 때로는 편집증에 가까울 정도이다." 〈와이어드〉의 톰 맥니콜Tom McNichol은 이렇게 썼다.

출시 몇 주 전, 애플 홍보팀은 철저히 기밀을 유지하겠다는 동의하에 〈월 스트리트 저널〉의 월트 모스버그Walt Mossberg, 〈뉴욕 타임스〉의 데이비드 포그David Pogue, 〈USA 투데이〉의 에드워드 베이그Edward Baig에게 신제품을 보낸다. 이들은 가장 영향력 있는 기술 제품 평가자들이다. 애플의 제품을 평가하는 사람은 늘 이 세 사람으로 정해져 있다. 제품의 성패를 가늠한 전력이 입증된 사람들이기 때문이다. 나쁜 평가가 나오면 해당 제품은 실패작으로 전락할 수 있다. 그러나 좋은 평가가 나오면 대박상품이 될 수도 있다. 그들은 제품의 출시 일정에 맞춰 평가 결과를 발표할 수 있도록 준비한다.

한편, 애플 홍보팀은 전국 규모의 각종 뉴스와 비즈니스 관련 잡지사에 연락을 취하여 제품을 살짝 엿볼 수 있는 '제작 과정 비하인드 스토리'를 제공하겠다고 제안한다. 이러한 스토리에는 세부사항들이 거의 드러나지 않으며 이렇다 할 정보도 포함되어 있지 않지만, 없는 것보다는 낫다는 생각에 잡지사들은 늘 제안을 받아들인다. 표지에 잡스의 얼굴이 들어간 잡지는 세간의 주목을 끌기 때문이다. 잡스는 오랫동안 경쟁 관계에 있는 잡지사들, 특히 〈타임〉과 〈뉴스위크〉, 〈포춘〉과 〈포브스〉 사이에 경쟁을 유도한다. 가장 방대한 보도를 약속하는 잡지가 독점 보도권을 얻게 되는 것이다. 잡스는 항상 똑같은 수법을 쓰지만 매번 성과를 얻어낸다. 첫 번째 맥 출시 때부터 써온 이 수법을 그는 '예고편'이라고 부른다. 영화의 예고편과 기능이 흡사하다는 의미에서다. 기자에게 신제품에 대해 미리 알려줄 경우, 대개는 좀더 호의적인 평가를 보장받을 수 있다. 2002년 새 아이맥을 출시했을 때에는 〈타임〉이 독점 보도권을 얻었고, 그 대가로 잡스는 표지와 무려 일곱 쪽의 지면을 얻었다. 보도 시점은 맥월드 엑스포에서 제품이 소개되는 시점과 완벽하게 일치했다.

잡스는 연설을 할 때 늘 가장 중요한 발표를 맨 뒤로 미뤄놓는다. 연설이 끝나갈 무렵에 마치 얘기를 하다보니 생각났다는 듯이 "한 가지가 더one more thing" 있다고 말하는 것이다.

잡스가 제품의 베일을 벗기는 순간, 애플의 마케팅 장치는 전격적인 광고 공격을 시작한다. 맥월드의 비밀스런 현수막들이 모습을 드러내고, 곧이어 애플의 홈페이지 메인에도 신제품이 소개된다. 그런 다음 잡지, 신문, 라디오, TV의 합동 광고 캠페인이 이어지고, 몇 시간 후에는 전국의 옥외 광고판과 버스 정거장에 새 포스터가 등장한다.

이러한 모든 광고는 일관적인 메시지와 스타일을 보여준다. 메시지는 간단하면서도 직접적이다. 아이팟에 대해 소비자들이 알아야 할 것은 "음악 1,000곡을 호주머니 속에"라는 메시지뿐이다. 또 애플의 맥북 노트북에 대해서는 "아무리 얇아도, 아무리 강력해도 지나치지 않다"라는 분명한 메시지가 전달된다.

# :기밀을 지켜라

잡스의 애플은 과묵해야 한다는 강박관념을 갖고 있는 듯하다. 비밀 정부 기관만큼이나 말을 아끼기 때문이다. 애플의 직원들은 마치 CIA 요원처럼 가장 가까운 사람들에게도 자신의 일에 대해 말을 하지 않는 것처럼 보인다. 배우자나 애인에게도 말이다. 일에 대해 외부인과 논의를 하지도 않는다. 대다수는 회사를 지칭할 때 '애플' 이라는 이름을 언급하지도 않을 것이다. 연극 관계자들이 불운이 찾아온다는 미신 때문에 맥베스를 '스코틀랜드 연극' 이라고 부르는 것처럼, 애플의 직원들 가운데 일부는 애플을 '과일 회사' 라고 부른다.

기밀 누설은 해고 사유가 된다. 그러나 사실 대다수의 직원들은 자신들의 회사에 대해 아는 것이 없다. 꼭 필요한 정보만 제공받기 때문이다. 프로그래머들은 자신이 작성하는 소프트웨어가 사용되는 제품을 보지 못하는 경우가 많다. 같은 엔지니어들끼리도 몇몇은 신제품의 전원 공급 장치를 설계하고, 그 사이 또 몇몇은 화면을 설계한다. 그러나 어느 쪽도 최종 설계 결과는 보지 못한다. 애플은 첩보 기관이나 테러리스트 조직처럼 각 팀이 고립되어 있는 일종의 세포 구조를 갖고 있다.

과거에는 애플의 정보가 너무 빠르게 누출되어서 전설의 업계지 〈맥위크MacWeek〉가 〈리크MacLeek〉(leek는 비밀을 누설하다는 의미의 leak와 동음이어이다)로 불릴 정도였다. 엔지니어에서 경영진에 이르기까지 너도나도 언론에 정보를 제공했기 때문이다. 그러나 잡스가 돌아온 후로 애플의 직원 2만 1,000여 명과 수십 개에 달하는 공급업체들은 극도

잡스처럼 일한다는 것

166

로 입이 무거워졌다. 수십 명의 기자들과 블로거들이 코를 쿵쿵거리며 냄새를 맡고 다니지만, 앞으로의 계획이나 미발표 신제품에 대한 좋은 정보는 거의 찾아내지 못한다.

2007년 1월 애플이 '애스터로이드Asteroid'라는 코드명의 미발표 제품에 대해 상세히 보도한 두 웹사이트에 70만 달러의 소송 비용을 지불해야 한다는 판결이 났다. 애플은 정보를 흘린 사람이 누구인지 밝혀내기 위해 소송을 걸었던 것이다. 그러나 결국 패소하고 오히려 소송비를 지불해야 하는 입장에 처했다.

물론 잡스가 웹사이트들을 고소한 것은 언론이 관행을 지키게 하기 위해서라고 추측하는 의견도 있다. 언론을 위협해서 뜬소문을 보도하지 않게 하기 위한 전술이라고 말이다. 그러나 대부분의 사람들은 언론의 자유를 놓고, 또 블로거들도 전문 기자들과 똑같이 어느 정도 법의 보호를 받을 권리를 갖는지 여부를 놓고 토론을 벌였다. 전자 프런티어 재단이 해당 소송을 맡아 언론의 자유를 보호한 유명한 재판으로 바꾼 것도 바로 이런 이유에서였다.

하지만 잡스의 관점에서 소송은 언론의 자유와는 무관한 것이었다. 그가 블로거들을 고소한 것은 자신의 직원들을 겁주기 위해서였다. 사실 그는 언론에 재갈을 물리는 일에는 별 관심이 없었다. 그보다는 언론에 정보를 누설한 직원에게, 그리고 차후에 정보를 누설할 생각이 있었던 직원들에게 재갈을 물려야 한다고 생각했던 것이다. 애플의 입소문 마케팅은 수억 달러의 가치를 갖는다. 잡스가 기밀을 유지하고자 했던 것은 바로 그 때문이다.

잡스의 조치 가운데 일부는 다소 극단적이다. 애플의 소매 부문 책임자로 대형 할인점 타깃Target에서 론 존슨을 영입해왔을 때, 잡스는 존슨에게 애플의 소매점 운영 계획이 새어나가지 않도록 몇 달 동안 가명을 써달라고 부탁했다. 존슨은 애플의 직원 연락망에도 가명으로 기입되었으며 호텔에 투숙할 때에도 가명을 사용했다.

애플의 마케팅 책임자인 필 실러는 아내나 아이들에게조차 자신의 일에 대해 얘기하는 것이 금지되어 있다고 밝혔다. 아이팟의 열성팬인 그의 아들은 아빠가 회사에서 무슨 일을 꾸미는지 필사적으로 알아내려 했지만, 그는 해고당하는 것을 막기 위해 입을 봉해야 했다. 심지어 잡스 자신도 자기가 만든 제한을 엄격히 지킨다. 아이팟의 하이파이 스피커를 테스트하기 위해 집으로 들고 가서는 검은 천으로 덮어놓고 아무도 없을 때에만 들었던 것이다.

애플의 극단적인 비밀주의는 잡스의 통제광적인 성향에서 나온 기벽이 아니다. 오히려 그것은 극도로 효과적인 애플의 마케팅 장치를 구성하는 핵심 요소이다. 애플은 잡스가 무대에 올라 신제품을 공개할 때마다 수백만 달러에 달하는 무료 광고 효과를 누린다. 많은 이들은 애플에 블로거가 없는 이유를 궁금해 했는데, 그것은 바로 애플에서 함부로 입을 놀리면 배가 침몰되기 때문이다. 그러나 픽사의 경우에는 디즈니에 매각되기 전부터 수십 명의 블로거가 있었다. 픽사의 블로거들은 픽사의 각종 프로젝트와 업무 환경의 모든 측면에 대해 즐겁게 이야기한다. 픽사의 영화는 깜짝 공개에 의존하여 언론의 주목을 끌지 않기 때문이다. 새로운 영화들도 할리우드 업계의 매체에 정기적으로 보도된다. 잡스는 통제를 위한 통제는 하지 않는다. 분명히 그의 광기에는 모종의 체계가 존재한다.

애플이 하나의 인격체로서 멋지게 자신을 마케팅할 수 있었던 것은 잡스의 개
성 덕분이다. 잡스의 개성은 애플 광고의 원료가 된다. 샤이엇데이 같은 훌륭한
광고대행사도 결코 빌 게이츠를 멋지게 만들어주지는 못했다.

애플의 광고는 애플을 변화와 혁명, 대담한 사고의 아이콘으로 홍보하는 일을
적절히 수행해왔다. 그러나 늘 미묘하고도 간접적인 방식을 사용한다. 애플의
광고는 좀처럼 회사의 자랑을 늘어놓지 않는다. "우리는 정말 혁명적이다"라고
말하지 않는다는 얘기다. 그보다는 이 같은 메시지를 스토리텔링 기법으로 전달
한다. 종종 함축적인 방식으로 말이다.

아이팟의 실루엣 광고를 예로 들어보자. 이 광고 캠페인의 이미지는 새롭고 신
선했다. 이전에 나온 어떤 것과도 닮지 않았다. "그들의 그래픽 디자인에는 언
제나 신선함이 담겨 있지요. 아주 단순하고 상징적인 모양을 사용합니다. 너무
독특해서 그 자체만으로도 해당 제품을 들여다본 느낌입니다." 광고 저널리스트
워렌 버거Warren Berger는 전화 인터뷰에서 내게 이렇게 말했다.[25]

버거는 창의적인 광고를 제작하는 최선의 방법은 가장 창의적인 광고대행사를
고용하는 것이라고 말했다. 샤이엇데이는 세계에서 몇 안 되는 가장 창의적인
광고회사에 속한다. 그러나 그들의 진짜 비법은 해당 브랜드의 본질을 전달하는
것이다. "클로우와 잡스는 친구가 될 정도로 서로를 잘 이해합니다. 클로우는
애플의 문화와 사고방식을 진정으로 이해했지요. 애플이 하고자 하는 바가 무엇
인지 진정으로 이해한 것입니다. 그리고 잡스는 클로우에게 완전한 창의성의 자
유를 제공했습니다. 그것은 곧 한계에 도전해도 좋다는 의미였습니다. IBM이라
면 절대 그렇게 하지 못했을 겁니다. 샤이엇데이에게 잡스만큼의 자유를 허용하
지 못했을 거라는 얘깁니다." 버거는 이렇게 말했다.

2006년 휴렛팩커드가 매우 훌륭한 광고를 내놓기 시작했다. 마치 애플에서 나
온 듯, 컴퓨터가 아닌 사람이 등장하는 스폿광고를 내놓은 것이다. 그러나 휴렛
팩커드의 광고는 흥미롭고 매우 잘 만들어졌어도 애플의 광고만큼 강한 개성은
갖지 못했다. 휴렛팩커드라는 회사 자체가 강한 개성을 보유하지 못했기 때문이

다. 아무리 제이 지Jay Z 같은 연예인들을 통해 휴렛팩커드에 개성을 부여하려 노력해도 여전히 회사라는 느낌을 지울 수 없었다. 애플은 회사라기보다 하나의 현상에 가깝다. 개성이 없는 휴렛팩커드는 절대 애플처럼 매혹적일 수 없다.

애플은 '다르게 생각하라'나 아이팟의 실루엣 광고처럼 크고 대담한 브랜드 구축 캠페인을 벌이면서도 사이사이에 비교적 전통적인 제품 광고를 끼워넣었다. 특정 제품에 초점을 맞춘 판촉활동을 벌였다는 얘기다. 예를 들어 '나는 맥이다 /나는 PC다(I'm a Mac/I'm a PC)' 등의 광고는 애플의 컴퓨터를 구입해야 하는 이유를 극적으로 보여준다.

이 광고 캠페인은 라이벌 관계인 맥 플랫폼과 윈도우 플랫폼을 두 사람으로 표현했다. 유망한 배우인 저스틴 롱Justin Long이 멋진 맥의 역할을, 코미디언이자 작가인 존 호지먼John Hodgeman이 따분한 사고뭉치 PC 역할을 맡았다. 그 중 한 편의 광고에서는 호지먼이 감기에 걸린다. 바이러스에 감염된 것이다. 그는 맥을 상징하는 롱에게 손수건을 내밀지만, 롱은 정중히 거절한다. 웬만한 컴퓨터 바이러스에는 면역이 되었기 때문이다. 이 광고는 30초라는 짧은 시간에 컴퓨터 바이러스에 대한 메시지를 재치 있고도 효과적으로 전달했다. 개인이 나와서 자신의 컴퓨터에 담긴 내용들을 보여주는 휴렛팩커드의 광고보다 훨씬 더 인상적이고 극적인 상황을 보여주는 광고였다.

이것 역시 '다르게 생각하라' 광고만큼이나 큰 반향을 일으켰다. 많은 주목을 받았을 뿐만 아니라 널리 패러디되면서 광고가 문화에 미치는 영향을 극명하게 보여주었다.

그러나 모두가 애플의 광고를 좋아하는 것은 아니다. 마케팅을 주제로 여러 권의 베스트셀러를 저술한 작가 세스 고딘Seth Godin은 애플의 광고가 대개는 평범했다고 말한다. 그는 뉴욕 사무실에서 전화로 내게 이렇게 말했다. "저는 대부분의 애플 광고에 대해서는 별다른 감흥을 느끼지 못했습니다. 애플 광고는 그렇게 효과적이지 않은 것 같습니다. 새로운 사용자를 끌어들인다기보다는 내부자들에게 아첨을 하는 데 주안점을 두는 것 같기 때문입니다. 맥을 갖고 있는 사람의 입장에서는 '난 당신보다 똑똑해'라고 말하는 애플 광고를 좋아할 수밖에 없지요. 하지만 맥이 없는 사람에게는 '넌 멍청해'라고 말하는 것처럼 느껴지지요."[26]

'나는 맥이다/나는 PC다' 광고는 참을 수 없을 만큼 독선적이라는 평가를 받아왔다. 저스틴 롱이 연기한 그 거만한 최신 유행의 맥 캐릭터를 참을 수 없다는 의견이 지배적이었다. 건방진 몸짓과 자신감이 거슬린다는 것이다. 짧게 난 수염과 캐주얼 후드 티셔츠도 짜증을 더하는 요소였다. 게다가 시청자들 대다수는 덤벙거리는 모습이 오히려 친근감을 준다며 호지먼이 맡은 시원찮은 PC 캐릭터에 더 큰 공감을 느꼈다.

영국의 코미디언 찰리 부커Charlie Booker는 이 광고 캠페인의 가장 큰 문제는 "소비자들에게 그들이 선택하는 기술이 '그들을 정의한다'는 개념을 끊임없이 주입시키는 것"이라고 밝혔다. 그는 또 이렇게 덧붙였다. "당신의 개성을 말해주는 휴대전화를 골라야 하는가? 진정 그렇게 믿는다면 고민할 필요가 없다. 이미 당신에게는 개성이 없는 셈이니 말이다. 정신질환자라면 모를까 당신에게는 개성이 없다."[27]

2000년대 초반에 방영된 '스위처스Switchers' 광고는 애플의 고객들을 낙오자로 묘사하여 맹렬한 비난을 받기도 했다. 아카데미상을 수상한 다큐멘터리 감독 에롤 모리스Errol Morris가 촬영한 이 광고는 최근 윈도우 컴퓨터를 맥으로 바꾼 평범한 사람들을 등장시켰다. 그들은 모리스의 카메라를 정면으로 응시하며 맥으로 바꾼 이유와 윈도우를 사용하면서 겪은 문제들을 설명하고, 새로 싹튼 맥에 대한 사랑을 열정적으로 털어놓았다. 문제는 그들 대부분이 자신의 문제로부터 도망치고 있는 것처럼, 대응할 줄 몰라서 결국 포기해버린 낙오자처럼 비쳐졌다는 사실이다.

저널리스트 앤드류 올로스키Andrew Orlowski는 이렇게 썼다. "그들의 광고는 모순되는 신호들로 가득 차 있다. 높은 성과를 올리는 사람들을 위한 컴퓨터로 묘사하더니 이제는 인생의 가장 비참한 낙오자들을 위한 난민 수용소라는 메시지를 보내고 있다."[28]

'다르게 생각하라' 캠페인은 상업과는 무관한 사람들, 심지어는 상업 문화를 믿지 않았을 법한 사람들을 등장시켰다는 비난을 받았다. 상업주의를 적극적으로 반대한 간디와 달라이 라마 같은 반물질주의자들까지 등장시켰다는 이유에서다. 광고에 나와서 절대 제품 따위를 선전하지 않을 것 같은 사람들을 애플이 이용했다는 것이다. 수많은 비평가들이 도를 지나쳤다며 애플의 뻔뻔스러움에 경악을 금치 못했다.

클로우는 〈뉴욕 타임스〉에서 애플은 해당 인물들을 이용한 것이 아니라 그들에게 경의를 표하려 한 것이라고 설명했다. "그들이 애플의 제품을 사용하고 있다거나, 가능했다면 사용했을 거라고 말하려는 게 아닙니다. 우리는 애플이라는 브랜드를 논할 때 결코 빠질 수 없는 중요한 요소인 창의성을 감성적으로 찬미하려 했을 뿐입니다."[29]

당시 애플의 대변인이었던 앨런 올리비오Allen Olivio도 이렇게 말했다. "우리는 그들을 제품과 연관시키려 한 것이 아닙니다. 문제는 애플이 그들을 찬미했느냐 아니면 이용했느냐인데, 우리는 알베르트 아인슈타인이 시대를 바꿔 태어났다면 컴퓨터를 사용했을 거라고 단정하려는 게 아닙니다. 그에게 왜 컴퓨터가 필요했겠습니까. 하지만 그가 세상을 다르게 보았을 거라고 단정하는 것은 다른 문제이지요."[30]

# 스티브의
# 교 훈

"A급 선수들만 고용하고 얼간이들은 해고하라."

유능한 직원들은 경쟁사들을 앞지르기 위한 경쟁 우위의 요소가 된다.

"최고만을 모색하라."

사람이든 제품이든 광고든 항상 최고를 추구하라.

"소규모의 팀으로 일하라."

잡스는 팀의 인원을 100명을 넘기지 않는다. 일의 초점을 잃고
통제가 불가능한 상황에 빠지는 것을 막기 위해서다.

"윗사람의 말에 무조건 동조하는
사람에게는 귀 기울이지 말라."

논쟁과 토의는 창의적인 사고를 자극한다. 잡스는 자신의 아이디어에
이의를 제기하는 직원을 원한다.

# Lessons from **Steve**

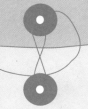

"지적 전투를 즐겨라."

잡스는 아이디어를 놓고 싸움을 벌임으로써 결정을 내린다.
힘들고 까다롭지만 문제를 낱낱이 파헤칠 수 있는 효과적인 방법이다.

"파트너들에게 자유를 허용하라."

잡스는 광고 파트너 샤이엇데이에 완전한 창의성의 자유를 제공했다.
IBM과 같은 경쟁사들은 잡스만큼의 자유를 허용하지 못할 것이다.

# 우주에 흔적을 남기겠다는 열정을 가져라

## #5

Steve Jobs

# Steve Jobs says:

진정한 만족을 누리는 유일한 방법은
자신이 대단하다고 믿는 일을 하는 것이다.
그리고 대단한 일을 하는 유일한 방법은
자신이 하는 일을 사랑하는 것이다.

— 2005년 스탠포드 대학교 졸업식 축사 중에서

잡스는 경력 전반에 걸쳐 언제나 보다 숭고한 소명을 불러일으킴으로써 직원들을 고무시키고 소프트웨어 개발자들을 끌어들이며 고객들을 사로잡았다. 잡스는 프로그래머들을 소프트웨어 개발을 위해 일하는 사람으로 간주하지 않는다. 그보다는 세상을 바꾸려고 안간힘을 쓰는 사람으로 간주한다. 애플의 고객들은 스프레드시트를 활용하기 위해 맥을 구입하는 것이 아니다. 그보다는 마이크로소프트의 사악한 독점에 대항하여 도덕적 선택을 하는 것이다.

아이팟을 생각해보자. 아이팟은 멋진 MP3 플레이어이다. 하드웨어와 소프트웨어와 온라인 서비스를 훌륭하게 결합시킨 제품이다. 애플의 재기에 원동력이 되는 제품이다. 그러나 잡스에게 아이팟은 무엇보다도 음악을 통해 사람들의 생활을 풍요롭게 해주는 도구이다.

잡스는 이렇게 말했다. "우리는 운이 아주 좋았습니다. 우리는 어느 세대보다도 음악을 굉장히 친밀한 삶의 일부로 생각한 세대입니다. 사실 오늘날에는 음악 말고도 즐길 수 있는 것들이 수없이 많습

#5 우주에 흔적을 남기겠다는 열정을 가져라

니다. 우리 시절에는 비디오게임도, PC도 없었습니다. 지금은 다른 수많은 것들이 아이들의 시간을 빼앗으려 경쟁하고 있습니다. 그러나 음악은 디지털 시대에 발맞추어 새롭게 창조되고 있습니다. 아이팟은 사람들이 삶에서 음악을 되찾을 수 있게 해줍니다. 정말 멋진 일이 아닐 수 없습니다. 아주 작은 활동으로나마 우리는 세상을 좀더 살기 좋게 만들려고 노력하고 있습니다.”[1]

여기서 주목해야 할 것은 바로 맨 마지막 말이다. 잡스의 활동 하나하나에는 사명감이 깃들어 있다. 그리고 진정한 신앙자들이 그러하듯 잡스 역시 자신의 일에 열정을 갖고 있다. 그가 그토록 고함을 치고 소리를 지르는 것은 바로 이러한 신념 때문이다.

잡스는 직원들을 부드럽게 대하지 않는다. 자신이 원하는 바를 잘 알기에 그것을 얻기 위해 언성을 높이고 화를 내는 것이다. 이상한 일이지만 그의 파트너들 대다수는 적어도 그의 고함이 자신의 작업에 영향을 미친다는 점을 좋아한다. 그의 열정을 고맙게 여긴다는 얘기다. 그는 그들을 훌륭한 인물로 이끌어주는 사람이다. 그 과정이 다소 힘들 수도 있지만 그들은 많은 것을 배운다. 잡스의 비결은 '무언가에 대해 열정을 갖고 있다면 지긋지긋한 놈으로 취급받아도 좋다'는 신조에 있다.

세상을 좀더 살기 좋게 만드는 것은 일찍부터 잡스의 모토였다. 1983년 창립 6년째를 맞은 애플은 폭발적으로 성장하고 있었다. 젊은 히피들이 운영하는 전형적인 실리콘 밸리의 신생 기업에서 우량 고객들을 가진 대기업으로 탈바꿈하고 있었던 것이다. 이제 애플에게도 노련한 경영자가 필요했다.

잡스가 수개월을 투자하여 존 스컬리에게 경영을 맡아달라고 설득
했을 때, 스컬리는 안정적인 대기업의 우두머리 자리를 버리고 애플
처럼 위험성이 높은 신생 기업으로 가는 것이 과연 현명한 일인지 확
신이 들지 않았다. 그렇다고는 해도 끌리는 제안이었다. PC는 미래
산업이었기 때문이다. 두 사람은 실리콘 밸리와 뉴욕에서 수없이 만
남을 가졌다. 그러던 어느 날 저녁, 잡스는 자신의 호화 아파트 산레
모San Remo의 발코니에서 센트럴 파크를 내려다보다가 자신보다 나
이가 많은 스컬리를 돌아보며 당돌하게 물었다. "평생토록 설탕물만
팔면서 살고 싶으십니까, 아니면 세상을 바꾸고 싶으십니까?"

어쩌면 현대 비즈니스 역사에서 가장 유명한 도전이었을 것이다.
모욕과 찬사, 자기 성찰이 담긴 철학적 도전을 하나의 질문으로 압축
한 것이다. 스컬리의 폐부를 자극하는 질문이었다. 스컬리는 심하게
동요하며 며칠 동안 고민했다. 그리고 결국에는 잡스의 도전을 받아
들일 수밖에 없었다. "만약 그것을 받아들이지 않았더라면 평생 잘
못된 결정을 내린 게 아닐까 하는 회의를 품었을 겁니다." 스컬리는
내게 이렇게 말했다.

## : 일주일에 90시간, 그래도 좋다

최초의 맥을 개발한 팀은 전직 학자들과 기술자들로 잡다하게 구
성되어 있었으며, 그들이 비밀스럽게 작업하던 기계 역시 세상의 빛

을 볼 가능성이 거의 없어 보였다. 잡스가 지휘하기 전까지는 말이다. 처음부터 잡스는 그들에게 혁명적인 무언가를 창조하고 있다는 확신을 심어주었다. 그들이 다루는 것은 그저 멋진 컴퓨터도, 까다로운 엔지니어링의 문제도 아니었다. 잡스는 그들에게 쉽게 사용할 수 있는 맥의 그래픽 유저 인터페이스가 컴퓨터 사용에 혁명을 일으킬 거라는 확신을 심어주었다. 역사상 처음으로, 기술에 문외한인 일반인들까지 컴퓨터를 사용할 수 있게 될 거라고 말이다.

맥 팀의 팀원들은 3년 동안 노예처럼 일했다. 잡스는 그들에게 소리를 질러대면서도 보다 숭고한 소명을 갖고 있다는 확신을 심어줌으로써 그들의 사기를 높였다. 그들이 하는 일은 신이 하는 일에 비교해도 그 중요성이 떨어지지 않는다고 말이다. "우리의 목표는 경쟁사를 앞지르는 것도, 큰돈을 버는 것도 아니었다. 세상에서 가장 위대한 일, 심지어는 가능한 한계를 뛰어넘을 만큼 위대한 일을 해내는 것이 바로 우리의 목표였다." 주요 프로그래머 가운데 한 명이었던 앤디 허츠펠드는 이렇게 밝혔다.

잡스는 맥 팀에게 그들은 예술가로서 기술과 문화를 융합하고 있는 셈이라고 말했다. 컴퓨팅의 형세를 바꿀 수 있는 최고의 위치에서 있으며, 그처럼 획기적인 제품을 설계하는 특권을 부여받은 사람들이라고 납득시킨 것이다. "우리는 새로운 제품을 만들어내는 아주 특별한 순간을 위해 모인 사람들입니다. 어쩌면 일생일대의 일을 해내고 있는 것인지도 모릅니다." 1984년 〈맥월드〉 창간호에 실린 글에서 잡스는 이렇게 밝혔다.

돌이켜 생각해보면 그것은 사실이었다. 컴퓨팅 분야에서 맥은 분명히 혁명적인 발전이었다. 그러나 당시에 그것은 일종의 신념에 불과했을 것이다. 맥은 여러 경쟁업체에서 개발하던 수십 가지의 컴퓨터 중 하나에 지나지 않았다. 다른 컴퓨터들보다 좋을 거라는 보장도, 심지어는 출시될 거라는 보장도 없었다. 다만 맥 개발팀은 잡스의 신념을 믿은 것이다. 그들은 잡스의 비전에 대한 자신들의 믿음이 마치 광신도 집단의 지도자가 주입시키는 신앙과도 같다며 농담을 주고받기도 했다.

그러나 잡스가 주입한 것은 신앙심이 아니라 일에 대한 열정이었다. 새로운 기술을 고안하고자 할 때 매우 결정적인 역할을 하는 열정 말이다. 그것이 없었다면 팀원들은 결실을 맺기까지 수년이 걸리는 프로젝트에 대해 신념을 잃었을지도 모른다. 그들의 일에 대해서 열정에 근거한 헌신이 없었다면 그들은 흥미를 잃고 포기했을지도 모를 일이다. 잡스는 이렇게 말했다. "이 일에 대해 열정이 충만하지 않으면 살아남을 수 없을 것입니다. 포기할 거라는 말입니다. 누구에게든 열정을 지닌 아이디어나 문제, 혹은 바로잡고자 하는 무언가가 있어야 합니다. 그렇지 않으면 끈기를 갖고 끝까지 매달리지 못할 것입니다. 저는 그것이 승리의 절반이라고 생각합니다."

잡스의 열정은 일종의 생존 전략이다. 잡스와 애플은 새로운 무언가를 시도할 때면 주로 경멸이라는 세상의 반응에 부딪혔다. 물론 그들을 믿어주는 사람도 있었지만 극소수에 불과했다. 1984년에도 대다수의 사람들은 첫 맥의 그래픽 유저 인터페이스를 '장난감'이라고 비웃었다. 빌 게이츠는 사람들이 컬러 컴퓨터를 좋아할 거라는 애플의 발상에 당혹감을 감추지 못했다. 아이팟이 처음 출시되었을 때에도 비평가들은 애플에게 그것을 열어보라고 요구했다. 자신의 비전에 대한 강한 믿음과 자신의 일에 대한 열정이 없었다면 이러한 비판을 견디기는 훨씬 힘들었을 것이다.

잡스는 〈롤링스톤〉에서 다음과 같이 밝혔다. "나는 언제나 보다 혁명적인 변화에 매력을 느꼈습니다. 왜 그런지는 나도 모르겠습니다. 훨씬 힘들고 정신적인 스트레스도 심한데 말이지요. 게다가 대개는 주변의 모든 사람들로부터 나는 이제 끝장이라는 소리를 들어야 했지요."

그러나 이처럼 직원들에게 회사가 수행하는 바에 대해 열정을 주입시킬 경우, 또 하나의 실질적인 혜택을 얻을 수 있다. 직원들이 전반적으로 기꺼이 아주 오랜 시간을 일해준다는 점이다. 애플 직원들의 업무 시간은 실리콘 밸리의 일 중독자들의 기준으로 봐도 지나친 수준이다.

맥 팀이 오랜 시간 열심히 일한 것은 잡스가 맥이 그들의 작품이라는 믿음을 심어주었기 때문이다. 맥에 생명력을 불어넣은 것은 바로 그들의 창의성과 노력이었다. 잡스는 그들이 이 세상에 깊은 영향을 미칠 거라는 믿음을 심어주었다. 그보다 더 강력한 동기 부여가 어디 있겠는가.

애플의 기술은 일종의 팀 스포츠다. 맥 개발팀은 장시간의 업무 자체가 하나의 명예 훈장이 될 정도로 열심히 일했다. 모두에게 "일주일에 90시간, 그래도 좋다"라는 문구가 새겨진 티셔츠가 수여되었기에 하는 말이다.

# :영웅과 꼴통의 롤러코스터

애플의 직원들 가운데 상당수는 애플이 우주에 흔적을 남기고 있다고 충심으로 믿고 있다. 애플이 기술을 선도하고 트렌드를 주도하며 새로운 분야를 개척하고 있다고 강력하게 느끼고 있기 때문이다. 그 일원이 된다는 것은 얼마나 매력적인 일인가. "직원들은 애플이 세상을 변화시키고 있다고 믿습니다. 물론 전 직원이 100퍼센트 그렇게 믿는 건 아니지만 어느 정도는 그런 믿음을 갖고 있지요. 엔지니어에게는 애플이 하는 일이 아주 흥미롭게 느껴집니다. 언제나 신나는 무언가가 기다리고 있거든요. 애플은 놀라운 추진력을 가진 회사입니다." 애플에서 일했던 한 직원의 말이다.

애플의 기업 문화는 잡스로부터 서서히 전해져와서 조직 전체에 흡수된다. 잡스는 자신에게 보고하는 사람들에게 매우 많은 것을 요구하며, 중간 관리자들도 자신의 부하 직원들에게 동일한 수준의 성과를 요구한다. 그 결과는 바로 공포 정치이다. 모두가 일자리를 잃을지도 모른다는 두려움 속에서 하루하루를 버텨내기 때문이다. 이것이 바로 그 유명한 '영웅과 꼴통의 롤러코스터' 이다. 어제까지 영웅이었던 사람이 하루아침에 멍청이로 전락한다는 의미이다. 넥스트에서 잡스의 직원들은 이것을 "영웅과 돌머리의 롤러코스터"라고 불렀다. 잡스의 예전 직원 한 명은 이렇게 말했다. "며칠 동안은 영웅으로 살다가 또 며칠 동안은 멍청이 취급을 견뎌내며 살지요. 믿을 수 없을 정도로 높게 날아올랐다가 믿을 수 없을 정도로 낮게 떨어지는 삶을 반복한답니다."

내가 얘기를 나눈 몇몇 직원들에 의하면, 애플에는 해고에 대한 두려움과 우주에 흔적을 남기겠다는 메시아적 열의와 함께 끊임없는 긴장감이 흐른다고 한다. 애플의 엔지니어로 일했던 에드워드 아이거먼Edward Eigerman은 이렇게 말했다. "여러 직장에서 일해봤습니다만, 애플에는 어느 곳보다도 해고에 대한 두려움이 커다랗게 자리하고 있습니다. 동료들에게 '이 이메일을 보내도 될까?' 또는 '이 보고서를 올려도 될까?' 하고 물으면, '해고당하고 싶으면 무슨 짓을 못하겠어' 라는 대답이 돌아오곤 했지요." [2]

애플의 뉴욕 영업사무소에서 4년 동안 엔지니어로 일한 아이거먼은 자신과 함께 일했던 사람들이 전부 해고당했다고 말했다. 대개는 목표한 실적을 달성하지 못하는 등의 성과와 관련된 문제 때문이었다. 그러나 스스로 그만둔 사람은 없었다. 애플에서 일하는 것은 매우 힘들 뿐만 아니라 스트레스도 심하지만, 모두가 자신의 일을 좋아했고 회사와 스티브 잡스에게 극도로 충성스러웠다고 아이거먼은 말했다.

"사람들은 애플에서 일하는 것을 아주 좋아합니다. 그곳에 있다는 사실 자체에 흥분을 느끼지요. 열정이 충만한 곳입니다. 직원들은 모두 애플의 제품을 사랑합니다. 제품에 대해 진정한 믿음을 갖고 있지요. 모두들 자신이 하는 일을 크게 즐깁니다."

열의는 넘치지만 직원들은 애플을 숭배하지는 않는다. 오히려 의식적으로 그것을 피하기도 한다. 면접에서도 "오래전부터 애플에서 일하고 싶었습니다", 혹은 "줄곧 열성팬이었습니다" 따위의 말을 지껄인다면 최악의 지원자로 간주된다. 애플의 직원들이 제일 듣기 싫어

하는 말이기 때문이다. 직원들은 서로를 분별 있는 사람으로 여긴다.

　일에 대한 흥분과 열정이 없다면 영웅과 꼴통의 롤러코스터를 타는 데에서 오는 스트레스를 참기 힘들 것이다. 내가 얘기를 나눈 몇몇 직원들은 우주에 흔적을 남기는 일과 더불어 그들이 누리는 또 다른 혜택에 대해서도 말해주었다. 일테면 우수한 동료 직원들과 멋진 카페테리아, 첨단 기술에 대한 도전 등이 그것이다.

## 직원들의 풍부한 스톡옵션

애플의 직원들이 누리는 최고의 특전 가운데 하나는 바로 스톡옵션이다. 〈비즈니스 위크〉에 따르면, 애플의 주가는 1997년에 잡스가 복귀한 이래로 1,250퍼센트 상승했다. 이런 점에서 스톡옵션은 매우 가치 있는 특전이라고 할 수 있다.

사실 애플에서는 너그러움을 찾아보기가 힘들다. 잡스는 전용 걸프스트림 V 제트기를 보유하고 있지만, 대부분의 간부들과 중역들은 이코노미 클래스를 탄다. 경비를 낭비하는 것은 허용되지 않는다. 초창기에 애플은 영업부 직원 수백 명을 데리고 일주일 동안 하와이의 리조트에서 여흥을 즐기기도 했지만 이런 호화로운 야유회는 사라진 지 오래다.

단, 애플의 정직원들은 대부분 입사할 때 스톡옵션에 대한 권리를 부여받는다. 보통 1년으로 정해지는 권한확정기간이 지나면 직원들은 할인된 가격으로, 대개는 처음 채용되었을 때의 가격으로 상당량의 주식을 매입할 수 있다. 물론 주식을 팔면 매입가와 매도가의 차액이 이익으로 남는다. 주가가 상승할수록 더 많은 돈을 벌게 되는 것이다. 스톡옵션은 기술 업계에서 직원보상제도의 한 형태로 인기를 끌고 있다. 현금 보상이 아니라서 적은 비용으로 발행할 수 있을 뿐만 아니라 권리를 부여받은 직원들이 주가를 높이기 위해 악착같이 일한다는 장점이 있기 때문이다.

애플 직원의 대다수를 차지하는 엔지니어, 프로그래머, 관리자, 그 외 중간급 직원들에게는 일반적으로 수천 주의 스톡옵션이 부여된다. 2007년 주가로 계산했을 때, 수천 주의 스톡옵션은 2만 5,000달러에서 10만 달러 사이에 달한다. 주가와 효력 발생 방식에 따라 훨씬 높을 수도 있다.

상급 관리자와 간부들에게 부여되는 스톡옵션은 그보다 훨씬 많다. 2007년 10월 애플의 소매 부문 수석 부사장인 론 존슨은 70만 주를 현금화하여 세금 공제 전 수익으로 약 1억 3,000만 달러를 손에 넣었다. 미 증권거래위원회의 공시에 따르면, 존슨은 약 24달러에 옵션을 행사한 다음, 곧바로 주당 약 185달러에 팔았다. 존슨은 스톡옵션으로 2005년에는 약 2,260만 달러를, 2004년에는 1,000만 달러를 획득한 것으로 보고되었다.

또한 애플은 한창 인기를 끌고 있는 주식매입제도도 시행하고 있다. 직원들이 급여에 준하여 주식을 할인된 가격으로 다량 매입할 수 있는 제도이다. 매입가는 이전 6개월을 통틀어 최저 주가에서 다시 일정 비율이 할인된 금액이므로 당연히 어느 정도의 수익을, 대개는 다소 많은 수익을 획득할 수 있다. 나는 애플의 직원이 멋진 자동차를 사거나 주택 계약금을 지불했거나, 혹은 거금을 은행에 예치했다는 소식을 여러 번 접한 바 있다.

잡스는 1998년 〈포춘〉에서 다음과 같이 밝혔다. "애플은 아주 일찍부터 전 직원에게 스톡옵션을 제공했으며, 실리콘 밸리에서 이 제도를 처음 시행한 기업에 속합니다. 나는 애플에 복귀하여 대부분의 현금 보너스들을 없애고 스톡옵션으로 대체했습니다. 자동차나 비행기 등의 혜택과 보너스도 모두 없앴습니다. 전 직원은 기본적으로 봉급과 주식을 받고 있습니다. 철저한 평등주의에 입각한 방식이라고 할 수 있지요. 그것을 개척한 기업은 휴렛팩커드이지만 나는 애플 덕분에 이 제도가 확립되었다고 생각하고 싶습니다."

실제로 애플은 스톡옵션이 실리콘 밸리의 표준 보상절차로 확립되도록 도왔다. 호황기에 스톡옵션이 기술 부문 전반에 걸쳐 표준으로 자리 잡은 것이다. 잡스는 일찍이 이 제도가 매우 중요하다는 것을 인지하고, 1997년에 애플로 복귀하자마자 곤두박질치던 스톡옵션의 행사 가격을 조정하기 위해 안간힘을 썼다. 직원들의 무더기 이직을 막기 위해서였다. 그 해 8월에 〈타임〉은 다음과 같이 보도했다. "잡스는 직원들의 사기를 회복하기 위해 이사회와 격렬한 논쟁을 벌여 인센티브 스톡옵션의 매입 가격을 하향 조정했다고 밝혔다. 저항하는 이사들에게는 퇴진을 요구했다."

애플에서 오랫동안 일한 직원들은 스톡옵션을 거듭 부여받으므로 회사에 많은 돈을 묶어두고 있는 셈이다. 대부분의 직원들에게 회사의 이익을 보호하는 동기를 부여하기에 이보다 더 좋은 수단은 없다. 그 결과 모두가 기꺼이 엄격하게 스스로를 통제하며 열심히 규칙을 따른다고 몇몇 직원들은 내게 말했다. 이름을 밝히지 말아달라고 요청한 한 직원은 제품 계획을 언론에 알리는 동료가 있으면 기꺼이 밀고할 것이라고 말했다. 그는 2006년에 엔가젯Engadget 블로그가 아이팟 출시 지연에 대한 뜬소문을 보도하는 바람에 애플의 주가가 2.2퍼센트 하락하여 시가총액으로 40억 달러가 날아갔다며, "제게는 확실한 이해관계가 있으니 그런 헛소리는 반드시 막아야지요"라고 덧붙였다.

## :당근과 채찍

잡스는 당근과 채찍을 모두 활용하여 팀이 훌륭한 작품을 생산하도록 독려한다. 타협을 모르는 그는 모든 작업이 최고 기준을 충족시켜야만 만족하는 사람이다. 아무리 어려운 문제도 결국은 해결할 수 있다는 것을 알기에, 가끔 불가능해 보이는 일을 고집하기도 한다.

존 스컬리는 잡스의 설득력에 감동을 받았다. 그는 자신의 자서전에서 이렇게 밝혔다. "스티브는 직원들이 일을 해낼 수 있도록 놀라운 자극과 까다로운 기준을 동시에 제공했다. 그가 직원들을 최대한 몰아붙이면, 결국 직원들 스스로도 자신들이 얼마나 많은 것을 성취할 수 있는지를 깨닫고 놀라곤 했다. 스티브는 사람들에게서 최고를 끌어내는 방법을 정확하게 파악하는 본능을 갖고 있었다. 자신의 약점을 인정함으로써 직원들을 구슬리고 절대 타협하지 않는다는 자신의 가치체계를 공유할 때까지 직원들을 꾸짖었으며, 대견해 하는 아버지처럼 직원들을 자랑스러워하며 다독거리기도 했다."[3]

스컬리가 밝힌 바에 따르면, 잡스는 색다른 스타일로 팀의 성취를 축하하곤 했다. 샴페인을 터트려 획기적인 성과를 기념하고 박물관이나 전시회를 견학시키는 일도 자주 있었다. 또 고급 리조트에서 술을 마시며 즐기도록 휴식을 제공하기도 했다. 1983년 크리스마스 때에는 샌프란시스코의 고급 호텔인 세인트 프란시스 주 연회장에서 턱시도 파티를 열었다. 직원들은 샌프란시스코 교향악단이 연주하는 슈트라우스의 음악에 맞춰 밤새도록 왈츠를 추었다.

잡스는 마치 미술가들이 자신의 작품에 서명하듯이 팀원들에게 맥의 케이스에 서명을 해야 한다고 주장했다. 마침내 맥이 완성되었을 때, 그는 팀원 개개인의 명판이 붙은 맥을 한 대씩 나눠주었다. 최근에 그는 특전의 범위를 넓혀 전 사원에게, 혹은 적어도 모든 정직원에게 선물을 나눠주고 있다. 아이팟 셔플은 애플의 전 직원에게 전해졌으며, 2007년에는 정직원 2만 1,600명 모두에게 아이폰이 전달되었다.

그러나 잡스는 한편 극도로 신랄하며 무자비하다. 마음에 들지 않는 결과물이 나오면 '쓰레기'라 부르고 몹시 화를 내며 그것을 만든 직원에게 던져버린 사례가 무수히 많기 때문이다. 스컬리는 이렇게 밝혔다. "그가 그럴 때마다 나는 놀라지 않을 수 없었다. 설사 그의 비난이 옳다고 해도 말이다."[4] 그는 내게 이렇게 말하기도 했다. "그는 끊임없이 직원들에게 자신들의 능력에 대한 기대치를 높이도록 강요했지요. 그러다보니 직원들은 스스로도 해낼 수 없을 거라 생각한 결과를 달성하곤 했습니다. 주로 스티브의 카리스마와 동기 부여에 기인한 것이었지요. 잡스는 직원들에게 아주 위대한 무언가에 참여하고 있다는 느낌을 안겨줌으로써 흥분을 북돋웠습니다. 하지만 맥의 케이스 안에 넣을 수 있을 만큼 훌륭한 수준의 완성도를 충족시키지 못하면 가차 없이 퇴짜를 놓기도 했습니다."[5]

## ﹕위대한 협박자

잡스는 스탠포드 대학교 사회심리학자인 로데릭 크레이머Roderick Kramer로부터 명실공히 '위대한 협박자'로 인정받았다. 무서운 비즈니스 리더의 범주에 속한다는 얘기다. 크레이머의 연구에 따르면, 위대한 협박자는 공포와 협박으로 사람들을 고무시키는 사람이다. 단순히 약자를 괴롭히는 건달이 아니라 두려움을 통해서, 그리고 동시에 기쁨을 주겠다는 욕망을 통해서 사람들을 자극하는 엄격한 아버지의 유형에 가깝다. 미라맥스Miramax 영화사의 하비 웨인스타인Harvey Weinstein과 휴렛팩커드의 칼리 피오리나, 베트남전 당시 미 국방장관이었던 로버트 맥나마라Robert McNamara 등도 이러한 범주에 속한다. 위대한 협박자들은 주로 위험성과 이익이 모두 높은 산업, 즉 영화, 기술, 금융, 정치 등의 분야에 몰려 있다.

지난 25년간 경영에 관한 조언들은 대부분 공감이나 온정 등의 문제에 초점을 맞춰왔다. 관련 지침서들은 친절과 이해를 통해 팀워크

189

를 구축하라고 독려한다. 성과를 향상시키려면 직원들에게 겁을 주라는 책은 눈을 씻고 찾아봐도 없다. 그러나 리처드 닉슨 전 대통령은 이렇게 말했다. "사람들은 사랑이 아닌 두려움에 반응한다. 주일학교에서는 가르쳐주지 않지만, 그것은 분명한 사실이다."

다른 위대한 협박자들과 마찬가지로 잡스 역시 강제적이다. 그는 종종 극심한 수준까지 직원들을 몰아붙이기도 하고, 한편으로는 구슬리기도 한다. 필요에 따라 한없이 냉혹하고 잔인해질 수 있으며, 일을 완수하기 위해서는 기꺼이 강력한 권력을 휘둘러 사람들이 마치 자신을 신처럼 두려워하게 만든다. 이러한 종류의 리더십은 부실 기업의 위기 상황에 가장 효과적이다. 위기 상황에서는 누군가가 통제권을 쥐고 전면적인 개혁을 실시해야 하기 때문이다.

그러나 잡스가 입증했듯이 제품을 신속하게 출시하는 데에도 매우 효과적이다. 크레이머는 수많은 비즈니스 리더들이 이러한 힘을 동경한다고 주장했다. 물론 직원들을 공정하고 따뜻하게 대하면 호감을 살 수 있을 것이다. 그러나 한편으로는 이따금씩 일을 완수하도록 하기 위해 직원들의 엉덩이를 걷어찰 수 있기를 바란다는 얘기다.

잡스는 엉덩이를 걷어차는 일이 잦으며, 종종 용인되는 선을 넘기도 한다. 특히 젊었을 때에는 그 정도가 더욱 심했다. 애플의 전임 수석 연구원 래리 테슬러Larry Tessler는 잡스가 두려움과 존경심을 똑같은 수준으로 불러일으켰다고 말했다. 1985년에 잡스가 애플을 떠날때, 직원들은 몹시 착잡한 심정이었다. "모두들 한두 번쯤은 잡스 때문에 공포에 떨었던 터라 공포 정치가가 사라진다는 사실에 어느 정도 안도감을 느꼈지요. 하지만 한편으로는 모두들 그를 놀라울 정도로 존경하고 있었을 겁니다. 우리 모두 공상가 없이, 창립자 없이, 그리고 카리스마도 없이 회사가 어떻게 돌아갈까 하고 걱정했답니다."[6]

잡스의 공포 정치는 어느 정도는 순전히 쇼에 불과하다. 조직 전체에 미칠 효과를 염두에 두고 직원들을 공공연히 호되게 꾸짖는다는 얘기다. 2차 세계대전의 명장 조지 패튼George S. Patton 장군은 거울을 보며 이른바 '장군의 얼굴'을 연습했다. 기업가인 레지 루이스Reggie Lewis 역시 힘든 협상에 써먹기 위해 거울을 보며 인상 쓰는 방법을 연구했다고 털어놓았다. 크레이머의 보고에 따르면, 이렇게 의도적으로 화를 내는 이른바 '호저porcupine의 분노'는 정치인들 사이에서는 매우 흔하게 나타난다고 한다.

잡스는 예리한 정치적 지능을 지녔다. 크레이머는 이를 "차별화되고 강력한 형태의 리더 지능"이라고 부른다. 잡스는 성격을 적절하게 판단한다. 행동 방법과 일을 완수하는 방법 등을 냉정하고 객관적으로 평가한다는 얘기다.

크레이머는 엔터테이먼트 회사인 크리에이티브 아티스트 에이전시Creative Artists Agency를 최강의 조직으로 이끈 무서운 할리우드 인사 마이크 오비츠Mike Ovitz의 면접에 대해 설명한 바 있다. 오비츠는 지원자를 눈부신 오후 햇살 속에 앉혀놓은 채 끊임없이 비서를 불러 지시를 내린다. 이러한 방해 작전은 지원자를 시험하기 위해 사전에 철저히 계획된 것이다. 지원자가 긴장 상태에서 산만한 상황에 어떻게 대처하는지 지켜보기 위해서 말이다.

잡스도 똑같은 방식을 사용한다. "나는 면접을 볼 때 일부러 여러 차례 상대를 화나게 합니다. 이전 직장에서 수행한 업무를 비판하기도 하지요. 상대방이 이전에 한 일을 파악한 다음 이렇게 말합니다. '맙소사, 그건 완전히 실패작이었군요. 정말로 형편없는 제품이 되고 말았어요. 대체 그런 걸 왜 만들었습니까?' 이것은 상대방이 심한 압박을 받았을 때 어떤 반응을 보이는지 보고 싶기 때문입니다. 나는 그가 그냥 포기하는지, 아니면 자신이 수행한 일에 대해 굳은 믿음과 자부심을 내비치는지 확인하고 싶습니다."[7]

선마이크로시스템즈의 한 인사 담당 수석 간부는 월간 〈업사이드〉와의 인터뷰에서 잡스와의 면접에 대해 묘사한 바 있다. 그녀는 10주가 넘도록 애플의 고위 간부들과 면접을 가진 후에야 잡스를 만날 수 있었다. 그러나 잡스는 그녀를 보자마자 곤란한 이야기들을 늘어놓았다. "그는 내 배경이 해당 직책에 적합하지 않다고 말했어요. 선마이크로시스템즈는 좋은 회사이지만 애플은 아니라고 말입니다. 미리 알았더라면 처음부터 나를 후보에서 제외시켰을 거라고도 했지요."

궁금한 것이 있으면 물어보라는 잡스의 말에 그녀는 회사의 전략에 대해 물었다. 그러나 잡스는 꼭 알 필요가 있는 사람에게만 전략을 알려준다며 그녀의 질문을 무시했다. 그녀는 왜 인사부 간부를 채용하려 하느냐고 물었다. 큰 실수였다. 잡스는 이렇게 대답했다. "인사부 사람치고 역겹지 않은 사람은 본 적이 없습니다. 내가 아는 인사부 사람들은 전부 평균 이상의 사고 능력을 지니지 못했지요." 그런 다음 잡스가 전화를 받는 모습을 보며 그녀는 좌절의 현장을 떠났다.[8] 자신을 변호했더라면 그녀는 훨씬 나은 평가를 받았을 것이다.

해마다 열리는 애플의 영업 회의에서 잡스에게 공개적으로 질책을 받은 한 여성 세일즈맨을 예로 들어보자. 수백 명에 달하는 애플의 영업 직원들은 해마다 며칠씩 모임을 갖는다. 장소는 대개 쿠퍼티노의 애플 본사가 된다.

2000년 약 180명의 영업 직원들이 애플의 타운 홀Town Hall 강당에 앉아 리더의 연설을 기다리고 있었다. 방금 전에 애플은 3년 만의 첫 손실을 발표한 터였다. 곧이어 잡스는 영업 팀 전체를 해고하겠다고 으르렁거렸다. 한 명도 빠짐없이 모조리 말이다. 1시간 동안 연설을 하면서 전부 다 해고하겠다는 말을 적어도 네 번은 반복했다.

그리고 잡스의 또 다른 회사인 픽사의 업무를 보던 영업부 간부 한 명을 지목하여 모두가 보는 앞에서 공격하기 시작했다. "일을 그 따위로밖에 못 하나?" 그는 자신이 방금 전에 픽사에서 애플의 라이벌 기업인 휴렛팩커드와 200만 달러짜리 주문 계약을 체결했다고 덧붙였다. 지목을 받은 영업 직원이 해당 계약을 따내려고 경합을 벌이다가 패하고 말았던 것이다. 아이거먼은 이렇게 회상했다. "잡스는 모두가 보는 앞에서 그녀를 공격했습니다." 그러나 그녀도 목청을 높이며 자신을 변호하기 시작했다. "정말 대단한 여자였습니다. 몹시 흥분하며 자신을 변호했지요. 하지만 잡스는 끝까지 들으려 하지도 않고 그만 자리에 앉으라고 했습니다. 그녀는 아직도 애플에 남아 매우 좋은 실적을 내고 있습니다."

그 직원에게 공개적으로 굴욕감을 안겨준 주요 이유는 영업 직원 전원을 겁주기 위해서였을 것이다. 이 사건을 통해 잡스는 애플의 직원 한 사람 한 사람이 책임의식을 지녀야 한다는 분명한 메시지를 전달했다.

그로부터 2년 후에 열린 연례 영업 회의에서 잡스는 극도로 유쾌하고 정중한 태도를 보였다. 잡스는 훌륭하게 일해준 모든 영업 직원들에게 감사를 표한 다음 30분 동안 질문을 받았다. 진정으로 친절한 모습을 보인 것이다. 다른 위대한 협박자들이 그러하듯 잡스도 필요에 따라 극도로 매력적인 사람이 될 수 있다. 크레이머는 이렇게 표현했다. "위대한 협박자들은 동시에 위대한 아첨가가 될 수도 있다."

잡스는 '현실왜곡장'으로도 유명하다. 현실왜곡장은 누구든 현실을 왜곡하게 만들 수 있을 정도로 강력한 일종의 카리스마의 장場이다. 앤디 허츠펠드는 맥 개발팀에 합류한 순간부터 이것을 경험했다. "현실왜곡장에는 카리스마 넘치는 웅변과 불굴의 의지, 어떤 사실이든 목적에 맞게 왜곡할 수 있다는 열의가 혼란스럽게 뒤섞여 있었습니다. 잡스는 어떤 주장이 먹혀들지 않으면 그것을 교묘하게 바꾸곤 했지요. 때로는 자신이 다른 식으로 생각했다는 사실은 인정하지 않은 채, 순식간에 상대방의 견해를 자신의 것으로 채택하여 상대방의 넋을 빼놓기도 했습니다. 놀라운 점은 우리가 현실왜곡장에 있다는 사실을 기민하게 자각하고 있음에도 그것이 효과를 발휘하는 듯했다는 사실입니다. 우리는 종종 어떻게 하면 그것을 막을 수 있을까 논의했지만, 얼마 후 불가항력으로 받아들이고 포기해버렸습니다."

잡스의 전기를 쓴 앨런 도이치먼Alan Deutschman은 첫 만남에서 잡스의 마력에 빠졌다. "그는 종종 상대방의 성이 아닌 이름을 부르며 상대의 눈을 뚫어져라 들여다봅니다. 그는 강한 최면을 불러일으키는 영화배우의 눈을 가졌지요. 하지만 정말 마음을 사로잡는 것은 그의 말투입니다. 그가 무슨 말을 할 때면 언제나 놀라운 열의가 발산되는데, 그때의 열의는 전염성도 매우 강하지요. 그 열의와 말의 리들에는 특별한 무언가가 존재합니다. 그와의 인터뷰를 끝낼 무렵에는 이런 생각이 들었습니다. '이 사람과 좀더 가깝게 지내기 위해서라도 반드시 글을 써야겠어. 같이 있는 것 자체가 재미있는 사람이야!' 스티브는 마음만 먹으면 누구보다도 매력적인 사람이 될 수 있습니다."[9]

## ⦙잡스와 함께 일한다는 것

무섭다는 평판 덕분에 대다수의 직원들은 가능한 한 잡스를 피하려고 노력한다. 애플의 여러 직원들이 하는 말은 예나 지금이나 본질적으로 똑같다. 고개를 숙이고 다니라는 것이다. 예전 직원 한 명은 이렇게 말했다. "대다수의 사람들이 그렇듯 저 역시 가능한 한 잡스를 피하려고 노력했지요. 잡스의 레이더에 걸려 분노를 자극하고 싶지 않아서였습니다."

간부들조차 되도록 잡스와 마주치지 않으려고 노력한다. 애플에서 대정부 영업을 총괄한 데이비드 소보타David Sobotta는 부사장 한 명을 브리핑에 데려가기 위해 중역들이 일하는 층으로 올라갔던 적이 있었다. 그는 당시의 이야기를 자신의 웹사이트에 이렇게 올렸다. "그 부사장은 스티브의 방 앞을 지나가지 말고 다른 쪽으로 내려가자고 제안했다. 그것이 더 안전하다고 말이다."[10]

잡스는 잡스대로 평사원들과 어느 정도의 거리를 유지한다. 간부들을 제외한 나머지 직원들의 눈에는 띄지 않으려고 노력한다는 얘기다. 크레이머의 말에 의하면, 이렇게 거리를 유지하면 오히려 직원들에게 두려움과 불안감을 주입시킴으로써 긴장을 놓지 않게 만들 수 있다. 직원들은 언제나 그를 기쁘게 하기 위해 열심히 일하고, 그 덕분에 그는 신뢰성을 잃지 않고도 갖가지 결정을 번복할 수 있으니 일석이조가 아닌가.

그러나 잡스를 피하기란 언제나 쉬운 일은 아니다. 그는 예고 없이 부서를 돌며 직원들에게 무슨 일을 하고 있는지 물어보는 취미가 있기 때문이다. 이따금씩 잡스는 직원들에게 칭찬을 건네기도 한다. 그러나 결코 과장하거나 남발하지 않는다. 그의 칭찬은 신중하고 사려 깊으며 흔치 않다는 점에서 더욱 큰 효과를 발휘한다. 한 직원은 말했다. "잡스에게서 칭찬을 듣는 것은 여간 어려운 일이 아니지요. 그래서 한번 칭찬을 받으면 매우 우쭐해집니다. 잡스는 사람들의 자부심을 자극하는 탁월한 재주를 갖고 있습니다."

그렇다고 해서 모든 직원들이 잡스를 피하려 하는 것은 아니다. 잡스의 관심을 꿈꾸는 직원들도 많다. 경영자에게 인정을 받아 승진하기를 열망하는 적극적이고 야심 찬 직원들이 가득하다는 얘기다.

잡스는 종종 직원들 사이에서 화제의 중심이 된다. 대화의 주제로 자주 등장하기 때문이다. 애플에서 진행되는 일 가운데 좋은 일은 모두 그의 공로가 되고, 나쁜 일 역시 모두 그의 탓이 된다. 모두들 저마다의 이야기를 하나씩 갖고 있다. 직원들은 그의 다혈질적인 성향과 가끔씩 엿보이는 기벽에 대해 얘기하는 것을 좋아한다.

텍사스 출신의 억만장자 사업가인 로스 페로Ross Perot가 직원들에게 수염을 기르지 못하게 한 것처럼, 잡스에게도 몇 가지 독특한 취향이 있다. 잡스의 사무실에서 정기적으로 회의를 가졌던 전임 관리자 한 명은 책상 밑에 캔버스 운동화를 한 켤레 놓아두었다가 잡스에게 갈 때마다 가죽 구두를 벗고 운동화로 갈아 신었다. 그는 이렇게 설명했다. "스티브는 철저한 채식주의자이거든요."

사내에서 잡스는 '스티브' 또는 'S.J.'로 통한다. 스티브와 이름이 똑같은 직원들은 모두 성을 함께 부른다. 애플에 스티브는 오직 한 명 뿐이다.

또 '스티브의 친구들'을 뜻하는 F.O.S.Friends of Steve도 있다. 그들은 존중하는 동시에 때로는 경계해야 하는 주요 인물들이다. 잡스에게 어떤 보고가 들어갈지 모르기 때문이다. 직원들은 주위에 F.O.S.가 있으면 조심하라고 서로 주의를 준다. F.O.S. 무리에는 애플의 고위 경영진뿐만 아니라 잡스와 특별한 관계에 있는 동료 프로그래머나 엔지니어도 포함된다.

사실 애플은 잡스를 제외하면 매우 평등한 조직이다. 관리 계층이 거의 없으며 잡스가 조직에 대해, 즉 누가 어디에서 무엇을 하는지 등에 대해 매우 광범위하게 알고 있기 때문이다. 수석 경영진은 10명 남짓으로 소규모이지만, 잡스는 수백 명의 핵심 프로그래머들과 디자이너들과 엔지니어들을 모두 알고 있다.

잡스는 능력을 중시하며 공식적인 직위나 서열은 신경 쓰지 않는다. 특정한 일을 하려 할 때 누구를 찾아가야 하는지 정확히 알고 있는 잡스는 중간 관리자를 통하지 않고 직접 당사자에게 연락한다. 물론 조직의 대표로서 그 정도의 일은 자유롭게 할 수 있다. 그러나 그것은 조직의 수직구조와 형식을 싫어하는 그의 성향을 보여준다. 그는 언제든 곧바로 수화기를 집어 들고 전화를 한다.

비평가들은 잡스에 대해 이해심도, 온정도 없는 반사회적 이상 성격으로 설명하곤 했다. 직원들을 인간이 아닌 사물, 즉 일을 해내는 기계로 취급한다고 말이다. 그들은 직원들과 동료들이 그의 그러한 행태를 참고 견디는 이유를 설명하기 위해 스톡홀름 증후군Stockholm Syndrome(인질이 자신의 생사여탈권을 쥔 범인에게 감화되어 자진 협력하고 그 행위를 지지하는 현상)을 주장하기도 한다. 즉 직원들이 자신들의 인질범과 사랑에 빠졌다는 논리이다.

찰스 아서Charles Arthur는 영국 IT 웹진 〈레지스터〉에 이렇게 썼다. "그의 경영 스타일에 대해 어느 정도 아는 사람들은 그가 쭉정이들을 걸러내는 방식을 사용한다는 사실을 안다. 여기서 쭉정이란, 충분히 똑똑하지도 못할뿐더러 불가능한 것, 일테면 세 번의 클릭으로 어떤 음악이든 재생하는 음악 재생기와 같은 것을 만들어내라는 요구들을 견뎌낼 만큼, 그리고 그 요구에 따라 내놓은 해결책이 쓰레기라는 비난을 들은 지 며칠이 지나서 그 요구가 다시 자신에게 돌아오는 상황을 참을 수 있을 만큼 심리적으로 충분히 강하지도 못한 사람들을 말한다. 대부분의 사람들은 그런 방식으로 일하고 싶어 하지도, 대우받고 싶어 하지도 않는다. 따라서 잡스는 어떤 관리자에게도 진정한 우상이 될 수는 없다. 반사회적 이상 성격을 가진 관리자라면 모르겠지만 말이다."

그러나 잡스는 위대한 반사회적 이상 성격의 경영자치고는 비교적 온순한 편이다. 적어도 이제는 중년에 접어들지 않았는가. 영화 제작자 하비 웨인스타인 같은 위대한 협박자들은 그보다 훨씬 거칠다. 하버드 대학교 총장을 지내며 일련의 개혁을 강행했던 래리 서머스 Larry Summers는 교직원들을 상대로 악명 높은 '파악하기 시간get to know you session'을 갖기도 했다. 대립과 의심과 신랄한 질문으로 시작하여 점점 악랄함의 강도를 높여가는 것이다. 그에 비하면 잡스는 쉽게 만족하지 않는 까다로운 아버지에 가깝다. 그에게는 두려움과 위협이 전부가 아니다. 직원들은 그의 주목과 인정을 얻기 위해 열심히 일한다. 예전에 픽사에서 일했던 한 직원은 크레이머에게 자신의 아버지만큼이나 잡스도 실망시키고 싶지 않았다고 털어놓았다.

잡스를 위해 일하는 사람들은 기력을 소진하는 경향이 있지만 나중에는 그 경험을 회상하며 행복에 젖는다. 조사 과정에서 크레이머는 위대한 협박자들과 함께 일했던 사람들이 대부분 과거의 경험을 매우 교육적인, 심지어는 인생을 변화시킨 경험으로 간주한다는 사실에 놀라지 않을 수 없었다. 잡스는 사람들을 몰아붙이며 막대한 스트레스를 안겨주지만, 그 결과 그들은 훌륭한 결과물을 양산해낸다.

맥 OS X의 디자이너인 코델 라츨라프는 내게 이렇게 말했다. "스티브 잡스와의 작업이 즐거웠냐고요? 물론입니다. 그것은 필경 제 생애 최고의 작업이었을 겁니다. 몹시 신나고 흥분되는 일이었지요. 어려울 때도 가끔 있었지만, 잡스는 사람들에게서 최고를 끌어내는 능력을 지녔습니다. 저는 그에게서 아주 많은 것을 배웠습니다. 좋을 때도 있었고 나쁠 때도 있었지만 모두 하나의 경험이었지요."

라츨라프는 약 18개월 동안 잡스와 함께 일했다. 그러나 그 기간이 더 길었다면 견디기 힘들었을 거라고 고백했다. "더 오랫동안 견딜 수 있는 사람도 있습니다. 에이비 티베이니언과 베르트랑 세를레 Bertrand Serlet 같은 사람들이 그렇지요. 잡스가 그 사람들에게 소리 지르는 광경을 여러 번 봤는데, 그들은 그런 상황을 견디는 방법을 알고 있더군요. 정말 오랫동안 그와 함께하는 사람들도 있습니다."

애플에서 9년 동안 일했으며, 특히 마지막 2, 3년은 잡스와 긴밀하게 협력했던 프로그래머 피터 호디는 결국 다소 언짢게 퇴사를 했다. 지쳐서가 아니라 좀더 많은 권한을 원했기 때문이다. 잡스의 지시를 받는 일에 신물이 난 그는 회사의 계획과 제품에 대한 발언권을 늘려주길 바랐다. 싸움을 벌인 끝에 호디는 사직을 했지만, 얼마 후 잡스는 자신의 태도를 후회하며 호디를 설득하려고 애썼다. "그렇게 쉽게 떠날 수는 없지. 얘기 좀 하자구." 그러나 호디는 마음을 돌리지 않았다. 그가 떠나는 날, 잡스는 반대편에 있는 자신의 사무실에서 전화를 걸었다. 호디는 이렇게 말했다. "스티브는 끝까지 매력적인 사람이었습니다. 행운을 빌어주더군요. '꺼져'라고 할 줄 알았는데 말입니다. 물론 스티브의 행동 하나하나에는 어느 정도의 계산이 숨어 있지요."

# 스티브의 교훈

"열정을 갖고 있다면
지긋지긋한 놈으로 취급받아도 좋다."
잡스는 늘 고함을 치지만, 그 동기는 세상을 변화시키겠다는 욕구이다.

"일에 대한 열정을 찾아라."
잡스는 자신의 일에 열정을 갖고 있으며, 열정은 전염성이 매우 강하다.

"훌륭한 성과를 내기 위해
당근과 채찍을 모두 활용하라."
잡스는 칭찬을 건네기도 하고 꾸짖기도 한다.
덕분에 모든 사람들이 매일같이 영웅과 꼴통의 롤러코스터를 탄다.

"불가능해 보이는 것들을 고집하라."
잡스는 아무리 어려운 문제도 결국은 해결할 수 있다는 사실을 안다.

# Lessons from **Steve**

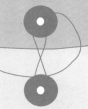

"위대한 협박자가 되라."

두려움과 만족감을 주겠다는 욕구를 통해 영감을 불어넣어라.

"협박만 일삼아선 안 된다.
때로는 위대한 아첨가가 되어야 한다."

잡스는 필요에 따라 극도로 유쾌하고 정중한 태도를 보이기도 한다.

"사람들을 몰아붙여라."

잡스는 직원들에게 기대치를 높이라고 강요한다.
그러다보니 직원들은 자기도 생각하지 못한 결과를 내곤 한다.

# 발명 정신과
# 혁신은
# 어디에서 오는가
## #6

Steve
Jobs

# Steve Jobs says:

혁신은 연구개발비의 액수와는 무관하다.
애플이 맥을 구상해냈을 때, IBM은 연구개발에
최소한 100배의 비용을 쏟아 붓고 있었다.
혁신의 본질은 돈이 아니다. 그보다는 당신이
보유한 사람들을 어떻게 이끄느냐, 그리고
결과가 얼마나 나오느냐에 관한 문제이다.

— 〈포춘〉 1998년 11월 9일자

2001년 7월 3일 애플은 비난과 호평이 엇갈리는 파워맥 G4 큐브의 생산을 잠정 중단했다. 잡스가 격렬한 비판과 호평을 동시에 받으면서 그 정육면체 모양의 기계를 소개한 지 겨우 1년 만이었다. 마치 토스터처럼 상단에 CD가 톡 튀어 올라오도록 설계되어, 가로, 세로, 높이가 20cm인 그 투명 플라스틱 입방체 제품은 비평가들 사이에서 대히트를 기록했다. 〈월 스트리트 저널〉의 월트 모스버그는 "지금껏 보거나 사용해본 컴퓨터 가운데 가장 멋지다"라고 격찬했으며, 그것을 디자인한 조너선 아이브는 여러 차례 상을 받았다.

그러나 소비자들에게는 인기를 끌지 못했다. 판매가 부진했던 것이다. 애플은 출시 첫 해에 80만 대가 팔릴 것으로 기대했지만 실제 판매량은 10만 대에도 미치지 못했다. 큐브가 출시된 지 1년 만에 잡스는 생산을 중단시키고 보도자료를 내보냈다.[1] 보기 드문 일이었다. 애플은 "차후에 이 독특한 컴퓨터의 업그레이드 모델을 재출시할 수도 있지만 현재로서는 계획이 없다"고 밝혔다. 잡스는 선뜻 큐브의 공식적인 단종을 선언할 수도, 그렇다고 판매를 계속할 마음도 없는 듯했다. 큐브는 영원한 연옥으로 보내졌다.

잡스에게 큐브는 자식과도 같았다. 디자인이 아름다운 것은 말할 것도 없고 수개월, 아니 수년간의 시제품 제작과 실험을 통해 완성된 기술적으로도 크게 앞선 기계였다. 아주 작은 공간 속에 여러 가지 강력한 하드웨어를 꼭꼭 채워넣었으며, 빠르고 유능할 뿐만 아니라 스티브 잡스의 가장 오랜 불만거리 중 하나였던 냉각팬까지 제거한 것이었다.

그러나 두세 군데의 디자인 박물관을 제외하고는 거의 아무도 관심을 갖지 않았다. 큐브의 뒤를 이은 맥 미니처럼 모니터가 장착되지 않은 값싼 맥을 원했던 대부분의 소비자들에게는 2,000달러라는 가격이 너무 부담스러웠던 것이다. 그리고 그 가격을 감당할 수 있는 사람들, 즉 그래픽이나 디자인 분야에 종사하는 창의적인 전문가들은 새로운 그래픽 카드나 하드 드라이브를 추가하여 쉽게 업그레이드할 수 있는 좀더 강력한 기계를 필요로 했다. 그들은 큐브보다 값이 저렴한 파워맥 G4 타워를 선택했다. 못생겼지만 실용적이었기 때문이다.

잡스는 시장을 크게 오판했다. 큐브는 가격부터 모든 것이 잘못된 기계였다. 2001년 1월 애플은 잡스가 회사로 돌아온 이후 처음으로 2억 4,700만 달러의 분기 손실을 보고했다. 잡스는 몹시 고통스러웠다.

큐브는 잡스가 애플로 복귀한 후에 저지른 몇 안 되는 실수 가운데 하나였다. 그는 이러한 실수를 통해 소중한 교훈을 얻었다. 전적으로 디자인에 초점을 맞춰 잡스가 직접 감독한 몇몇 제품 중 하나인 큐브는 기능보다는 형태를 중시한 결과물이었다. 잡스는 오래전부터 입방체를 좋아했다. 그가 넥스트에서 판매한 넥스트 큐브도 마그네슘을 원료로 각을 날카롭게 세운 값비싼 정육면체였다. 재미있게도 이것 역시 시장에서는 실패했다.

맨해튼 5번 가에 위치한 애플 소매점의 윗부분도 잡스가 디자인을 도운 거대한 유리 큐브로 장식되어 있다. 다행히 이것은 실패하지 않았다. 〈레지스터〉는 파워맥 G4 큐브를 "상식을 앞지르는 찬란한 미학의 실험"이라고 평했다.[2] 잡스는 잠시나마 소비자들이 원하는 바에 초점을 맞추기보다는 박물관에나 어울리는 우아한 작품을 선사해도 괜찮다고 생각했다. 그러나 그 대가는 결코 녹록지 않았다.

잡스는 주로 사용자 경험에 매우 세심한 주의를 기울인다. 어떤 면에서는 이러한 성향 덕분에 혁신가라는 명성을 얻을 수 있었던 셈이다. 잡스와 애플에 대한 주요 질문 한 가지는 바로 그들의 혁신이 어디에 기인하는가이다. 복잡한 현상들이 그러하듯 그들의 혁신도 여러 부분에서 비롯되지만, 그 원동력의 상당 부분을 차지하는 것은 바로 잡스의 세심한 주의이다. 아이팟의 스크롤 휠scroll wheel에서 포장 박스에 이르기까지 잡스는 고객 경험의 모든 측면에 빈틈없이 주의를 기울인다. 그는 고객의 사용 경험에 대해 직관력을 갖고 있으며, 바로 이러한 요소가 애플 혁신의 원동력이자 특징으로 작용했다. 큐브는 그가 잠시 방심하여 주의력을 놓친 드문 사례 중 하나라고 할 수 있다.

# 혁신에 열광하다

현대의 비즈니스에서 가장 뜨거운 화두 중 하나는 바로 혁신이다. 경쟁은 점점 치열해지고 제품 주기는 점점 짧아진다. 이러한 현상에 발맞추어 기업들은 혁신을 꾀하는 마법의 열쇠를 찾으려 필사적으로 노력한다. 그들은 혁신의 체계를 찾기 위해 직원들을 혁신 워크숍에 보내고, 그곳에서 직원들은 창의성을 키우기 위해 레고를 갖고 논다. 최고혁신책임자를 고용하는 기업도 점점 늘고 있다. 그리고 일부 기업의 경영자들은 브레인스토밍과 자유연상을 하고 레고 상자들 속에서 아이디어를 떠올리는 환경을 조성하기 위해 혁신 센터를 열기도 한다.

그러나 잡스는 이러한 방법들을 비웃는다. 애플에는 혁신을 동력화하는 체계 자체가 존재하지 않는다. 〈뉴욕 타임스〉의 기자 로브 워커Rob Walker로부터 혁신에 대해 의식적으로 생각해본 적이 있느냐는 질문을 받았을 때, 잡스는 이렇게 대답했다. "없습니다. 우리가 의식적으로 생각하는 것은 훌륭한 제품을 제작하는 일이지요. '혁신을 꾀하자', '혁신에 대한 수업을 듣자', '다섯 가지 혁신 규칙이 있으니, 이것을 회사 전체에 붙여놓자' 같은 생각은 전혀 안 합니다." 잡스는 또 이렇게 덧붙였다. "혁신을 체계화하려고 노력하는 것은 멋있지 않은 사람이 멋있어지려고 노력하는 것과 같습니다. 그런 모습을 지켜보는 것은 여간 괴로운 일이 아니지요. 마이클 델이 춤을 추려고 애쓰는 모습을 지켜보는 것처럼 괴로운 일이라는 말입니다."[3]

그렇다고는 해도 잡스는 믿기 힘들 정도로 혁신을 숭상한다. 앞에서도 이야기했듯이 그가 존경하는 인물들 가운데 헨리 포드, 토머스 에디슨, 에드윈 랜드 등은 업계에서 가장 위대한 발명가와 기업가가 아닌가.

애플의 전임 CEO 존 스컬리는 잡스가 에드윈 랜드에 관한 얘기를 자주 했다고 기록했다. "스티브는 랜드를 미국에서 가장 위대한 발명가 가운데 한 사람으로 생각하며 크게 치켜세웠다. 랜드의 경력에서 단 하나의 주요 실패를 꼽으라면, 즉석필름 기술의 영사기로 비디오테이프와의 경쟁에서 밀려 1979년에 거의 7,000만 달러의 손실을 낸 폴라비전Polavision뿐인데, 그런 실패 때문에 폴라로이드 사가 그를 내쫓았다는 사실을 믿을 수 없다고 했다. '고작 몇백 달러를 날렸다고 해서 회사까지 빼앗을 수 있는 겁니까?' 스티브는 몹시 흥분하며 내게 이렇게 말했다."[4]

스컬리는 잡스와 함께 폴라로이드 사에서 쫓겨난 랜드를 찾아간 일을 회상했다. "그의 연구실은 캠브리지 찰스 강변에 있었다. 재미있는 오후였다. 우리는 텅 빈 테이블이 놓인 널따란 회의실에 앉아 있었다. 랜드 박사와 스티브는 얘기를 나누는 내내 테이블 한가운데만 보고 있었다. 랜드 박사가 말했다. '저는 폴라로이드 카메라가 어떤 모습일지 알 수 있었습니다. 완성되기 전부터 마치 내 눈앞에 놓여 있는 것처럼 아주 실제적으로 느껴졌지요.' 그러자 스티브가 대꾸했다. '저 역시 매킨토시를 만들 때 그랬습니다. 개인용 계산기만 사용해본 사람들한테 매킨토시가 어떤 모습이어야 하느냐고 물어봤자 아무런 대답을 얻을 수 없었을 것입니다. 그래서 시장조사를 할 방법이 없었지요. 일단 만들어놓고 그 다음에 사람들에게 보여주면서 '자, 어떻습니까?' 하고 묻는 수밖에 없었습니다.' 두 사람 모두 제품을 발명하는 능력은 아니라고 해도 제품을 찾아내는 능력은 지니고 있었다. 둘 다 자신들이 만든 제품은 오래전부터 존재해왔다고, 다만 아무도 보지 못했을 뿐이며 자신들이 그것을 찾아냈다고 덧붙였다. 폴라로이드 카메라도, 매킨토시도 오래전부터 존재했다. 그것은 발견의 문제였던 것이다. 스티브는 랜드 박사를 무척 동경했다. 박사와 만난 이후로 온통 그에게 정신이 팔려 있었다."

TV나 잡지와의 인터뷰에서 잡스는 종종 혁신을 애플의 비밀 소스라고 일컫는다. 또 기조연설에서도 여러 번 혁신에 대해 언급했다. 2001년 PC 업계가 불황에 빠졌을 때 잡스는 이렇게 선언했다. "우리는 혁신을 통해 이 침체기를 벗어날 것입니다." 그리고 2003년 9월 파리 맥월드 엑스포에서는 다음과 같이 호언장담했다. "혁신, 그것이 우리가 하는 일입니다."

잡스가 이끄는 애플은 기술 업계에서 가장 혁신적인 기업 가운데 하나라는 명성을 얻고 있었다. 2007년 〈비즈니스 위크〉는 구글, 도요타, 소니, 노키아Nokia, 지넨테크Genentech 등의 A급 기업들을 제쳐두고, 애플을 세계에서 가장 혁신적인 기업으로 꼽았다. 이로써 애플은 3년 연속으로 1위를 차지했다.[5]

애플은 꾸준히 혁신적인 제품들을 출시하고 있으며, 그 중 세 가지는 현대 컴퓨팅 역사에서 가장 중요한 혁신이라고 해도 과언이 아니다. 완전하게 조립된 최초의 개인용 컴퓨터 애플II, 그래픽 유저 인터페이스를 최초로 상용화한 매킨토시, 그리고 겸손한 음악 재생기를 가장한 디지털 매체용 인터넷 기기 아이팟이 그것이다.

애플은 아이맥, 아이팟, 아이폰 같은 대박상품 외에도 중요하고 영향력 있는 제품들을 많이 생산하고 있다. 예를 들면, 무선 노트북이 주류가 되기 전에 애플의 노트북 컴퓨터를 최초의 무선 노트북 대열에 올려다놓은 간편한 와이파이Wi-Fi 베이스 스테이션 제품라인 에어포트Airport, 그리고 거실의 TV와 작업실의 컴퓨터를 연결하는 애플 TV 등이 그것이다.

애플은 혁신에 관한 한 누구도 따라올 수 없는 평판을 갖고 있음에도 불구하고, 지금까지 전체 컴퓨터 업계의 연구개발실 정도로만 간주되어 왔다. 꾸준히 혁신을 창출하고 있지만, 이러한 획기적인 발전들을 적절하게 자본화하지 못하는 것처럼 비쳐졌기 때문이다. 애플은 그래픽 기반(그래픽 유저 인터페이스)의 데스크톱 컴퓨터를 개척했지만, 이것을 세계 PC의 95퍼센트에 적용한 회사는 마이크로소프트이다. 또 애플은 뉴턴이라는 최초의 PDA를 고안했지만, PDA를 30억 달러짜리 산업으로 탈바꿈시킨 주역은 팜Palm 사이다. 애플이 꾀한 혁신으로 다른 회사들이 떼돈을 벌고 있다는 얘기다.

이런 면에서 애플은 종종 복사기 업체 제록스의 전설적인 연구소 제록스 파크Xerox PARC에 비유되어 왔다. 제록스 파크 역시 그래픽 기반의 데스크톱과 이더넷Ethernet 네트워킹, 레이저 프린터 등을 비롯하여 현대 컴퓨팅의 상당 부분을 고안했지만 어느 것 하나 상업화하지 못했기 때문이다. 그래픽 기반의 데스크톱을 시장에 선보인 것은 어디까지나 애플이었지만 그것으로 시장을 휩쓴 것은 마이크로소프트였다.

사실 잡스에게는 무모한 혁신가라는 꼬리표가 따라다녔다. 뒤를 이을 획기적인 제품을 만드는 데 너무 주력한 나머지, 만들어놓은 제품을 자본화하지 못한다는 의미이다. 비평가들은 그가 너무 빠르고 무모하게 돌진하는 탓에 이미 구축해놓은 것을 적절히 활용하지 못한다고 주장한다.

맥과 애플Ⅱ를 생각해보자. 1981년에 17퍼센트의 시장 점유율을 기록했던 애플Ⅱ는 1980년대 중반 무렵, PC 업계에서 가장 잘 나가던 컴퓨터였다. 그러나 3년 뒤에 출시된 맥은 애플Ⅱ와 전혀 호환이 되지 않았다. 맥에서는 애플Ⅱ의 소프트웨어를 사용할 수 없었고, 애플Ⅱ의 주변기기도 연결할 수 없었다. 소프트웨어 개발업자들도 애플Ⅱ용 소프트웨어를 맥용으로 쉽게 바꿀 수 없어서 처음부터 완전히 새로 작성해야 했다. 맥으로 바꾼 고객들도 마찬가지로 처음부터 다시 시작해야 했다. 많은 돈을 들여 소프트웨어와 주변기기들을 전부 새로 구입해야 했던 것이다. 그러나 잡스는 애플Ⅱ의 강력한 입지를 더욱 확실히 굳히는 데에는 관심이 없었다. 그가 관심을 가진 것은 바로 미래였다. 그리고 그 미래는 그래픽 컴퓨팅이었다. 애플의 전임 간부인 장 루이 가세는 자신의 저서에 이런 글을 남겼다. "잡스는 부모일지언정 유모는 아니다."[6]

반면, 빌 게이츠는 절대 이런 종류의 실수를 하지 않았다. 윈도우는 MS-DOS 상에서 실행되도록 만들어졌으며, 오피스 프로그램은 윈도우를 기반으로 만들어졌다. 윈도우의 새 버전은 항상 이전 버전과 호환이 가능했다. 이처럼 윈도우는 느리지만 꾸준하게 발전하며 이익을 창출해냈다.

# 제품 혁신과 비즈니스 혁신, 둘 다 꾀하다

최근까지도 잡스는 후속 조치에 대한 좋은 평판을 얻지 못하고 있다. 애플은 창립 이후 줄곧 창의적인 회사로 여겨져왔다. 그러나 실행하는 회사는 마이크로소프트나 델 같은 기업들이었다. 전문가들은 애플처럼 제품 혁신에 능한 기업과 델처럼 비즈니스 혁신을 실천하는 기업을 구분한다. 비즈니스 역사상 가장 성공한 기업은 제품 혁신을 꾀하는 기업이 아니라 혁신적인 비즈니스 모델을 개발하는 기업이었다. 비즈니스 혁신을 꾀하는 기업들은 다른 기업의 획기적인 발견을 취하여 새로운 생산, 유통, 판매 방식을 개발함으로써 발전한다. 헨리 포드 역시 자동차를 발명한 사람이 아니라 대량생산을 달성한 사람이다. 델은 새로운 종류의 컴퓨터를 개발하지는 않지만 매우 효과적인 소비자 직접 유통 시스템을 개발했다.

그러나 잡스에게 실행 능력이 없는 제품의 천재라는 명성을 붙인다면 다소 부당하다. 애플에 복귀한 이래로 잡스는 제품 개발, 영업, 마케팅, 지원 등의 모든 측면에서 최고의 실행 능력과 조직화 능력을 입증함으로써 두각을 드러내왔다.

예를 들어 1997년 잡스가 임시 CEO를 맡았을 때 애플은 창고에 70일치가 넘는 재고를 쌓아두고 있었다. 그 해 11월 잡스는 델 컴퓨터식의 주문형 생산 체계와 연결되는 온라인 상점을 열었다. 그리고 마이클 델에게 다음과 같이 경고했다. "우리는 새로운 제품과 새로 문을 연 판매점, 그리고 새로운 주문 생산 방식으로 자네를 쫓아가고 있다네, 친구."

1년도 채 안 되어 애플의 재고는 70일치에서 한 달치로 줄었다. 잡스는 컴팩에서 팀 쿡을 영입하여 애플의 최고운영책임자로 앉히고 애플의 복잡한 부품 공급 경로를 간소화하는 책임을 맡겼다. 당시 애플은 100군데가 넘는 공급업체들로부터 부품을 구입하고 있었는데, 쿡은 애플의 생산 공정 대부분을 아일랜드와 싱가포르와 중국의 도급업자들에게 맡겼다. 맥북, 아이팟, 아이폰과 같은 애플의 휴대용 제품들 대부분은 이제 중국 본토에 본사를 둔 도급업체들에 의해 조립되고 있다. 쿡은 기본적인 부품 공급업체의 수도 약 24개로 대폭 줄였다.[7]

그리고 부품 공급업체들이 그들의 공장과 창고를 애플의 조립 공장 근처로 옮기도록 설득하여 극도로 효율적인 저스트 인 타임just-in-time 방식(입하재료를 재고로 두지 않고 바로 사용하는 상품관리 방식)을 꾀했다. 쿡은 2년 만에 재고를 6, 7일치로 줄였고, 이러한 체계는 지금까지도 적절히 유지되고 있다.

현재 애플은 컴퓨터 업계에서 가장 탄탄한 조직 운영을 자랑하고 있다. 2007년 시장조사 전문기업 AMR 리서치는 애플을 공급망 관리 및 활용 측면에서 노키아에 이어 세계 2위의 기업으로 꼽았다. AMR은 총수입 증가나 재고 회전율 등을 포함하여 실행과 관련된 여러 가지 기준들을 토대로 다음과 같은 평가를 내렸다. "애플의 비할 바 없는 수요 창출 능력 덕분에 애플의 공급망은 다른 기업들처럼 많은 비용을 들이지 않고도 눈부신 결과를 기록할 수 있다." 애플은 심지어 도요타, 월마트, 시스코, 코카콜라도 물리쳤다.[8] 이때 델은 AMR의 리스트에 오르지도 못했다.

잡스는 애플이 조직 운영 측면에서 델보다 뛰어나다는 점을 자랑스러워하며 이렇게 말했다. "분기별로 일일이 따져봐도 우리의 운영 능력은 델을 능가합니다. 물론 제조업체로서도, 세부 계획 측면에서도 절대 델에게 뒤지지 않지요. 게다가 온라인 상점도 우리가 델보다 낫습니다."[9] 여기서 유의할 것은 애플의 제품 구성이 델보다 훨씬 단순한데도 불구하고 컴퓨터의 판매량은 델의 절반에 달한다는 사실이다.

또한 잡스는 나름대로 혁신적인 비즈니스 모델들을 개발해왔다. 아이튠즈 뮤직스토어를 생각해보자. 잡스가 음반회사들을 설득하여 음악 한 곡당 99센트에 팔도록 만들기 전까지는 아무도 불법 파일 공유 네트워크와 경쟁하여 온라인으로 음악을 판매하는 방식을 발견하지 못했다. 이후 아이튠즈 뮤직스토어는 디지털 음악의 '델'이 되었다. 소매 산업에서 완벽한 차별화를 꾀한 애플의 소매점도 애플의 혁신적인 비즈니스 모델의 예가 된다. 애플의 소매점은 '경험의 혁신'으로 일컬어지고 있다. 현대 소매업의 본질은 쇼핑의 경험인데, 차분하면서도 친근한 애플의 소매점들이 컴퓨터 쇼핑 경험에 새로운 차원을 더해준 것이다.


## ⦂혁신은 어디에서 오는가

잡스는 혁신에 타고난 재능을 가진 듯하다. 아이디어들이 번개처럼 그의 머리에 떠오르는 것 같다는 얘기다. 마치 머릿속 전구에 불

215

이 들어와서 애플의 신제품이 툭 튀어나오는 느낌이다.

그러나 전적으로 그렇지는 않다. 번뜩이는 영감이 전혀 없다고 말할 수는 없지만, 사실 잡스의 제품들 가운데 다수는 지극히 평범한 데에서 나온다. 즉 시장 및 업계를 조사하고 어떤 신기술이 도입되고 있는지, 그 기술을 어떻게 활용할 수 있는지 등을 파악하는 데에서 나온다는 말이다. 2004년 잡스는 〈비즈니스 위크〉에서 이렇게 밝혔다. "우리의 체계는 체계가 없다는 것입니다. 그렇다고 해서 프로세스를 갖추지 않았다는 말은 아닙니다. 애플은 규율이 탄탄한 회사로서 훌륭한 프로세스들을 지니고 있습니다. 그러나 프로세스는 혁신의 본질이 아닙니다. 단지 효율성을 높여주는 수단일 뿐입니다."

잡스는 계속해서 다음과 같이 말했다. "혁신은 복도에 모여 있는 사람들, 혹은 새로운 아이디어가 떠오르거나 어떤 문제에 대해 기존의 해결책을 능가하는 무언가를 깨닫고 밤 10시 30분에 서로 전화를 거는 사람들에게서 나오는 것입니다. 누군가가 아이디어를 떠올렸는데 그것이 세상에서 가장 멋지다고 생각되어 다른 사람들의 의견을 듣고 싶다면 몇몇 사람들을 모아 특별 회의를 소집할 수 있습니다. 혁신은 그런 데에서 나오는 것입니다." [10]

잡스가 말하는 프로세스에는 어떤 시장을 겨냥할 것이며 그것을 어떻게 공략할 것인가와 같은 애플의 전반적인 기업 전략이 포함된다. 또한 신기술 개발을 주시하고 새로운 아이디어, 특히 외부의 새로운 아이디어를 수용하는 일과 창의성을 발휘하고 언제나 배움의 자세를 유지하는 일, 그리고 융통성을 발휘하고 오래된 관념은 기꺼이 버리는 일 등이 포함된다. 그러나 무엇보다도 많은 부분을 차지하는 것은 바로 고객 중심적인 태도를 견지하는 일이다. 애플이 생각하는 혁신의 본질은 사용자가 기술에 적응하게 하는 것이 아니라 사용자의 니즈에 맞는 기술을 창출하는 것이다.

# : 잡스의 혁신 전략 '디지털 허브'

2001년 1월 샌프란시스코 맥월드 기조연설에서 잡스는 향후 10여 년 동안 애플에서 일어날 혁신에 영감을 불어넣고, 아이팟에서 소매점과 광고에 이르기까지 애플이 수행한 거의 모든 일의 판도를 결정해줄 비전을 제시했다.

그러나 뭐니 뭐니 해도 잡스가 기조연설에서 제시한 가장 중요한 사항은 '디지털 허브' 전략이었을 것이다. 지금은 다소 명백해 보이는 이 아이디어는 애플이 수행한 거의 모든 일에 광범위하게 영향을 미쳤다. 이로써 간단하고 명확한 아이디어를 고수하면 기업 전략을 성공적으로 이끌어나갈 수 있으며 아울러 제품 개발에서 소매점의 배치에 이르기까지 모든 것에 영향을 미칠 수 있다는 사실이 입증되었다.

말끔히 면도를 하고 검은색 터틀넥에 **청바지를** 차려입은 잡스의 연설은 다소 암울한 컴퓨터 업계의 현실을 그리는 것으로 시작되었다. 그는 2000년 한 해가 애플을 비롯하여 컴퓨터 산업 전반에 걸쳐 어려운 해였다고 강조했다. 2000년 3월은 인터넷 거품이 붕괴하기 시작하면서 컴퓨터 장비 구매율이 급감한 시기였다. 잡스는 "사랑하는 PC, 1976~2000, 편히 잠들기를"이라고 적힌 묘비 슬라이드를 보여주었다.

잡스는 컴퓨터 업계에 종사하는 수많은 사람들이 PC가 쇠퇴하고 PC가 차지했던 중심적인 입지가 끝나간다고 우려하고 있지만, PC는 전혀 쇠퇴하지 않았으며 이제 PC의 제3의 전성기가 도래할 것이라고 역설했다.

PC의 첫 황금기는 생산성의 시대로서, 1980년경 스프레드시트, 워드프로세싱, 전자출판의 발명과 함께 시작되었다. 잡스는 맥월드 무대를 왔다갔다 하며, 생산성의 황금기는 약 15년간 지속되었고 그 시기가 컴퓨터 산업의 원동력이 되었다고 말했다. 뒤이어 1990년대 중반에는 PC의 두 번째 황금기인 인터넷 시대가 시작되었다고 말했다. "인터넷은 비즈니스에서나 일상생활에서나 PC를 새로운 경지로 끌어올렸습니다." 잡스가 말했다.

그러나 이제 컴퓨터는 세 번째 전성기, 즉 디지털 기기들의 폭발적인 등장에 의해 원동력을 얻는 디지털 라이프스타일의 시대에 들어서고 있다고 잡스는 말했다. 그는 사람들이 저마다 휴대폰, DVD 플레이어, 디지털 카메라 등을 소유하고 있다고 역설하며 이렇게 덧붙였다. "디지털 기기들이 급증하면서 우리는 디지털 라이프스타일을 추구하게 되었습니다. 그것은 가히 엄청난 규모입니다."

가장 중요한 점은 컴퓨터가 이러한 디지털 라이프스타일의 주변이 아닌 중심에 있다는 사실이라고 잡스는 주장했다. 컴퓨터는 모든 디지털 기기들이 연결되는 중앙 도킹스테이션, 이른바 디지털 허브이며, 디지털 기기들을 컴퓨터에 연결하면 그 기능이 강화된다는 것이었다. 컴퓨터는 MP3 플레이어에 음악을 실어주고 디지털 캠코더의 영상물을 편집하게 해주는 주요 허브인 것이다.

잡스는 애플이 비디오 편집 애플리케이션인 아이무비iMovie를 개발하면서 처음으로 디지털 허브의 개념을 이해하기 시작했다고 설명했다. 아이무비를 활용하면 캠코더의 영상을 컴퓨터 상에서 편집할 수 있기 때문에 캠코더의 가치가 크게 높아진다. 잡스는 이렇게 말했다. "여러분의 캠코더의 가치를 10배나 높여줍니다. 캠코더로 촬영한 영상에 장면 전환이나 크로스 디졸브cross dissolve(한 장면이 사라지면서 서서히 다른 장면이 나타나는 특수효과), 자막, 사운드트랙 등의 효과를 적용하여 기막힌 영화를 만들 수 있기 때문이지요. 캠코더로 촬영을 하고 나면 대개는 다시 들여다보지 않게 됩니다. 컴퓨터를 활용하면 그러한 무미건조한 영상이 놀랍도록 감성적인 커뮤니케이션 영상으로 바뀔 수 있습니다. 전문가들은 물론 개인에게도 가능한 일이지요. 놀라운 일이 아닐 수 없습니다."

지금 생각하면 지극히 당연한 얘기 같지만, 당시에는 컴퓨터를 사용하여 그런 작업을 하는 사람이 거의 없었다. 분명히 주류는 아니었던 것이다. 컴퓨터가 라이프스타일 기기로 바뀌고 있음을 인식한 사람은 잡스뿐만이 아니었다. 그때 빌 게이츠 역시 라스베이거스에서 열린 세계 가전 박람회에서 연설을 하며 디지털 라이프스타일에 대해 논했다. 또 같은 행사에서 인텔의 CEO 크레이그 배럿Craig Barrett도 컴퓨터가 "디지털 세계의 중심"이라고 역설했다.

그러나 잡스의 명확한 설명은 애플의 사명 선언에 해당하는 것이었다. 디지털 허브는 컴퓨터 업계의 주요 동향을 인식하는 것이자 그 안에서 애플이 차지하는 입지를 규정하는 것이었다. 이를 통해 그는 새로이 부상하는 기술들과 소비자 행태를 주시하여 적절한 제품 전략을 세울 수 있었다.

# 제품 지향적인 문화

애플의 프로세스 가운데 하나는 혁신을 유도하고 특징짓는 최종 목표, 즉 제품에 초점을 맞추는 것이다. 무질서한 혁신은 경제적이지 못하다. 모든 노력을 한곳으로 집약시키는 무언가가 존재해야 한다는 것이다. 실리콘 밸리의 기업들 가운데 일부는 무작정 신기술을 개발한 다음, 그 기술이 어떤 문제를 해결할 수 있는지 생각하기 시작한다.

1990년대 후반의 인터넷 거품을 생각해보자. 당시의 인터넷 거품이 비슷한 경우라고 할 수 있다. 사실 그것은 가치 없는 혁신의 향연이었다. 설익은 비즈니스 아이디어들을 토대로 막대한 돈을 쏟아 부으며 그릇된 방식으로 단시간에 몸집을 불려 경쟁사들을 물리치려는 시도가 횡행했다. 기업가들은 온라인으로 애견 사료를 판매하기 위해 웹사이트들을 개설하거나 식료품을 밴으로 배달하기 위해 거대한 창고들을 지었다. 고객이 이런 식의 쇼핑을 원한다는 것을 정확하게 감지하지도 않은 상태에서 말이다. 실제로 고객들은 이런 식의 쇼핑을 원치 않는 것으로 드러났다. 웹밴Webvan 사의 자동화 창고에서 식료품을 배달해 먹고 싶어 하는 사람은 아무도 없었다. 인터넷 거품은 금세 사그라졌고, 존재하지도 않는 문제를 해결하려고 시도한 사업체들도 함께 사라졌다.

"심지어 기술 업체에도 극도로 제품 지향적인 문화가 필요합니다. 훌륭한 엔지니어들과 명석한 사람들을 충분히 갖춘 기업은 수없이 많지요. 그러나 궁극적으로 그 모든 것을 통합할 수 있는 일종의 '중력'이 있어야 합니다." 잡스는 말했다.[11]

잡스는 자신이 돌아오기 전에 애플이 제품 지향적인 문화를 상실했다고 지적했다. 1980년대 후반에서 1990년대 초반까지 애플 연구소에서는 훌륭한 기술이 개발되고 있었지만, 그 기술을 제품으로 전환하여 효과를 발휘하게 만드는 문화가 없었다. 그보다는 애플의 핵심 자산인 맥의 유저 인터페이스를 최대한 이용하는 데 초점을 맞추었다. 잡스는 애플이 약 10년간 그래픽 유저 인터페이스를 독점한 데에서 몰락의 씨앗이 싹텄다고 말했다. 획기적인 신제품들을 개발하기보다는 인터페이스를 독점함으로써 수익을 극대화하는 일에 주력했기 때문이다.

잡스는 당시의 애플에 대해 이렇게 말했다. "더 이상 제품을 만드는 사람이 회사의 원동력이 아니었습니다. 마케팅부원들, 즉 라틴 아메리카 등지로 사업을 확장하는 사람들이 주역이 되어 있었지요. 사업 기회를 취할 수 있는 기업이 우리 회사밖에 없는 독점 상태에서 제품을 개선하는 데 주력해봤자 무슨 의미가 있겠습니까." 이와 같은 상황에서는 애초에 회사를 세운 사람들, 즉 제품 지향적인 직원들이 영업에 초점을 맞추는 사람들로 대체되는 경향이 있다고 잡스는

221

말했다. "일반적으로, 결국 회사를 좌지우지하는 사람은 누구일까요? 바로 세일즈맨들입니다."[12] 잡스는 마이크로소프트에서 프로그래머인 빌 게이츠로부터 CEO직을 넘겨받은 영업 총괄 책임자 스티브 발머Steve Ballmer를 예로 들었다.

"그러다가 어느 날 갑자기 독점이 어떤 이유로든 끝나버립니다. 그러나 그때에는 이미 최고의 제품 개발자들이 회사를 떠났거나 발언권을 완전히 잃은 상태이지요. 그렇게 되면 회사는 혼란의 시기를 겪게 되고, 여기서 생사가 결정됩니다." 다행히 애플은 살아남았다.


## : 동기가 차이를 만든다

혁신의 열쇠는 돈이 아니다. 애플은 다른 기업들에 비해 연구개발에 적은 비용을 투자하면서도 투자한 것에 비해 성과는 훨씬 큰 것으로 나타난다.

마이크로소프트는 2006년에 60억 달러 이상을 연구개발에 투자했으며, 2007년 투자액은 75억 달러에 달할 것으로 예상된다. 마이크로소프트는 레드몬드와 실리콘 밸리, 영국의 케임브리지, 중국 등지에 대규모 연구 시설들을 보유하고 충분한 자금을 지원하고 있다. 마이크로소프트의 여러 연구소에서는 몇 가지 매우 인상적인 기술들이 개발되고 있다. 마이크로소프트는 자신들이 음성 인식과 막대한 데이터베이스를 신속하게 검색하는 기술을 주도하고 있다고 자랑한다.

해마다 저널리스트들을 초대하여 레드몬드의 연구 시설을 견학시키며 연구원들이 개발하고 있는 멋진 장치들과 숙련된 기술들을 모두 보여준다.

그러나 마이크로소프트의 연구 가운데 제품에 초점을 맞춰 이루어지는 것이 어느 정도인지는 확실히 알 수 없다. 반응이 좋은 비스타의 음성 인식 기능을 제외하고는 여러 연구소가 주요 신제품의 이니셔티브를 주도하고 있다는 증거를 거의 찾아볼 수 없다.

2006년 애플의 세계 개발자 컨퍼런스에서 잡스는 이렇게 말했다. "아시다시피, 저기 북쪽에 있는 우리 친구들은 연구개발에 50억 달러가 넘는 돈을 투자했습니다. 하지만 요즘에는 그저 구글과 애플을 베끼고만 있는 것 같더군요. 돈으로 모든 것을 살 수 없다는 점을 분명하게 보여주고 있는 셈입니다."

2007년 경영 컨설팅 회사인 부즈앨런해밀턴Booz Allen Hamilton은 전 세계 기업들의 연구개발비를 조사한 보고서를 발표하면서, 연구개발비를 늘린다고 해서 보다 나은 성과를 거둔다는 증거는 거의 없다는 결론을 내렸다. "중요한 것은 프로세스이지 재력이 아니다. 우수한 성과는 혁신에 투자하는 비용의 절대적, 혹은 상대적 규모가 아니라 해당 조직이 지닌 혁신 프로세스의 질, 즉 조직의 베팅과 그것을 추구하는 방식에 따라 좌우되는 듯하다." 부즈앨런해밀턴은 애플을 기술 업계에서 최소한의 연구개발 예산으로 최대의 성공을 거두는 기업 가운데 하나로 꼽았다. 부즈앨런해밀턴은 이렇게 평했다. "애플의 4억 8,900만 달러는 규모가 더 큰 경쟁사들이 투자한 액수에 비하면 매우 적은 돈이다. 그러나 잠재력이 가장 큰 극소수의 프로젝트에 개발 자원을 집중시킴으로써 결국 아이맥, 아이북, 아이팟, 아이 튠즈를 생산해낸 일종의 혁신 기계를 구축했다."[13]

잡스는 휴렛팩커드에서 자주 영감을 얻곤 한다. 실리콘 밸리 최초의 기업 가운데 하나인 휴렛팩커드는 제품을 만드는 엔지니어들이 원동력이 되는, 언제나 확실한 엔지니어링 문화를 지향해왔다. 잡스는 이렇게 말했다. "나이가 들수록 동기가 아주 커다란 차이를 만든다는 확신이 점점 강해집니다. 휴렛팩커드의 주요 목표는 훌륭한 제품을 만드는 것이었습니다. 우리의 주요 목표는 세계 최고의 PC를 만드는 것입니다. 세계 최대의 기업이 되는 것도, 가장 부유한 회사가 되는 것도 아닙니다." 애플의 두 번째 목표는 이윤을 창출하는 것이라고 잡스는 덧붙였다. 돈을 벌기 위해서이기도 하지만 꾸준히 제품을 만들어내기 위해서이기도 하다. "잠시 두 가지 목표의 순서가 바뀌었었는데, 미묘한 변화로 모든 것이 달라졌습니다. 내가 다시 돌아왔을 때, 우리는 회사를 다시 제품을 지향하는 회사로 탈바꿈시켜야 했습니다."[14]

# ：선지자와 도둑

잡스는 MP3 플레이어와 그 이후에 출시된 스마트폰처럼 애플이 좀 더 향상시킬 수 있는 기존의 기술이나 유망한 신기술을 놓치지 않으려고 언제나 눈을 부릅뜨고 있다. 잡스는 선지자라는 평가를 받고 있다. 미래를 들여다보고 누구보다 먼저 소비자들이 원하는 바를 알아내는 신비한 능력이 있는 듯 보이기 때문이다. 그러나 잡스는 이러한 명성을 인정하지 않는다. 〈롤링스톤〉과의 인터뷰에서 그는 이렇게 밝혔다. "미래를 정확히 예측하기란 불가능합니다. 다만, 우리가 어느 쪽으로 나아가고 있는지는 감지할 수 있지요. 그게 우리의 한계입니다. 즉 우리가 할 수 있는 최선이라는 말이지요. 그쯤에서 뒤로 물러나 지켜보면 상황이 스스로 생명력을 얻어 전개됩니다." [15]

잡스는 어떤 신기술이 시장에 나오고 있는지, 또 어떤 기술이 생명이 다했는지를 지속적으로 파악한다고 말한 바 있다. "그런 것들을 찾고, 시간이 경과함에 따라 그것들이 어떻게 변화해가는지, 그리고 특정 시점에서 어떤 말을 탈 것인지를 파악하려고 노력해야 합니다. 지나치게 앞서 나가서는 안 되지만, 실행하기까지 어느 정도 시간이 걸리기 때문에 그만큼은 앞서 나가야 하지요. 요컨대 달리는 열차에 올라타야 한다는 말입니다." [16]

잡스는 USB를 예로 들었다. 이제 어디에서나 볼 수 있는 USB를 처음 고안한 회사는 인텔이었다. 그리고 애플은 그것을 자사 컴퓨터에 적용한 최초의 PC 기업 가운데 하나였다. 잡스는 USB의 소비자 친화적인 잠재성을 파악했다. 속도가 빠르지는 않았으나, 플러그 앤 플레이 방식인 데다 별도의 전선과 파워 브릭power brick이 없이도 구동될 수 있었기 때문이다. USB가 널리 인기를 끌고 있는 지금 생각해보면 그리 주목할 만한 일은 아닌 것 같지만, 애플은 USB를 처음 채택한 회사 중 하나였다. 애플이 채택하지 않았더라면 USB는 성공하지 못했을지도 모른다.

이처럼 혁신은 애플의 외부에 기인할 수도 있다. 사실 이런 일은 종종 일어난다. 애플에서 개발되지는 않았지만, 잡스나 그의 엔지니어들이 혁신의 잠재성을 지녔다고 인정한 기술은 수없이 많았다. 루슨트Lucent와 아기어Agere가 개발한 와이파이 무선 네트워킹은 애플이 자사 컴퓨터 전체에, 그리고 에어포트 베이스 스테이션에 사용하여 무선 노트북의 시대를 열고 난 후에야 영향력을 발휘할 수 있었다.

애플의 혁신은 새로운 기술을 고안하기보다는 기존의 기술을 취하여 사용하기 쉽게 만드는 것이라고 주장하는 사람들도 있다. 잡스가 연구소에서 기술을 갖고 나와 일반 사용자들의 손에 쥐어준다는 논리이다.

이와 관련해 가장 좋은 예는 바로 잡스가 스물네 살이던 1979년에 돈을 내고 제록스의 유명한 팔로알토 연구소를 견학하면서 그래픽 유저 인터페이스를 처음 발견한 일이다. 잡스는 그곳에서 마우스와 포인트 앤 클릭point-and-click 인터페이스가 갖추어진 최초의 컴퓨터 제록스 알토Xerox Alto의 시연을 지켜본 것이다. "그때까지 살면서 그렇게 멋진 것은 본 적이 없었습니다. 지금 생각하면 결점도 많고 불완전하고 잘못된 부분도 많았지만 당시에는 전혀 몰랐지요. 그저 그들이 보석 같은 아이디어를 갖고 있다고, 정말 잘 만들었다고 생각했습니다. 10분도 채 안 되어 언젠가는 모든 컴퓨터가 그렇게 작동할 거라는 확신이 들었지요." [17]

그러나 제록스의 경영진은 자신들의 과학자들이 연구소에서 만들어낸 것이 무엇인지 전혀 모르고 있었다. 10여 차례나 시연을 해보였지만 제록스의 중역들은 그것이 지닌 잠재력을 파악하지 못했다. 잡스는 이렇게 말했다. "기본적으로 복사기에만 매달리던 사람들이라 컴퓨터가 무엇인지, 컴퓨터로 무엇을 할 수 있는지 전혀 몰랐던 겁니다. 그래서 컴퓨터 역사상 가장 위대한 승리를 목전에 두고도 패배하고 만 것이지요. 사실 제록스는 오늘날의 컴퓨터 산업을 완전히 거머쥘 수도 있었습니다." [18]

혁신에 대해 잡스가 즐겨 인용하는 말이 있다. "훌륭한 예술가는 모방하고 위대한 예술가는 도용한다"라는 피카소의 유명한 말이 바로 그것이다. 그리고 잡스는 여기에 이렇게 덧붙인다. "따라서 우리는 위대한 아이디어들을 도용했다는 사실에 한 점 부끄럼이 없다."


# : 잡스가 생각하는 창의성이란

잡스가 생각하는 혁신의 본질은 여러 가지 요소들을 독특한 방식으로 결합하는 창의성이다. 그는 〈와이어드〉와의 인터뷰에서 이렇게 말했다. "창의성은 단순히 여러 가지 요소들을 연결하는 것입니다. 창의적인 사람들에게 무언가를 어떻게 해냈느냐고 물으면 그들은 약간의 죄책감을 느낄 겁니다. 정말로 무언가를 해낸 것이 아니라 그저 무언가를 본 것이기 때문이지요. 얼마 후면 그들이 본 것이 명백하게 느껴지기 시작합니다. 그들의 경험을 서로 연결하여 새로운 것으로 종합해낼 수 있기 때문입니다. 그리고 그러한 능력은 남들보다 많은 경험을 한 데에서, 혹은 자신의 경험에 대해 남들보다 많이 생각한 데에서 오는 것이지요. 안타까운 점은 그게 쉽지 않다는 사실입니다. 우리 업계에 종사하는 사람들 대다수는 다양한 경험들을 해보지 못한 사람들입니다. 그래서 서로 연결할 소재가 부족하다보니, 결국 해당 문제에 대해 폭넓은 관점을 견지하지 못한 채 일차원적인 해결책만 내놓게 되는 것입니다. 인간의 경험에 대해 폭넓게 이해할수록 더욱 훌륭한 디자인을 내놓을 수 있습니다."[19]

자력을 활용한 것은 애플이 어떤 기술, 그것도 자석에 불과한 아주 간단한 기술을 취하여 만지작거리다가 독특하게 이용한 사례이다. 애플은 맨 처음 노트북의 걸쇠에 자석을 사용했다. 노트북의 뚜껑이 닫힐 때 자석이 걸쇠 집에 들어가 있는 걸쇠를 끌어올리는 것이다. 그 다음에는 리모컨에 사용했다. 리모컨에 자석을 넣어 사용하지 않을 때에는 컴퓨터 옆면에 안전하게 붙여둘 수 있게 만들었다.

좀더 이후에 나온 맥북들은 걸쇠를 완전히 없애고 사용하지 않을 때에는 더 강력한 자석으로 뚜껑을 닫아놓게 설계되었으며, 자석으로 고정되는 전원 어댑터 매그세이프MagSafe도 갖추고 있다. 이 전원 어댑터는 컴퓨터가 코드에 딸려 바닥으로 떨어지는 일이 없도록 전원 코드에서 쉽게 분리되도록 설계되었다. 이것은 일본의 전기밥솥에서 차용한 아이디어로, 아이들이 전원 코드에 걸려도 부엌에 끓는 물이 잔뜩 튀지 않도록 하기 위한 것과 마찬가지로 수년째 자석 전원 어댑터를 사용하고 있다.

잡스는 자신이 제품에 대해 습득한 것들은 모두 어린 시절에 갖고 놀던 히스키트 덕분이었다고 밝혔다. 히스키트는 아마추어 무선 기기, 앰프, 오실레이터 등의 전자제품을 만들 수 있는 인기 조립 세트였다. 히스키트를 통해 잡스는 제품이란 하늘에서 뚝 떨어진 신기한 물건이 아니라 인간의 창의력으로 발현된 것이라는 사실을 배웠다. "히스키트는 누구든 탐구와 학습을 통해 주변에 있는 매우 복잡해 보이는 사물들을 이해할 수 있다는 막대한 자신감을 심어주었습니다. 그런 점에서 나는 아주 운 좋은 어린 시절을 보낸 셈이지요."[20]

잡스는 오래전부터 디자인과 건축과 기술에 관해 열심히 공부했다. 그의 사무실은 늘 작동 방식을 파악하기 위해 분해해놓은 전자제품들로 가득 차 있었다. 존 스컬리는 잡스가 언제나 다른 제조업체의 제품들을 연구하고 있었다고 기록했다. "각종 전자제품의 부품들과 케이스들이 사무실 여기저기에 흩어져 있었다. 사무실은 늘 난잡하게 어질러져 있었고 벽에는 포스터와 사진들이 테이프로 붙여져 있었다. 일본에서 새 제품을 사갖고 와서는 돌아오자마자 분해를 시작하기도 했다. 책상 위에는 새 제품의 부품들이 어질러져 있었다. 나는 그 모습을 보면서 스티브가 호기심을 자극하는 새로운 무언가를 보면 그것을 분해해서 작동 원리를 이해하려고 한다는 사실을 깨달았다."[21]

스컬리는 잡스와 함께 일본에 가서 소니의 전설적인 인물인 아키오 모리타를 만났던 일을 회상했다. 모리타는 두 사람에게 방금 출시된 첫 워크맨을 하나씩 선물했다. "스티브는 그것에 푹 빠졌습니다. 그래서 가장 먼저 한 일은 그것을 분해하는 것이었지요. 그러고는 부품을 하나하나 살피더군요. 어떻게 만들어졌는지, 마무리가 어떻게 되었는지 말입니다."[22]

잡스는 종종 직원들에게 디자인과 건축 교육을 시키기 위해 박물관이나 특별 전시회에 데리고 간다. 자신의 작품을 상품화한 아르누

보 디자인의 거장 루이 컴포트 티파니Louis Comfort Tiffany의 전시회에 맥 개발팀을 데리고 가기도 했고, 넥스트에서는 직원 몇 명을 데리고 펜실베이니아 주로 가서 세계적인 건축가 프랭크 로이드 라이트 Frank Lloyd Wright가 지은 낙수장Fallingwater을 보여주며 위대한 건축 디자인을 연구하게 하기도 했다. 또 넥스트에 있을 때 종종 맞은편의 소니 사무실 쪽으로 어슬렁어슬렁 걸어가서는 소니의 브로슈어를 집 어 들고 서체, 레이아웃, 종이 무게 등을 꼼꼼히 살피기도 했다.

어느 날 스컬리는 애플 본사 주차장에서 잡스가 정신없이 뛰어다 니며 자동차들을 살펴보는 광경을 목격했다. 잡스는 여러 자동차의 디자인을 세밀하게 분석하며 매킨토시 케이스의 디자인에 응용할 단 서들을 찾고 있었던 것이다. 잡스가 스컬리에게 말했다. "저 메르세 데스의 디자인 좀 보세요. 선명한 디테일과 미끈하게 흐르는 듯한 선 들이 정말 잘 어우러졌지요? 수년 동안 메르세데스의 디자인은 더 부 드러워졌지만 디테일은 더 뚜렷해졌어요. 우리 매킨토시도 저렇게 해야 합니다."[23]

잡스는 오래전부터 독일의 디자인에 관심을 가졌다. 결혼 전인 1980년대에 살았던 저택에는 독일제 그랜드 피아노와 커다란 검은 색 BMW 자전거만 갖춰져 있을 뿐 다른 가구는 찾아볼 수 없었다. 그 는 깔끔한 산업디자인으로 가장 잘 알려진 독일의 전자제품 업체 브 라운을 늘 동경해왔다. 브라운은 첨단 기술과 예술적인 디자인을 적 절하게 융합했다.

잡스는 기술적인 창의성과 예술적인 창의성을 동전의 양면으로 생 각한다고 여러 번 말해왔다. 기술과 예술의 차이점이 무엇이냐는

〈타임〉 기자의 질문에 잡스는 이렇게 대답했다. "저는 단 한 번도 그 두 가지가 별개라고 생각하지 않았습니다. 레오나르도 다 빈치는 위대한 예술가이자 위대한 과학자였지요. 미켈란젤로는 채석장에서 돌을 자르는 방법에 대해 엄청난 지식을 보유하고 있었습니다. 내가 아는 가장 훌륭한 컴퓨터 과학자 10여 명은 모두 음악가이기도 하지요. 제각기 실력 면에서는 차이가 있지만 모두들 음악을 인생의 중요한 일부로 여깁니다. 어떤 분야에서든 최고의 입지를 자랑하는 사람들은 스스로를 두 갈래로 갈라진 나무의 한쪽 가지로 생각하지 않을 것입니다. 어쨌든 저로서는 그렇게 생각할 수가 없습니다. 오히려 두 가지를 한데 결합하지요. 폴라로이드의 에드윈 랜드 박사는 이렇게 말했습니다. '나는 폴라로이드가 예술과 과학의 교차점에 서길 바란다.' 저는 이 말을 한 번도 잊은 적이 없습니다. 그것은 충분히 가능한 일이며 수많은 사람들이 그것을 시도해왔다고 생각합니다."[24]

# :낡은 생각은 버려라

과거에 애플은 업계 표준을 무시한 채 자사의 기술만을 테스트하며 지독할 정도로 배타적인 태도를 견지했다. 초창기에는 거의 모든 것에 비표준 기술을 사용했다. 키보드, 마우스, 모니터 등에도 모두 비표준 커넥터가 사용되었다. 그러나 잡스가 돌아온 이후로 훨씬 더 융통성 있고 실용적인 기업이 되었다. 애플은 이제 낡은 생각들을 버리고 있다. USB와 인텔칩 등을 비롯하여 전반적으로 표준 부품과 커넥션들을 사용하려고 최대한 노력하고 있으며, 심지어는 맥도 이제는 버튼이 두 개인 마우스를 지원한다.

창의성은 개방성과 유연성을 갖추고 자신의 비즈니스 모델을 비호하지 않는 것을 의미한다. 무모하게 포기하는 용기, 다가오는 새로운 무언가에 회사의 사활을 걸 수 있는 의지가 있어야 한다. 아이팟을 윈도우에 개방하겠다는 잡스의 결정은 이에 대한 좋은 사례가 된다. 처음에 아이팟은 맥에서만 사용할 수 있도록 설계되었다. 잡스는 아이팟을 미끼로 윈도우 사용자들을 낚아채오고 싶었던 것이다. 아이팟이 맥으로의 전환을 유도하는 자극제가 되길 바랐다. 애플에서는 오랜 시간에 걸쳐 열띤 논의가 이루어졌다. "정말 긴 토론이었습니다." 당시 애플의 하드웨어와 아이팟 부문을 책임지고 있던 존 루빈스타인은 말했다. "우리에겐 아주 중요한 결정이었지요. 그것이 어떤 영향을 미칠지 몰랐기 때문에 양쪽 주장을 모두 검토할 수밖에 없었습니다."

결국 그들은 윈도우 사용자들에게 애플의 기술을 맛보게 해줄 경우, 애플의 다른 제품들까지 빛을 볼 수 있는 후광효과가 생길 거라는 결론에 도달했다. 루빈스타인은 말했다. "결국 맥 몇 대를 더 파는 것보다 후광효과가 훨씬 중요했던 것이지요. 사람들이 아이팟을 사러 매장에 들어왔다가 자연스럽게 맥도 보게 될 거라고 생각했습니다." 루빈스타인은 직영 매장에 윈도우용 아이팟, 윈도우용 맥, 윈도우용 아이튠즈를 두는 것이 모두 이러한 전략의 핵심이라고 말했다. "서로를 정보원으로 이용한다는 얘기지요. 사람들은 윈도우용 아이튠즈를 사용해보고, '맥에서랑 똑같잖아' 하고 말합니다."[25]

잡스는 2002년 7월 윈도우와 호환되는 아이팟을 처음 소개했다. 당시 아이팟은 윈도우용으로 구성되긴 했지만, 여전히 윈도우 컴퓨터에는 잘 사용되지 않는 파이어와이어FireWire 커넥션이 있어야 했다. 진정한 변화가 일어난 것은 1년여 후, 윈도우 컴퓨터 연결 방식이 보완되었을 때였다. 2003년 5월 애플은 아이팟 3세대를 출시하면서 표준 파이어와이어에 USB2를 통한 연결성까지 추가한 것이다.

USB2를 추가한 것은 스티브 잡스에게는 엄청나게 중요한 변화였다. 애플의 제품은 주로 맥 플랫폼용으로 만든다는 원칙을 깨는 일이었기 때문이다. 그러나 그것이 가장 극적인 영향을 미친 것은 바로 매출이었다. 2003년의 변화가 있기 전까지 애플이 판매한 아이팟은 100만 개에 불과했다. 그러나 변화 이후 6개월 내에 100만 개가 팔려나갔고, 1년 후에는 무려 300만 개 정도가 더 판매되었으며, 이후 18개월 동안 900만 개가 팔렸다.

이제 아이팟은 확실한 윈도우 기기가 되었다. 모든 아이팟이 맥이 아닌 윈도우용으로 되어 있기 때문이다. 그러나 윈도우 컴퓨터는 맥 파일과 호환되지 않는 데 반해, 맥은 가능하며 윈도우용 아이팟을 연결하는 데에도 아무런 문제가 없다.

마찬가지로 다른 애플 기기들도 윈도우 친화적이다. 2007년 애플은 윈도우용 사파리 브라우저를 출시했다. 그것은 특히 수많은 윈도우 사용자들이 애플의 아이폰에 사파리를 사용하고 있다는 점을 감안할 때, 자사의 소프트웨어에 후광효과를 주기 위한 또 하나의 시도였다. 아이폰은 윈도우와 마이크로소프트 아웃룩에서도 맥에서만큼

233

잘 돌아간다. 애플 TV 역시 윈도우와 호환이 가능하며 에어포트 와이파이 베이스 스테이션도 마찬가지이다. 자사의 기술만을 배타적으로 추구하던 애플의 예전 방식은 내던진 지 오래다. 잡스는 이미 윈도우의 세계를 완전히 포용한 것이다.

소니의 CEO 하워드 스트링거는 회사를 구축하고 특징지어준 정력적인 창의성을 되살리고자 다시 한 번 회사에 활력을 불어넣으려 노력하고 있지만, 실제로 소니는 혁신에 대한 감각을 완전히 상실한 듯 보인다. 그 정확한 예로 디지털 음악을 들 수 있다.

디지털 음악은 다름 아닌 소니가 장악했어야 할 비즈니스이다. 소니는 워크맨으로 '휴대용 음악'을 고안해냈고, 수십 개의 다른 기업들이 워크맨과 디스크맨의 모방품을 쏟아낸 후에도 꾸준히 휴대 기기 시장을 지배했다. 그러나 소니는 자사의 음반 사업을 보호하려고 노력하는 과정에서 자신들의 초창기 디지털 플레이어를 절름발이로 만들고 말았다. 놀랍게도, 소니의 디지털 워크맨으로는 MP3 파일을 재생할 수 없었다. 그것이 새로이 떠오르는 디지털 음악의 표준이 되었는데도 말이다. 대신 소니는 사용자들에게 그들의 음악을 소니의 배타적인 애트랙ATRAC 형식으로 바꾸도록 강요했고, 당연히 사용자들은 그것을 원하지 않았다. 사용자들은 이미 소니의 플레이어로는 재생할 수 없는 MP3 음악을 자신의 컴퓨터에 여러 곡 저장해놓고 있었기 때문이다.

잡스는 기꺼이 개방적인 실험을 시도하여 아이디어를 다듬어나갔지만, 대다수의 기업들에서는 그러한 경향을 찾아보기 힘들다. 예를 들어 소니의 관리자들은 종종 단 하나의 출력물만 갖고 회의실에 들어와서 "이것이 우리의 디자인이다"라고 선언한다. 수년 동안 일본의 이 거대 기업과 긴밀하게 협력해온 한 엔지니어는 비슷한 경우를 여러 번 목격했다고 밝혔다. 그는 어리둥절해 하며 어떻게 그 디자인에 도달하게 되었는지, 어떤 선택을 했으며, 다른 방식을 택하지 않은 이유는 무엇인지 등을 물어보았지만, 그때마다 "이것이 승인된 디자인이다"라는 짧고 퉁명스러운 대답만 돌아올 뿐이었다.

엔지니어는 이렇게 설명했다. "그들은 자신들이 정말 혁신적이라고 생각하지만, 사실은 새로운 뭔가를 시도하는 것을 두려워합니다. 가장 큰 이유는 비난에 대한 걱정 때문이지요. 그들은 실수가 너무 두려워서 언제나 기존의 방법을 고수하는 것입니다."[26]

하드웨어의 경우에도 마찬가지다. 제품을 개발할 때, 소니의 관리자들은 종종 경쟁 제품들의 특징을 열거하여 그것을 청사진으로 이용한다. 그러나 소니가 제품을 출시할 때쯤이면 이미 시장의 판도가 바뀌어 있다. 루빈스타인은 이렇게 말했다. "소니의 워크맨은 사람들이 음악을 듣는 방식을 변화시켰습니다. 소니가 어떻게 그것을 놓쳤는지 정말 이해가 안 됩니다. 계속 쥐고 있어야 마땅했지요. 아이팟은 소니의 제품이어야 했습니다." 루빈스타인은 소니가 아이팟 같은 제품을 개발하지 않은 것은 소니의 다른 제품들을 해칠까봐 두려워서였다고 말했다. "자신들의 제품을 죽이지나 않을까 하는 두려움이 가장 컸겠지요. 성공한 제품을 죽이고 싶지는 않을 테니까요."[27]

하지만 잡스는 두려워하지 않는다. 그는 가장 큰 인기를 끈 애플의 아이팟 미니를, 더 얇은 새 모델 아이팟 나노를 위해 희생시킨 사람이다. 그것도 아이팟 미니가 절정의 시기를 누리고 있을 때 말이다.

"스티브는 그런 일을 수없이 주도했습니다." 루빈스타인은 말했다. "그는 배수진을 치는 사람입니다. 배수진을 치면 맞서 싸울 수밖에 없지요."[28]

# :애플의 혁신 사례 '애플 스토어'

미국에서 인근 고급 쇼핑몰에 가면 십중팔구 애플 스토어Apple Store를 만날 수 있다. 여성의류 전문점인 레인 브라이언트Lane Bryant와 여성 속옷 전문점인 빅토리아 시크릿Victoria's Secret처럼 알록달록한 매장들 사이에 반짝이는 흰색 플라스틱과 은색 금속으로 가득 찬 첨단 기술의 매장이 자리하고 있을 것이다. 그 매장에는 이름이 없다. 스테인리스강으로 이루어진 전면 한가운데에 커다란 애플 로고가 빛나고 있을 뿐이다. 금속으로 된 '이마' 아래로 널찍한 창이 나 있고, 그 안에 전시된 최신 아이폰이나 최신 아이팟이 사람들의 눈길을 사로잡는다.

안으로 들어가보면 매장의 크기가 적당하다는 것을 알 수 있다. 너무 크지도, 너무 작지도 않다. 늘 그렇듯이 매장 안에는 사람들이 북적거릴 것이다. 매장 문을 열기도 전에 줄을 서 있는 경우도 있다. 또 밤에 문을 닫을 때에는 몇몇 사람들이 가기 싫은 듯 꾸물거리기도 한다.

매장은 매우 유혹적이다. 어슴푸레 빛나는 우주 시대 하드웨어들이 가득한 그곳에 들어서면 마치 스탠리 큐브릭 감독이 그려낸 미래에 온 느낌이 든다. 마음을 동요시키는 차분한 분위기이다. 전시된 제품을 모두 자유롭게 이용하며 원하는 만큼 둘러볼 수 있다. 이메일을 보내거나 게임을 즐길 수도 있다. 저녁에는 매장 뒤쪽에 설치된 소극장에서 비디오 편집에 대한 강습이 열린다. 수업료는 공짜다.

애플은 2001년 5월 19일 캘리포니아 주 글렌데일에 첫 소매점을 열었다. 그 이후에 각지에 문을 연 200개 이상의 체인점은 소매업에서 가장 주목받는 사업이 되었다.

애플의 소매점 체인은 소매업 역사상 가장 빠른 성장률을 보이고 있다. 3년 만에 연매출 10억 달러를 달성하며 의류업체 갭의 기록을 갈아치웠고, 2006년 봄부터는 분기마다 10억 달러의 매출을 올리기 시작했다.

애플의 사업에서 큰 부문을 차지하는 소매사업은 비중을 점점 늘려가며 회사의 재기에 핵심적인 역할을 수행하고 있다. 소매사업의 성장은 아이팟의 엄청난 성장과 때를 같이했다. 고객들이 아이팟을 구경하러 매장에 왔다가 맥을 구경하며 시간을 보내기 시작한 것이다. 그리하여 아이팟과 소매점의 매출이 크게 뛰었다.

소매점의 수익은 엄청난 수준이다. 애플 소매점 한 곳의 매출은 같은 쇼핑몰에 들어선 매장 여섯 곳의 매출을 합친 것과 비슷한 수준이다. 대형 매장 베스트 바이와 비교하면, 겨우 10퍼센트에 해당하는 면적으로 거의 비슷한 수입을 창출하고 있다고 볼 수 있다.

애플의 소매점은 고급 의류 매장과도 같다. 호화롭고 현대적이며, 싸구려 물건 대신 라이프스타일을 판매한다. 돈을 써야 한다는 압박감도 주지 않으며 직원들은 친절하게 도움을 제공한다. 이러한 모든 차이를 만드는 것은 바로 서비스이다. 애플 매장은 기계를 갖고 놀다가도 언제든지 미안함 없이 나올 수 있는 부담 없는 오락장과도 같다. 조명이 지나치게 밝고 시끌벅적한 대형 할인점과는 대조적인 분위기이며, 고객에게 달려들어 값비싼 액세서리나 필요 없는 보증 연장을 강요하는 공격적인 직원도 없다.

이러한 점을 기본적인 서비스로 생각하는 사람들도 있지만, 대다수의 사람들에게는 이처럼 친절한 '길잡이' 역할이 거래를 성사시키는 열쇠로 작용한다. 사실 기술을 생소하게 느끼는 신규 고객을 확보하는 데 매우 중요한 요소가 된다. 최근에 나는 한 고객이 아이팟을 구입하면서 그것을 사용하려면 컴퓨터가 필요하냐고 묻는 광경을 목격했다. 또 다른 고객은 아이팟을 컴퓨터에 연결하고 음악을 옮기는 방법을 배우기 위해서 주로 고장 수리 등의 서비스를 제공하는 지니어스 바Genius Bar의 강습을 예약하기도 했다.

맥을 구입하는 고객에게는 그 자리에서 고객이 원하는 서비스를 무상으로 제공해준다. 고객의 프린터나 카메라에 맞는 드라이버를 설치해주고 인터넷 연결 설정 등을 도와준다는 얘기다. 윈도우를 쓰던 사람들에게는 아주 반가운 서비스가 아닐 수 없다. 대형 할인점의 쇼핑 경험과 비교하면 차이가 엄청나다. 대형 할인점에서는 직원과 접촉한다고 해봐야 매장을 나서기 전에 경비원에게 가방이나 카트를 점검받는 것이 전부가 아닌가.

애플 매장들은 매우 분주하다. 늘 사람들이 북적대며 꽉 들어차는 경우도 부지기수다. 애플의 보고에 따르면, 그들의 매장은 대형 식료품점이나 인기 레스토랑과 어깨를 나란히 할 정도로 업계에서 가장 분주한 소매점에 속한다. 새로운 매장을 열 때면 늘 팬들이 줄을 서서 진을 치고 밤을 샌다. 일부 팬은 자신이 사는 지역에 매장이 새로 들어설 때마다 찾아가며, 런던, 도쿄, 캘리포니아 등지에 대규모 매장이 문을 열 때면 극소수이긴 하지만 국토를 횡단 또는 종단하여 오거나 해외에서 비행기까지 타고 오는 사람들도 있다.

애플에 돌아왔을 때, 잡스는 회사가 살아남기 위해서는 소매점이 필요하다는 사실을 깨달았다. 소매점을 열기 전까지 고객과 직접적으로 접촉할 기회는 맥월드 컨퍼런스뿐이었다. 어떤 맥월드 컨퍼런스에는 약 8만 명이 참석한 적도 있다. 요즈음 애플 매장에는 매일 오전과 오후에 각각 8만 명 이상이 찾아오기도 한다.

1990년대 중반에 맥은 우편주문 카탈로그나 서킷 시티Circuit City, 시어스Sears 같은 소매업체를 통해 판매되었다. 그러나 이런 소매점에서 맥은 선반 뒤쪽으로 밀려나 먼지를 뒤집어쓴 채 관심을 끌지 못하는 경우가 많았다. 판매원들은 고객들을 주로 앞쪽에 놓인 윈도우 PC로 안내했다. 애플에게 상황이 너무 불리하게 돌아가자, 일부 맥 팬들은 밤이나 주말에 시간을 내어 비공식 판매원으로 나서서 소매점에서 맥을 팔아보려고 안간힘을 쓰기도 했다.

1990년대 후반에 애플은 컴퓨터 소매업체인 컴프USACompUSA에서 시범적으로 '점포 내 점포'를 운영하여 작은 성과를 거두었다. 이를 통해 잡스는 맥의 번화가 진출을 확대하고 맥 쇼핑을 좀더 애플다운 경험으로 만들어야 한다는 것을 깨달았다. 그러나 잡스가 원한 것은 완전한 통제권이었다. 이것을 실현하는 방법은 오직 한 가지, 즉 자체 매장을 갖추는 것이었다.

"애플 제품에 대해 최고의 구매 경험을 제공하고 싶었는데, 우리 제품을 유통시키는 소매업자들은 대부분 매장에 충분히 투자를 하지도, 다른 판매 개선 방책을 시도하지도 않는 것 같았습니다." 잡스는 〈월 스트리트 저널〉에서 이렇게 말했다. 여기서 주목할 구절은 "최고의 구매 경험"이다. 잡스의 모든 노력이 그러하듯 애플 소매점 역시 고객 경험이 그 원동력이다.

잡스는 당시 소비자들의 95퍼센트가 애플을 고려해보지도 않았다고 말했다. 애플은 별도의 장소를 마련하여 맥이 소비자 생활의 중심이 되는 방식을 보여줄 똑똑한 직원들을 배치해야 했다. 소매점은 특히 윈도우 사용자들을 목표로 하여 그들이 맥을 살펴볼 수 있는 친절한 공간으로 자리매김할 예정이었다. 애플 소매점의 초창기 슬로건은 "5는 쓰러뜨렸다. 이제 95가 남았다"였다. 당시 마이크로소프트의 시장 점유율은 95퍼센트였던 데 반해, 맥의 시장 점유율은 5퍼센트에 불과했기 때문이다.

소매사업에서 실수를 하지 않기 위해서 잡스는 늘 그랬듯이 최고의 인물을 채용했다. 그가 찾아낸 사람은 바로 갭의 회장이자 CEO인 밀러드 미키 드렉슬러였다. 1999년 5월 드렉슬러는 애플 이사회의 일원이 되었다. "드렉슬러가 지닌 마케팅 및 소매사업에 관한 전문 지식은 애플이 소비재 시장에서 지속적으로 성장하는 데 막대한 자원이 되어줄 것이다. 애플 이사회에 완전히 새로운 차원을 부여해줄 것으로 보인다." 잡스는 보도자료에서 이렇게 밝혔다.

그 후 잡스는 월마트와 유사한 군소업체로 간주되던 할인점 타깃 Target을 적당한 디자인의 고급품 유통업체로 변모시킨 소매업의 베테랑 론 존슨을 불러들였다. 존슨은 유명 디자이너들을 모집하여 가정용품 디자인을 맡김으로써 타깃에서 마치 프랑스의 디자이너 브랜드가 연상되는 '타제이Tarjay'라는 별명을 얻게 해준 장본인이었다. "8년이 지난 지금, 타깃에서 디자인은 비즈니스 전략의 초석이 되었지요." 현재 애플의 소매 부문 수석 부사장으로 재직 중인 존슨의 말이다.[29]

존슨은 커다란 몸집에 가느다란 회색 머리칼과 시원한 미소를 가진 다정한 중서부 사람이다. 그가 애플에 고용된 것은 2000년 1월이었다. 당시 잡스가 존슨에게 건넨 첫마디는 이러했다. "소매사업은 어렵습니다." 그리고 이렇게 덧붙였다. "아무래도 운영을 하면서 어느 정도의 두려움은 느껴야겠지요. 소매업은 힘든 사업이니까요."[30]

처음에 존슨은 자신이 애플에서 일한다는 사실을 아무에게도 말할 수 없었다. 경쟁사들이 애플의 소매사업 계획을 알아채지 못하도록 자신의 가운데 이름을 변형시켜 존 브루스John Bruce라는 가명과 가짜 직위를 사용해야 했던 것이다. 심지어 애플이 여러 군데에 소매점을 내기 전까지는 사내에서도 실명을 사용하지 않았다.

2001년 5월 애플이 첫 소매점을 열었을 때, 대부분의 전문가들은 애플이 값비싼 실수를 저지르고 있다고 생각했다. 그때까지 컴퓨터 회사들 가운데 유일하게 직영 매장을 갖고 있던 게이트웨이의 소매점들이 문을 닫고 있었기 때문이다. 게이트웨이 매장들은 고객을 매료시키지 못하고 있었다. 사실 이유를 알 수는 없지만 게이트웨이는 매장에 재고를 구비해놓지 않았다. 고객들은 제품을 둘러볼 수는 있었지만 반드시 온라인으로만 주문을 해야 했고, 그 때문에 게이트웨이는 충동구매를 이용할 기회를 놓치고 있었던 것이다. 게이트웨이의 고객들은 온라인으로 주문을 하기보다는 당연히 여러 회사의 제품들을 비교할 수 있는 대형 할인점으로 발길을 돌렸고, 대개는 그곳에서 원하는 제품을 구입했다.

한편, 애플은 여전히 별다른 회생의 기미를 보이지 못하는 상태였다. 인터넷 거품은 사그라지고 있었고 나스닥은 고전을 면치 못했으며, 인터넷을 통한 직접 판매로 완벽한 컴퓨터 비즈니스 모델을 갖춘 듯 보이는 델이 다른 기업들을 모두 무너뜨리고 있었다. 애플의 총수입은 120억 달러에서 50억 달러로 떨어졌으며 간신히 적자를 면하는 실정이었다. 아이팟은 6개월 후에나 출시될 예정이었다. 게다가 아무도 아이팟이 대박을 터트릴 거라고 예상하지 못했다. 이처럼 고투를 벌이는 기업이 소매업에서 입증되지 않은 값비싼 실험을 하기에는 더없이 나쁜 시기인 듯했다.

"그들은 비용을 쏟아 부으며 크게 고통을 받다가 2년쯤 후에 실수를 인정하고 포기할 것이다." 소매업 전문가 데이비드 골드스타인 David A. Goldstein은 당시 널리 퍼져 있던 의견들을 수렴하여 이렇게 주장했다. 업계 관측자, 월 스트리트 분석가, 저널리스트 가운데 애플의 소매사업이 좋은 아이디어라고 생각하는 사람은 아무도 없었다. 〈비즈니스 위크〉는 이렇게 언급했다. "외부인의 관점에서 볼 때 새로운 소매점이 애플을 고성장 궤도에 올려다줄 거라고 생각하는 사람은 거의 없다. 아무리 구상이 좋다고 해도 말이다."[31]

# : 삶을 더욱 풍요롭게

1990년대 이전까지 대부분의 상점은 여러 제조사들의 제품을 모아 놓고 판매하는 백화점식 모델을 따랐다. 그러던 중 1980년대 후반에 갭이 다른 브랜드들을 배제하고 자사의 의류에만 주력하면서 소매업에 혁명을 일으켰다. 합당한 가격으로 유행하는 기본 캐주얼을 판매하면서 갭은 로켓처럼 급부상하기 시작했다. 1983년에 4억 8,000만 달러였던 매출이 2000년에는 137억 달러까지 오르면서 가장 빠르게 성장한 소매 체인으로 역사에 기록되었다. 이러한 갭의 모델은 특히 의류업체들이 많이 모방했지만 소니, 노키아, 삼성 같은 기술 업체들도 갭의 전례를 따르고 있다. 1990년대의 호황 시절에는 인터넷으로만 제품을 판매하던 델조차도 이제는 쇼핑몰에 부스를 마련하고 있으며, 유럽에서는 월마트, 코스트코, 까르푸 등의 슈퍼마켓 체인을 통해 컴퓨터를 판매하고 있다.

대부분의 소매업체들은 판매량을 최대한 늘리는 일에만 주력하고 있다. 게이트웨이는 이것을 '금속 옮기기moving metal'라고 불렀다. 본체가 금속으로 된 컴퓨터를 팔았기 때문이다. 이러한 철학 때문에 게이트웨이는 몇 가지 필연적인 결론에 도달해야 했다. 비용을 줄여 가격 경쟁력을 높이고, 외진 주차장처럼 땅값이 싼 곳에 점포를 열어야 한다는 것이었다. 그러나 이러한 결정은 모두 치명적인 실수인 것으로 드러났다.

가장 큰 문제는 아무도 게이트웨이 소매점을 찾지 않는다는 것이었다. 대부분의 사람들은 2, 3년에 한 번씩 새 컴퓨터를 구입하는데,

게이트웨이 매장을 둘러보기 위해서는 일부러 멀리까지 찾아가야 했다. 사람들이 주로 다니는 쇼핑몰 같은 곳이 아니라 번화가에서 멀리 떨어진 주차장에 매장이 있었기 때문이다. 게이트웨이는 소매사업의 절정기에 200여 군데의 매장을 갖추고 약 2,500명의 직원을 배치했다. 그러나 이 시기에 매장을 찾은 사람은 일주일에 250명에 불과했다. 몇 년 동안 불안정한 매출로 고생하던 게이트웨이는 결국 2004년 4월에 전 매장을 철수했다. 엄청난 고통과 비용이 따른 실수였다.

반면, 잡스는 고객들을 매장으로 끌어들이고 싶었다. 고객들이 애플의 디지털 라이프스타일을 맛볼 수 있는 매장, 그리고 가능하다면 컴퓨터 한 대를 사갖고 나갈 수 있는 '라이프스타일 매장'을 열고 싶었다.

초창기에 내린 핵심 결정들 가운데 하나는 바로 유동인구가 많은 지역을 선정한다는 것이었다. 이러한 첫 번째 결정은 훗날 진정한 타개책으로 입증되지만, 처음에는 대부분의 사람들이 반대했다. 유동인구가 많은 지역은 임대료가 비싸다는 것이 그 이유였다.

그러나 애플은 결국 임대료가 싼 변두리 쇼핑가 대신 고급 쇼핑몰과 최신 유행의 쇼핑 지구를 선택했다. 사람들의 발길을 끌자는 생각에서였다. 호기심 때문에라도 한 번쯤 들어와서 윈도우 세상과는 다른 맥의 세상을 알아보도록 자극하는 점포를 만드는 것이 목표였다. 대부분의 고객들이 새 컴퓨터를 구입할 때 애플을 고려하지도 않는 상황에서 차로 20분이나 걸리는 외딴 주차장에 매장을 세운다면 누가 찾아오겠는가. "물론 땅값은 훨씬 더 비쌌지요." 잡스는 이렇게 말했다. 그래도 "20분이나 들여서 모험을 할 필요는 없었습니다. 스무 걸음이면 충분히 모험을 즐길 수 있었다는 얘기입니다."[32] 부동산

시장에서 오래전부터 사용되어온 주문을 기억하는가? '위치 선정, 위치 선정, 위치 선정!' 말이다.

애플은 인구조사 데이터와 애플에 등록된 고객 정보를 활용하여 매우 주의 깊게 위치 선정에 대한 계획을 세웠다. 애플이 점포 위치의 선정 기준을 공개한 적은 없지만, 애플의 소매점 체인 전문 웹사이트 아이포애플스토어닷컴ifoAppleStore.com을 운영하는 게리 앨런 Gary Allen은 애플의 소매 전략을 면밀히 관찰하며 소매점 위치 선정 과정에 관한 정보를 수집해오고 있다. 앨런의 말에 따르면, 애플은 해당 지역의 애플 등록 고객 수와 인구 통계, 그 중에서도 특히 나이, 평균 가계소득, 주요 학교 및 대학과의 근접성, 그리고 현명하게도 주요 구간 고속도로까지 고려해서 소매점의 위치를 선정한다고 한다. 애플이 겪은 가장 큰 문제는 매장 입점에 적합한 쇼핑몰을 찾는 일이었다. 애플은 본사가 위치한 샌프란시스코에서 적절한 쇼핑몰에 자리가 날 때까지 3년 동안 기다리기도 했다.

론 존슨은 초창기에 잡스와 전략 회의를 가지며 애플의 전체 제품 라인, 즉 휴대용 컴퓨터 두 가지와 데스크톱 컴퓨터 두 가지에 대해 프레젠테이션을 받았다. 아이팟은 출시 전이었다. 존슨은 겨우 네 가지 제품으로 170여 평 정도의 매장을 채워야 했다. 그는 이렇게 회상했다. "처음에 그것은 도전 과제였지만 결국 우리는 기회로 바꾸었습니다. 매장을 채울 만큼 충분한 제품이 없으니 소유자 경험으로 매장을 채우자는 합의에 도달했거든요."[33]

존슨의 말에 따르면, 두 사람은 처음에 구상하면서 '삶을 풍요롭게' 하자는 색다른 비전으로 출발했다. "애플의 소매점 모델을 구상할 때, 우리는 소매점이 반드시 애플과 연결되어야 한다고 생각했습니다. 어렵진 않았습니다. 삶을 풍요롭게 하는 것이었으니까요. 그것은 애플이 30년 넘게 수행하고 있는 일입니다."[34]

삶을 풍요롭게 한다는 목표는 두 가지의 분명한 목적으로 귀결되었다. 첫째, 고객 경험을 중심으로 매장을 디자인하는 것, 둘째, 제품이 수명을 다할 때까지 해당 소유자의 경험을 고려하는 것이었다.

첫 번째 목적인 고객 경험을 중심으로 매장을 디자인하는 것은 소매 경험 중심의 디자인과는 다르다. 대부분의 소매업자들은 고객이 매장에서 제품을 찾고 고르는 방식, 그리고 해당 고객이 최대한 많은 돈을 쓰게 하는 방식에 초점을 맞춘다. 그러나 잡스와 존슨은 제품이 고객의 생활환경이나 경험과 어떻게 조화를 이룰 것인지를 자문해보았다. 존슨은 이렇게 설명했다. "우리는 매장 내에서의 고객 경험은 생각하지 않았습니다. 그보다는 '고객의 생활 경험을 중심으로 매장을 디자인하자'라고 합의했지요."

두 번째 목적에 대해 그는 이렇게 말했다. "우리는 애플 매장이 소유자 경험을 창출해주길 바랐습니다." 매장은 거래 순간이 아닌 제품의 수명에 초점을 맞춰야 했다. 대다수의 소매점들은 구매 자체를 해당 점포와의 관계가 끝나는 시점으로 간주한다. 그러나 애플 스토어는 다르다. "우리는 구매를 관계가 시작되는 시점으로 생각합니다."

"그래서 먼저 목록을 만들었습니다. 삶을 풍요롭게 하는 방식에 대해 목록을 작성한 것이지요." 두 사람은 애플 매장이 적절한 제품만을 구비해야 한다고 결정했다. 제품이 너무 많으면 오히려 고객이 혼란스러워할 수 있기 때문이다. 존슨은 타깃이라는 회사에서 선택 범위를 좁히는 것이 얼마나 이로운지에 대해 배웠다. 타깃의 일부 간부들은 진열 상품의 종류를 최대한 늘리고 싶어 했다. 그리하여 한때는 토스터를 서른한 가지나 구비해놓기도 했다. 그러나 존슨은 주방 용품 산업을 주도하는 소매업체 윌리엄스 소노마Williams Sonoma가 토스터를 단 두 종류만 구비하고 있다는 사실을 알게 되었다. 존슨은 이렇게 말했다. "중요한 것은 광범위한 구색이 아니라 적절한 구색입니다." [35]

또한 잡스와 존슨은 고객들이 전 제품을 사용해보도록 독려해야 한다고 생각했다. 당시 대다수의 컴퓨터 매장들은 작동 가능한 모델들을 진열해놓기만 했을 뿐, 고객들이 소프트웨어를 사용해보거나 인터넷에 연결해보거나 디지털 카메라의 사진을 옮겨보는 일 등은 허용하지 않았다. 애플 스토어에서는 구매에 앞서 제품의 모든 측면을 자유롭게 시험해보도록 허용할 예정이었다.

처음에 잡스는 두세 군데에 매장을 열어 반응을 살펴보려 했지만, 미키 드렉슬러의 조언에 따라 쿠퍼티노의 애플 본사 근처에 있는 창고에 실물 크기의 모형으로 비밀 매장을 꾸몄다. 소매점마저 애플의 제품들과 똑같은 방식으로, 즉 시제품을 만든 다음 다듬고 개선하여 더 완벽하게 만드는 방식으로 설계된 것이다.

존슨은 약 20명의 소매업 전문가와 매장 디자이너들로 팀을 구성하여 매장 배치에 대해 여러 가지로 실험하기 시작했다. 그들은 먼저 쉽게 접근할 수 있도록 친근한 느낌을 주기 위해 나무, 돌, 유리, 스테인리스강 등의 천연 재료를 쓰기로 결정했다. 전체적인 색조는 회색 등의 무채색을 사용하되, 제품이 돋보이도록 조명만큼은 최고의 품질로 구비할 예정이었다. 늘 그랬듯이 세부사항에 주의를 기울이는 성향만큼은 절대 버릴 수 없었다. 초기에 잡스는 매장 디자인팀과 일주일에 반나절씩 회의를 가졌다. 〈비즈니스 2.0〉에 따르면, 다양한 색깔의 아이맥이 광택지에 인쇄된 광고에서처럼 빛나게 만들기 위해 반나절 내내 세 가지 조명을 놓고 철저한 평가가 이루어지기도 했다. "매장의 작은 요소들 하나하나가 모두 이러한 세부사항에 맞춰 디자인됩니다." 존슨은 이렇게 말했다.[36]

2000년 10월 수개월의 노력 끝에 매장의 원형이 거의 완성되었을 무렵, 존슨의 머릿속을 스쳐 지나가는 생각이 있었다. 컴퓨터를 디지털 라이프스타일의 중심에 놓는다는 애플의 디지털 허브 철학이 매장에 반영되지 않았다는 사실을 깨달은 것이다. 기존의 원형에는 베스트 바이와 마찬가지로 한쪽에는 컴퓨터가, 다른 쪽에는 카메라가 배치되어 있었다. 존슨은 컴퓨터와 카메라를 한곳에 모아서 맥으로 디지털 사진첩을 만드는 방법이나 홈 무비를 DVD로 굽는 방법을 보여줘야 한다는 생각이 들었다.

존슨은 잡스에게 가서 말했다. "스티브, 아무래도 잘못된 것 같습니다. 실수를 한 것 같은데요. 애플 매장은 제품뿐만 아니라 디지털 미래까지 보여줘야 합니다."[37] 존슨은 카메라, 캠코더, MP3 플레이어가 컴퓨터에 연결되어 원활하게 돌아가는 디지털 허브를 고객에게 보여주는 것이 더 효과적이라고 생각했다. 기계들을 '솔루션 존 solution zone'이라는 공간에 모아서 맥을 통한 디지털 사진 작업, 비디오 편집, 음악 제작 등 고객이 실제로 원하는 작업을 수행하는 방법을 알려주자는 것이었다.

그 말을 들은 잡스는 전혀 기뻐하지 않았다. "지금 제정신으로 하는 얘기요? 그럼 처음부터 다시 시작해야 하잖소!" 버럭 소리를 지르고 쿵쾅거리며 자신의 사무실로 들어간 잡스는 곧 마음을 바꾸었다. 1시간도 안 돼서 한결 환해진 얼굴로 존슨의 사무실을 찾아온 것이다. 그는 존슨에게 아이맥 같은 애플의 최고 제품들은 거의 모두 한동안 보류했다가 다시 시작한 것이라고 말했다. 그것 역시 제작 과정의 일부였던 것이다. 후에 〈포춘〉과의 인터뷰에서 잡스는 처음에 '맙소사, 우리는 망했어!'라는 생각이 들었다고 말했다. 그러나 존슨이 옳았다. "손실이 컸지요. 6개월? 아니, 9개월 정도는 낭비했으니 말입니다. 하지만 수십만 배는 더 옳은 결정이었습니다." 잡스는 말했다.[38]

매장의 원형은 네 구역으로 나뉘어 각 구역별로 존슨이 제안한 '솔루션 존'에 맞게 다시 꾸며졌다. 매장 앞부분의 첫 번째 구역에는 제품들이 배치되고 두 번째 구역은 음악과 사진, 세 번째 구역은 지니어스 바와 영화에 할당되었으며, 뒤쪽의 네 번째 구역은 액세서리 및 기타 제품들이 배치되었다. 고객이 해결하고자 하는 라이프스타일 문제들, 일테면 디지털 사진을 찍고 공유하는 문제나 DVD를 편집하고 만드는 문제 등에 대해 전반적인 해결책을 찾을 수 있는 공간을 창출하자는 생각에서였다.

애플 매장들은 단순한 제품 전시장을 뛰어넘어 도서관과 같은 공공장소가 되도록 설계되었다. "우리 매장의 본질은 제품이 아니라 매장을 전시장 이상의 개념으로 만들어줄 일련의 경험입니다." 존슨은 이렇게 말했다.[39]

애플은 인터넷을 무제한으로 이용하게 하고 각종 매장 행사를 마련함으로써 매장에 사람들의 발길이 끊이지 않도록 노력한다. 매주 무료 워크숍과 강습을 개최하며 좀더 규모가 큰 매장에서는 창의적인 직업에 종사하는 사람들의 강연과 밴드의 공연을 마련하기도 한다. 그리고 사람들의 발길이 뜸해지는 여름철이 되면 애플 캠프를 열어 수천 명의 아이들을 매장으로 끌어들인다.

매장 디자인팀은 규모가 큰 주요 매장에 유리 계단을 만들기로 결정했다. 2층은 늘 비교적 한산하기 마련인데, 고객들에게 올라가 보고 싶은 마음이 들게 하기 위해서였다. 유리 계단은 주요 관심의 대상이 되었고, 애플에 여러 차례 상을 안겨주기도 했다.

## 편안함의 원천 '지니어스 바'

애플이 이룩한 가장 중요한 혁신은 바로 체험 훈련과 지원을 제공하는 지니어스 바이다. 2000년에는 한 번 컴퓨터 수리를 맡기면 몇 주일이 걸리는 경우도 있었다. 기술지원팀에 직접 전화를 걸어 컴퓨터를 제조사에 보낸 다음, 돌아올 때까지 몇 주일을 기다려야 했던 것이다. 존슨은 이렇게 말했다. "그런 식으로는 사람들의 삶을 풍요롭게 해줄 수 없습니다."[40] 애플은 동네 세탁소에 옷을 맡기듯 단 며칠 만에 수리를 끝내주기로 결정했다.

지니어스 바는 애플 매장의 가장 인기 있고 차별화된 특징이 되었다. 고객들은 직원과 직접 얼굴을 맞대고 문제를 해결할 수 있으며, 고장 난 기계를 멀리 보낼 필요 없이 인근 쇼핑몰에 가져가기만 하면 된다는 점을 무척 좋아한다. 존슨은 말했다. "고객들은 우리 지니어스 바를 아주 좋아합니다." 2006년 애플은 지니어스 바를 찾는 사람이 일주일에 평균 100만 명 이상에 달하는 것으로 추산했다.

지니어스 바에 대한 아이디어는 고객들에게서 얻은 것이었다. 존슨은 포커스 그룹에게 지금껏 경험한 최고의 고객 서비스는 무엇이냐는 질문을 던졌다. 대부분의 사람들은 판매가 아니라 도움을 제공하기 위해 존재하는 호텔의 안내 데스크를 언급했다. 존슨은 컴퓨터를 위한 안내 데스크를 설치하는 것이 좋은 아이디어가 될 수도 있겠다는 생각이 들었다. 친절한 동네 바와 같은 장소를 꾸며놓고 바텐더가 술 대신 무료로 조언을 제공하면 좋겠다고 생각한 것이다.

존슨이 처음 이 아이디어를 제안했을 때, 잡스는 회의적인 태도를 보였다. 얼굴을 맞대고 제공하는 직접적인 지원의 개념은 마음에 들었지만, 자신이 알고 있는 수많은 컴퓨터광들을 고려해볼 때 그들이 사람들을 적절하게 상대할 수 있을까 하는 의심이 들었던 것이다. 그러나 존슨은 요즘 젊은 사람들은 대부분 컴퓨터에 익숙할 테니, 기술에 능숙하고 서비스 정신이 투철하며 용모가 단정한 직원을 채용하는 데 큰 문제가 없을 것이라고 잡스를 설득했다.

직원 채용과 관련하여 존슨이 떠올린 가장 중요한 아이디어는 가전제품 소매업계에서 일반적인 것으로 여겨지는 판매수당을 없앤 것이었다. 존슨은 말했다. "애플 사람들은 제가 미쳤다고 생각했습니다."[41] 그러나 존슨은 애플 매장이 판매 실적을 강요하는 압박의 공간이 되는 것을 원치 않았다. 고객의 지갑이 아닌 가슴에 호소하는 직원을 원한 것이다.

존슨은 판매수당을 지급하는 대신 직원들의 지위를 올려주기로 결정했다. 최고의 직원은 '맥 지니어스Mac Genius'로 승진시키거나 매장 뒤쪽에 마련된 극장에서 프레젠테이션을 하게 해준다는 생각이었다. 그렇게 되면 해당 직원은 큰 자부심을 느낄 것이다.

판매수당을 없앰으로써 직원들의 업무는 순수한 돈벌이에서 전문직에 가까운 수준까지 격상되었다. 직원들 중에는 시간제로 일하며 임금을 받는 사람들도 많지만, 그들 역시 전문직의 지위를 어느 정도 누릴 수 있다. 존슨은 이렇게 말했다. "더 이상 그들의 일은 물건을 판매하고 고객의 시중을 들어주는 것과 같은 따분하고 귀찮고 힘든 것이 아닙니다. 그보다는 순식간에 사람들의 삶을 풍요롭게 해준다고 생각하게 되지요. 우리는 이런 방식으로 직원을 선발하여 동기를 부여하고 훈련을 시킵니다." 물론 이것은 애플의 전형적인 모습이다. 소매업에까지 사명감을 주입시키는 것, 그것이 바로 애플이다.

직원들은 매장에서 근무하는 동안 파이널 컷 프로Final Cut Pro나 거라지밴드 Garageband와 같이 나중에 유용하게 쓰일 만한 전문 소프트웨어 애플리케이션의 사용법을 배운다. 애플의 보고에 따르면, 그들의 이직률은 평균 20퍼센트이다. 소매업계 평균이 50퍼센트 이상인 점을 감안하면 매우 낮은 편이다.

애플 소매점은 적절하게 설계된 쇼핑센터에서 배움의 터전으로 진화해가고 있다. 애플은 비교적 규모가 큰 일부 매장에는 추가 조언을 위한 '바'들을 새로 만들고 있다. 조언과 수리 서비스를 제공하는 아이팟 바, 영화 제작이나 사진첩 레이아웃 등의 창의적인 프로젝트를 도와주는 스튜디오 바 등이 그것이다. 이러한 '무료 조언 바'에 관한 아이디어는 다른 소매업체들에까지 널리 퍼지기 시작했다.

대부분의 컴퓨터 회사들이 대형 할인점에서 제품을 판매하며 전화 상으로만 도움을 제공한다는 점을 감안할 때, 애플 소매점은 파격적인 발상이 아닐 수 없다. 존슨은 애플 스토어를 '하이 터치high touch'라고 부른다. 이것은 컴퓨터가 아닌 인간을 상대한다는 의미가 내포된 말이다. 때로로 이 말은 훌륭한 고객 서비스를 의미하기도 한다. 존슨은 이렇게 말했다. "첨단 기술의 세계에 하이 터치가 존재한다는 것은 정말 멋진 일이 아니겠습니까?"

애플 소매점은 애플의 혁신이 효과를 발휘하고 있다는 증거이다. 그 철학과 디자인과 배치는 디지털 허브 전략에서 나왔지만, 그 실행은 고객 경험에 관한 한 절대 타협하지 않는 잡스의 엄격한 성향에 기인한다.

# 스티브의 교훈

**"고객에게서 눈을 떼지 말라."**

파워맥 G4 큐브가 실패한 것은 고객들이 아니라
디자이너들에게 초점을 맞추었기 때문이다.


**"의식적으로 혁신에 대해 생각하지 말라."**

혁신을 체계화하려는 것은 멋있지 않은 사람이
멋있어지려고 노력하는 것과 같다.


**"시장과 업계를 연구하라."**

잡스는 어떠한 신기술이 나타나고 있는지 끊임없이 주시한다.


**"제품에 집중하라."**

제품은 모든 것을 모아주는 중력과도 같다.


**"동기가 차이를 만들어낸다."**

세계 최대의 기업이나 가장 부유한 기업이 되려고 노력하기보다는
최고의 제품을 만드는 데 주력하라.

# Lessons from Steve

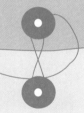

## "도용하라."

다른 사람의 훌륭한 아이디어를 도용하는 일을 부끄러워하지 말라.

## "창의성으로 연결하라."

잡스는 창의성을 그저 여러 가지 요소들을 연결하는 것으로 생각한다.
여러 요소들을 연결하면 새로운 것을 얻을 수 있다.

## "공부하라."

잡스는 예술, 디자인, 건축 등을 열심히 공부한다. 심지어 주차장을
뛰어다니며 자동차들을 관찰하기도 한다.

## "유연성을 발휘하라."

잡스는 애플을 특별하고도 편협하게 만든 오랜 전통들을 버렸다.

# 아이팟은
# 어떻게
# 만들어졌는가
## #7

Steve
Jobs

# Steve Jobs says:

아이팟은 아무것도 없는 상태에서
연간 10억 달러 가치의 사업으로 성장했다.
애플은 끝내주는 기술을 고안해내는 데
무척 강하며 그것을 아주 쉽게 만드는 데에도
능하다. 이런 일들은 언제나 우리가 해온 것이다.

―〈월 스트리트 저널〉 2004년 6월 14일자

애플을 악전고투하던 PC 회사에서 막강한 전자제품 회사로 변모시켜준 아이팟은 잡스의 혁신 전략인 디지털 허브에서 탄생했다. 고객 경험에 대한 이해, 즉 드넓은 디지털 음악의 바다를 항해하는 방법을 이해함으로써 아이팟의 디자인을 결정했고, 애플의 반복적인 디자인 프로세스를 통해 그것을 완성할 수 있었다. 핵심 아이디어 가운데 일부는 예상치 못한 곳에서 나오기도 했는데, 예를 들어 스크롤 휠은 디자이너가 아니라 광고를 담당하는 어느 간부가 제안한 것이었다. 핵심 부품들 다수도 외부에서 가져온 것이었다. 그러나 이 모든 것을 독특하고 혁신적인 방식으로 결합한 것은 애플이었다. 그리고 일이 극도로 비밀스럽게 진행되다 보니 잡스 자신도 애플이 아이팟이라는 이름을 이미 상표로 등록한 사실을 몰랐다.

그러나 무엇보다도 아이팟은 팀의 진정한 노력으로 만들어진 것이었다. 한 직원은 이렇게 설명했다. "브레인스토밍을 수없이 가졌습니다. 애플의 제품들은 매우 유기적으로 만들어집니다. 수차례의 회의와 수많은 사람들, 수많은 아이디어들이 통합되어 만들어진다는 의미입니다. 하나의 팀으로서 접근하는 것이지요." [1]

## : 컴퓨터는 라이프스타일의 기술

필요는 발명의 어머니이다. 애플이 맥 OS X용 애플리케이션 소프트웨어를 작성하기 시작한 것은 다른 회사들이 모두 그것을 꺼렸기 때문이다. 그러나 그것은 결국 애플에게 또 한 번의 황금 기회를 부여해준 것으로 드러났다.

2000년 아이맥은 애플의 재기를 책임지고 있었지만, 소프트웨어 개발업자들을 설득하여 맥 OS X에 맞는 소프트웨어를 제작하게 하려는 잡스의 시도는 그리 성공적이지 못했다. 엇갈린 반응을 얻고 있었던 것이다. 빌 게이츠와는 이미 계약을 맺은 상태였기 때문에, 마이크로소프트가 맥 OS X에서 구동되는 새로운 버전의 오피스 프로그램과 인터넷 익스플로러 브라우저를 생산하겠다는 보장은 받을 수 있었다. 그러나 최대의 맥용 소프트웨어 제작업체에 속했던 어도비는 일반 사용자들이 쓸 수 있는 맥 OS X용 소프트웨어를 채택하지 않겠다고 딱 잘라 거절했다.

잡스는 〈포춘〉과의 인터뷰에서 이렇게 말했다. "단호하게 거절하더군요. 맥 초창기에 든든한 지원자 노릇을 한 그들에게 거절을 당하고 우리는 큰 충격을 받았습니다. 하지만 곧 '좋아, 아무도 우릴 돕지 않는다면, 우리가 직접 할 수밖에 없지' 라는 생각이 들었습니다."

그 무렵 컴퓨터에 연결하여 사용하는 기기들, 일테면 팜 파일럿이나 디지털 카메라나 캠코더 등을 구입하는 소비자들이 점점 늘고 있었지만, 잡스가 보기에는 맥에서든 윈도우에서든 사진을 관리하거나 홈 무비를 편집하는 데 쓸 만한 좋은 소프트웨어가 없었다.

잡스는 애플이 그러한 기기들의 가치를 향상시켜줄 소프트웨어, 예를 들면 홈 무비를 쉽게 편집할 수 있는 소프트웨어 등을 구축할 수 있다면, 소비자들이 사진을 관리하고 비디오를 편집하며 휴대전화 기능을 활용하기 위해 맥을 구입할 수도 있다는 생각이 들었다. 그렇게 되면 맥은 가정의 디지털 허브, 즉 디지털 기기들을 모두 연결하는 기술의 중심이 될 것 같았다.

앞장에서도 언급했듯이, 잡스는 2001년 맥월드 엑스포에서 PC의 제3의 전성기에 대해 자세하게 설명했다. "어디에서나 볼 수 있는 CD 플레이어, MP3 플레이어, 휴대전화, PDA, 디지털 카메라, 디지털 캠코더 등이 급증하면서 PC의 제3의 전성기가 열릴 것입니다. 따라서 이러한 기기들의 가치를 높이면 맥이 새로운 디지털 라이프스타일의 허브가 될 수 있다고 확신합니다."[2]

디지털 허브는 오랫동안 기술 사업의 원동력이 되어온 '킬러 앱' 전략의 새로운 해석이라고 할 수 있다. 하드웨어만 보고 컴퓨터를 구입하는 경우는 드물다. 고객들이 더욱 관심을 갖는 것은 해당 하드웨어로 구동할 수 있는 소프트웨어이다. 대개의 경우, 독점적인 킬러 소프트웨어 하나만 갖추면 그것을 구동하는 기계의 성공은 보장된 것이나 다름없다. 애플II가 크게 히트한 것은 비지캘크 덕분이었다.

닌텐도는 마리오 브라더스 게임 덕분에 게임기 업계의 강자로 자리 매김했다. 그리고 맥은 어도비가 전자출판의 혁명을 일으키며 문서 및 프린터의 표준 언어가 된 포스트스크립트PostScript를 개발한 후에야 성공할 수 있었다.

지금까지 잡스의 디지털 허브 전략의 성공 여부에 대해서는 의견이 분분하다. 디지털 허브 전략을 통해 탄생한 소프트웨어들, 즉 아이포토나 아이무비, 거라지밴드 등의 애플리케이션은 비평가들의 격찬을 받아왔으며, 그 중 일부는 어느 면에서나 최고라고 평가되고 있지만, 그 자체로 새로운 사용자들을 맥으로 대거 끌어오는 데에는 실패했다. 결국 그것들은 킬러 앱이 아니었던 것이다. 그렇다고는 해도 기업 전략의 차원에서 보면, '디지털 허브로서의 컴퓨터' 라는 아이디어는 지금까지도 괄목할 만한 성공을 거두어왔다.

대부분의 관측자들이 여전히 애플과 마이크로소프트를 비교하며 두 기업의 오랜 투쟁에만 신경을 쓰고 있을 때, 잡스는 고객에게 초점을 맞추고 다가오는 디지털 오락의 혁명을 예측했다. 컴퓨터는 그저 핵심적인 '작업' 의 기술이 아니라 핵심적인 '라이프스타일' 의 기술이 되고 있었다. 디지털 허브라는 아이디어를 토대로 애플의 일괄 소프트웨어 애플리케이션 세트가 탄생했으며, 이것은 마이크로소프트의 오피스와 비교하여 라이프스타일 버전의 일괄 세트로 탈바꿈하고 있다. 그리고 앞에서도 살펴봤듯이, 디지털 허브 아이디어는 아이팟, 아이튠즈 뮤직스토어, 그리고 대성공을 거둔 애플 스토어의 원동력이 되었다.

# 고객이 원한 것은 음악이었다

　초기 아이맥의 주요 특징 가운데 하나는 파이어와이어 포트를 통해 일반 소비자용 캠코더와 연결할 수 있다는 점이다. 파이어와이어는 대다수의 일반 소비자용 캠코더에서 표준으로 통하는 장치이다. 그리고 아이맥은 홈 비디오 편집 스테이션으로 기획된 최초의 소비자용 컴퓨터 가운데 하나였다.

　오래전부터 비디오에 관심을 가져온 잡스는 최초의 맥이 전자출판계에 혁명을 일으켰듯이 아이맥이 비디오계에 혁명을 일으킬 가능성이 있다고 생각했다. 그리하여 디지털 허브의 기치 아래 잡스가 처음 만든 소프트웨어는 비디오 편집 애플리케이션 아이무비였다.

　문제는 1990년대 후반에 소비자들이 디지털 비디오보다 디지털 음악에 더 큰 관심을 보였다는 사실이다. 잡스는 비디오에만 정신이 팔린 나머지 디지털 음악 혁명이 시작되고 있음을 자각하지 못했다. 사실 잡스는 기술의 선지자로 인정받고 있다. 그러나 그래픽 유저 인터페이스나 마우스, 세련된 MP3 플레이어와 같은 미래의 기술을 예언하는 능력을 갖춘 그가 냅스터나 그 밖의 파일 공유 네트워크를 통해 수십억 곡의 노래를 주고받는 수백만 명의 음악 애호가들을 완전히 간과한 것이다. 사용자들은 이미 소장하고 있는 CD들을 컴퓨터로 옮겨 인터넷으로 노래를 공유하고 있었다. 결국 음악은 2000년 스테레오에서 컴퓨터로 이동하기 시작했다. 이러한 디지털 파장은 특히 대학의 기숙사 등지에서 두드러지게 나타났다. 게다가 대학생들이 아이맥 매출의 상당 부분을 책임지고 있었는데도 애플은 디지털 음악

컬렉션을 관리하는 주크박스 소프트웨어도 갖추지 못한 상태였다.

2001년 1월 애플은 전반적인 경기 침체와 매출의 급감으로 1억 9,500만 달러의 손실을 발표했다. 잡스가 애플에 돌아온 이후 처음이 자 마지막으로 기록한 분기 손실이었다. 고객들은 더 이상 CD 음원 추출 프로그램이 없는 아이맥을 구입하지 않았다. 분석가들과의 전화 회의에서 잡스는 애플이 아이맥에 CD 음원 추출 프로그램을 넣지 않은 탓에 좋은 기회를 놓쳤다는 사실을 인정했다.[3] 그는 몹시 풀이 죽었다. "멍청이가 된 기분이었습니다. 좋은 기회를 놓쳤다고 생각했지요. 다시 따라잡기 위해서는 열심히 노력해야 했습니다." 후에 그는 이렇게 말했다.[4]

그러나 다른 PC 제조업체들은 기회를 놓치지 않았다. 예를 들어 휴렛팩커드는 컴퓨터에 CD 음원 추출 프로그램을 기본으로 제공하고 있었다. 결국 애플은 어느 작은 회사에서 만든 인기 음악 재생기 사운드잼 MP의 라이선스를 매입하고, 그 회사의 유능한 프로그래머 제프 로빈Jeff Robbin을 영입했다. 잡스의 지시 아래 로빈은 수개월에 걸쳐 사운드잼을 아이튠즈로 개조했다. 주로 단순화하는 작업이었다. 2001년 1월 맥월드 엑스포에서 잡스는 그것을 소개했다. "애플은 애플이 가장 잘하는 일을 또 한 번 해냈습니다. 복잡한 애플리케이션을 쉽고도 강력하게 만드는 일 말입니다. 극도로 단순화한 음악 재생 유저 인터페이스를 통해 보다 많은 사람들이 디지털 음악 혁명에 발을 들여놓길 희망합니다."

로빈이 아이튠즈를 제작하는 동안, 잡스와 그의 중역 팀은 또 다른 기회를 찾아내기 위해 장치들을 눈여겨보기 시작했다. 그들은 디지털 카메라나 캠코더와 달리 음악 재생기들이 적절한 디자인을 갖추지 못했음을 발견했다. "형편없는 제품들뿐이었습니다." 아이팟의 마케팅을 담당하는 부사장 그렉 조스위악Greg Joswiak은 말했다.[5]

디지털 음악 재생기는 크고 거추장스럽거나 작고 쓸모없는 것들뿐이었다. 대부분은 32 또는 64 메가바이트의 작은 메모리칩을 기반으로 하고 있어서 겨우 10~20곡만을 저장할 수 있었다. 결국 싸구려 휴대용 CD 플레이어보다 별반 나을 게 없었던 것이다.

그러나 그 중 두어 개는 후지쯔Fujitsu에서 새로 나온 2.5인치 하드 드라이브를 기반으로 하고 있었다. 가장 인기 있는 제품은 싱가포르에 본사를 둔 크리에이티브 사의 노매드 주크박스였다. 휴대용 CD 플레이어만 한 크기에 무게가 그 두 배에 달하는 노매드 주크박스를 보니, 비교적 작은 장치에 수천 곡을 저장할 수 있다는 희망이 보이기 시작했다. 그러나 그 제품은 심각한 결점들을 갖고 있었다. USB1을 이용해서 컴퓨터에서 수동으로 노래를 옮겨야 했기 때문에 참기 힘들 정도로 속도가 느렸을 뿐만 아니라 인터페이스도 엔지니어용이었다. 끔찍할 정도로 어려웠던 것이다. 게다가 45분이면 배터리가 바닥이 났다.

바로 여기서 애플은 기회를 발견했다. 10년 이상 애플의 하드웨어 부문을 이끈 존 루빈스타인은 말했다. "음악 재생기 작업이 누구의 아이디어였는지는 모르겠지만, 어쨌든 스티브는 제게 재빨리 뛰어들어 조사를 해보라고 했지요."[6] 키가 크고 마른 50대 초반의 뉴요커로 솔직하고 웃음이 많은 루빈스타인은 현재 팜Palm 이사회의 의장이다. 그는 잡스의 넥스트에서 하드웨어 쪽 일을 담당하다가 1997년 애플로 옮겨왔다. 애플에서 루빈스타인은 본디 블루 아이맥에서 수랭식 워크스테이션, 그리고 아이팟에 이르기까지 일련의 획기적인 기계들의 개발을 감독했다. 2004년 애플이 아이팟 부문과 매킨토시 부문으로 나뉘면서 루빈스타인은 아이팟 부문의 책임자가 되었다. 그와 아이팟 둘 다 애플에게 매우 중요한 존재라는 증거인 셈이다.

애플은 자신들이 노매드 주크박스의 문제점을 대부분 해결할 수 있다는 사실을 알고 있었다. 애플의 파이어와이어 커넥터를 이용하면 음악을 컴퓨터에서 플레이어로 빠르게 옮길 수 있었다. CD 한 장은 몇 초 만에, 방대한 양의 MP3 파일들은 몇 분 만에 옮길 수 있었다. 게다가 휴대전화 업계의 급속한 성장 덕분에 새로운 배터리와 화면 장치들이 끊임없이 출시되고 있었다. 잡스는 이용 가능한 기술적 진보를 끊임없이 주시했다. 아이팟의 차후 버전에 휴대전화 기술의 발전을 이용할 수 있을 것 같았다.

2001년 2월 도쿄에서 맥월드 엑스포가 열리는 동안 루빈스타인은 평소처럼 애플의 하드 드라이브 공급업체인 도시바Toshiba에 갔다. 도시바의 중역들은 그에게 최근에 개발한 초소형 드라이브를 보여주었다. 직경이 겨우 1.8인치인 그 드라이브는 경쟁사의 재생기들에 사용되는 2.5인치 후지쯔 드라이브보다 훨씬 작았지만, 도시바는 그것을 어디에 사용할지 전혀 감을 잡지 못하고 있었다. "그들은 그것으로 무엇을 해야 할지 모르겠다고 했어요. 소형 노트북에 넣는 정도로만 생각하고 있었습니다." 루빈스타인은 회상했다. "나는 스티브에게 가서 그것을 어떻게 해야 하는지 알며, 부품도 전부 준비됐다고 말했습니다. 그러자 스티브가 '그럼 시작합시다' 라고 하더군요."

잡스처럼 일한다는 것

"존은 어떤 기술을 보면 그것이 얼마나 좋은지 아주 신속하게 평가를 내립니다." 조스위악이 〈코넬 엔지니어링 매거진〉에서 밝힌 내용이다. "아이팟은 기술의 잠재성을 파악해내는 존의 능력을 잘 보여주는 예라고 할 수 있습니다."

루빈스타인은 새로운 맥 제품 개발에 여념이 없는 엔지니어들을 방해하지 않으려고 2001년 2월에 컨설턴트이자 엔지니어인 토니 파델Tony Fadell을 고용하여 세부사항을 논의했다. 파델은 휴대용 기기 제작 경험이 풍부한 사람으로, 제너럴 매직General Magic과 필립스의 인기 제품들을 개발한 인물이었다. 루빈스타인은 아는 사람을 통해 파델의 연락처를 알아냈다. "내가 전화를 걸었을 때, 토니는 스키장에 있었습니다. 그는 내 방에 들어오기 전까지 자신이 어떤 일을 하게 될지 몰랐지요." 루빈스타인은 말했다.

가을 무렵 잡스는 크리스마스 쇼핑 시즌이 시작되기 전에 플레이어가 매장에 진열되기를 바랐다. 파델은 엔지니어들과 디자이너들로 구성된 소규모 팀을 이끌며 기기를 신속하게 제작하기 시작했다. 아이팟은 철저히 비밀리에 만들어졌다고 루빈스타인은 말했다. 착수 단계부터 출시되기 전까지, 당시 애플 본사의 직원 7,000여 명 가운데 아이팟 프로젝트의 존재를 아는 사람은 겨우 50~100명에 불과했다. 프로젝트를 최대한 빨리 끝내기 위해서 루빈스타인의 팀은 도시바의 드라이브, 소니의 배터리, 텍사스 인스트루먼츠Texas Instruments의 제어칩 몇 가지를 비롯하여 가능한 한 많은 부품들을 준비했다.

기본적인 하드웨어의 청사진은 포털플레이어Portal Player라는 실리콘 밸리의 신생 기업에서 구했다. 거실용 표준 사이즈 제품에서 담뱃

갑만 한 휴대용 플레이어에 이르기까지 각종 디지털 플레이어의 표준 설계를 제작하는 기업이었다.

또한 루빈스타인의 팀은 애플의 사내 전문가들에게도 크게 의존했다. "맨땅에서 시작할 필요는 없었습니다. 우리에겐 언제든지 이용할 수 있는 하드웨어 엔지니어링팀이 있었지요. 전원 공급이 필요할 때에는 전원 공급 전문팀도 이용할 수 있었고요. 그 밖에 디스플레이 담당 팀과 아키텍처 담당 팀도 있었지요. 아이팟은 우리가 이미 갖고 있던 기술들을 다량 활용한 제품이었습니다."

가장 까다로운 문제는 배터리의 수명이었다. 드라이브가 계속 돌아가면서 음악을 재생할 경우, 배터리는 금방 닳을 수밖에 없었다. 해결책은 메모리칩에 음악을 담는 것이었다. 그러면 전력이 훨씬 덜 들어가기 때문이다. 드라이브는 잠자코 있다가 추가로 음악을 담을 때에만 작동하게 했다. 다른 제조업체들은 음이 튀는 현상을 방지하기 위해 유사한 아키텍처를 사용했지만, 첫 아이팟은 32메가바이트 메모리 버퍼를 장착하여 배터리가 2~3시간이 아닌 10시간까지 연장되도록 만들었다.

이런저런 부품들을 감안하자 아이팟의 최종 모양을 분명하게 예상할 수 있었다. 즉 카드 크기의 얇은 박스에 모든 부품들을 차곡차곡 포개놓은 형태가 될 것 같았다. 루빈스타인은 말했다. "이따금씩 구성요소를 통해 완성품의 모양을 아주 분명하게 알 수 있는 경우가 있지요. 아이팟도 그런 경우에 속했습니다. 완성되었을 때 어떤 모양이 될지 분명하게 알 수 있었지요."

결함을 쉽게 수정하기 위해 아이팟의 초기 시제품들은 커다란 구두 상자만 한 폴리카보네이트 용기에 만들어졌다. 실리콘 밸리의 대다수 기업들이 그러하듯, 애플 역시 그들이 무엇을 만들고 있는지 훔쳐보고 싶어 하는 경쟁사 산업 스파이의 공격 대상이다. 이런 점에서 폴리카보네이트 상자가 스파이들의 공격을 막으려는 위장술이었다고 말하는 사람들도 있지만, 애플의 엔지니어들은 순전히 기능상의 이유였다고 주장한다. 상자가 커서 접근하기가 쉬우며 문제가 있을 때에는 결함 부분을 찾아내 수정하기도 쉬웠기 때문이라고 말이다.

한편, 아이팟의 소프트웨어 개발 시간을 단축시키기 위해서는 토대로 사용할 수 있는 기본적인 수준의 운영체제를 구입하는 편이 유리했다. 애플은 휴대전화용 운영체제를 개발하는 실리콘 밸리의 신생 기업 픽소Pixo로부터 운영체제 소프트웨어의 라이선스를 매입했다. 뉴턴의 제작에 참여했던 전임 엔지니어 폴 머서Paul Mercer가 창립한 회사였다. 픽소의 운영체제는 하드 드라이브에서 음악 파일을 불러내는 등의 간단한 작업만을 처리하는 매우 단순한 수준이었다. 또한 스크린에 선이나 상자를 그리는 명령어들로 인터페이스를 만들 수 있는 라이브러리도 포함하고 있었지만, 완성된 유저 인터페이스는 갖추고 있지 않았다. 애플은 픽소의 단순한 운영체제 위에 아이팟의 유저 인터페이스를 만들었다.

아이팟의 스크롤 휠은 애플의 마케팅 책임자인 필 실러가 제안한 것이었다. 그는 초창기 회의에서 매우 단호하게 말했다. "휠은 이 제품에 적합한 유저 인터페이스입니다." 또한 실러는 휠을 오래 돌릴수록 메뉴가 더 빨리 넘어가게 해야 한다고 제안했다. 경쟁사의 플레이어들을 사용하는 괴로움으로부터 아이팟을 차별화시켜주는 천재

**267**

적인 발상이었다. 애플이 팀에서 팀으로 진행되는 전통적인 일방향의 디자인 프로세스를 따랐더라면 스크롤 휠은 결코 탄생하지 못했을 것이다.

스크롤 휠은 아이팟에서 가장 두드러지는 특징이었다. 당시 휠을 사용하여 MP3 플레이어를 제어한다는 것은 유례없는 일이었지만, 그것은 사실 대단히 유용한 기능이었다. 여러 경쟁사의 MP3 플레이어들은 표준 버튼을 사용했기 때문에 스크롤 휠은 마치 마법을 통해 탄생한 것처럼 참신해 보였다. 이전에는 왜 아무도 이런 제어 장치를 생각해내지 못했을까? 그러나 실러의 스크롤 휠은 마법처럼 나타난 장치가 아니었다. 사실 스크롤 휠은 휠 마우스에서 일부 팜 파일럿의 옆면에 붙은 섬 휠thumb wheel에 이르기까지 각종 전자제품에 다소 흔하게 사용되어오던 기능이었다. 덴마크의 오디오 전문업체 뱅앤올룹슨Bang & Olufsen의 베오컴 전화기도 전화번호 및 통화 목록 검색용으로 아이팟처럼 매우 친숙한 다이얼을 갖추고 있다. 일찍이 1983년부터 휴렛팩커드는 9836 워크스테이션에 텍스트 스크롤용으로 유사한 휠이 장착된 키보드를 적용했다.

한편, 소프트웨어와 관련하여 잡스는 프로그래머인 제프 로빈에게 아이팟의 인터페이스 및 아이튠즈와의 상호작용을 감독하라고 지시했다. 인터페이스 모형은 퀵타임 플레이어의 인터페이스 제작을 책임졌던 팀 와스코에게 맡겨졌다. 와스코는 하드웨어 디자이너들과 마찬가지로 계속해서 새로운 모형을 만들어냈으며, 여러 가지 버전들을 커다란 광택지에 출력하여 회의 테이블에 펼쳐놓고 신속하게 분류하며 논의를 거듭했다.

로빈은 이렇게 말했다. "스티브를 포함하여 몇몇 사람들과 매일 밤 9시부터 새벽 1시까지 앉아서 첫 아이팟의 유저 인터페이스 작업을 했습니다. 아이팟은 시행착오를 거듭하며 매일 조금씩 더 단순한 형태로 진화해나갔지요. 서로 눈을 맞추며 '더 이상 다른 방식으로 해볼 이유가 없잖아?' 라는 말을 주고받았을 때, 우리는 드디어 작업이 끝났다는 사실을 알 수 있었습니다."[7] 아이팟의 인터페이스는 조너선 아이브의 하드웨어 시제품처럼 반복적인 시행착오로 행해지는 디자인 프로세스를 통해 만들어졌다.

잡스는 아이팟이 아이튠즈와 매끄럽게 상호작용해야 하며, 특히 음악 전송을 포함하여 대다수의 기능들이 자동화되어야 한다고 주장했다. 애플이 본보기로 삼은 것은 연결하는 즉시 팜 파일럿을 자동으로 업데이트해주는 팜 사의 핫싱크HotSync 소프트웨어였다. 아이팟 역시 컴퓨터에 연결하는 즉시 음악이 자동적으로 플레이어로 전송되어야 했다. 사용자가 손을 댈 필요가 없이 말이다. 이러한 편의성은 아이팟의 성공에 크게 기여한 의외의 비결 가운데 하나이다. 아이팟과 아이튠즈는 기존의 기기와는 달리 디지털 음악 컬렉션을 관리하는 수고를 덜어주었던 것이다.

경쟁 제품들은 대부분 사용자들에게 많은 수고를 요했다. 수동으로 음악을 드래그해서 MP3 플레이어 아이콘으로 가져가야만 노래가 전송되었기 때문이다. 성가신 일이 아닐 수 없었다. 대부분의 사람들은 그런 일에 시간을 낭비하고 싶지 않았다. 아이팟은 그 점을 바꾸어놓았다. 잡스는 아이팟의 손쉬운 작동법을 간단하게 이렇게 요약했다. "컴퓨터에 연결합니다. 위이잉, 다 됐습니다."[8]

# : 아이팟의 이름은 어떻게 지어졌나

애플의 엔지니어들이 하드웨어를 마무리하고 로빈의 팀이 아이튠즈 작업을 하는 동안, 비니 치에코vinnie chieco라는 한 프리랜서 카피라이터는 새 제품의 이름을 놓고 고심하고 있었다. 'iPod'이라는 이름은 그가 제안한 것이었다. 그러나 잡스는 처음에 그 이름을 거부했다.

치에코는 새로운 MP3 플레이어를 컴퓨터광들뿐만 아니라 일반 대중에게까지 적절하게 소개하기 위해 조직된 소규모 팀의 일원으로 애플에 채용되었다. 제품의 이름을 짓고 그 제품의 역할을 설명해주는 마케팅 및 디스플레이 자료를 제작하는 일 등이 맡겨졌다.

치에코는 아이팟 작업이 진행되는 동안 몇 개월에 걸쳐 애플에 자문을 제공하고 때로는 일주일에 두세 번씩 잡스와 회의를 갖기도 했다. 네 명으로 구성된 그의 팀은 애플의 그래픽 디자인 부문이 위치한 건물 꼭대기의 작은 사무실에서 철저히 비밀리에 일을 하고 회의를 가졌다. 창문도 없는 사무실에는 전자 잠금장치가 설치되어 있었고, 잡스와 팀원 네 명 외에는 아무도 접근할 수 없었다. 방안에는 커다란 회의 테이블과 컴퓨터 두어 대가 갖춰져 있었으며, 벽에는 그들의 아이디어 몇 가지가 붙어 있었다.

그래픽 디자인 부문은 애플의 제품 포장과 브로슈어, 무역박람회의 현수막, 매장 표지판 등의 디자인을 책임지고 있다. 이 부문은 애플 사내에서도 특권층에 속한다. 비밀 제품들에 대해 출시 전에 알게 되는 경우가 많기 때문이다. 애플은 기밀 유지를 위해 고도의 정책을 실시한다. 비밀 정부 기관처럼 꼭 필요한 직원에게만 정보를 제공하는 것이다. 각 팀들은 신제품에 대해 단편적으로만 알고 있으며, 모든 세부사항을 아는 사람들은 중역 팀뿐이다.

포장 및 매장 표지판에 관한 자료를 준비하는 그래픽 디자인 부문의 아티스트들과 디자이너들은 종종 중역 팀 다음으로 신제품의 세부사항을 알게 된다. 예를 들어 아이팟의 경우에도 그들은 그 이름을 처음 알게 된 팀 가운데 하나였다. 포장을 준비해야 했기 때문이다. 하드웨어 및 소프트웨어 부문을 포함하여 아이팟 작업에 참여한 다른 부문들은 '덜시머Dulcimer'라는 코드명으로만 알고 있었다.

그러나 그래픽 디자인 부문 내에서도 정보는 꼭 필요한 사람에게만 제공되었다. 이 부문은 약 100명으로 구성되어 있는데, 세부사항은커녕 아이팟의 존재를 아는 사람도 약 20~30명의 소수에 불과했다. 나머지 사람들은 잡스가 2001년 10월 언론에 아이팟을 공개하기 전까지도 전혀 모르고 있었다.

처음에 이름을 찾는 과정에서 잡스는 "노래 1,000곡을 호주머니 속에"라는 캐치프레이즈를 사용하기로 결정했다. 그 정도면 제품을 충분히 설명해주기 때문에 제품의 이름에서는 별도로 음악이나 노래에 대해 언급할 필요가 없었다. 플레이어에 대해 설명하면서 잡스는 계속해서 애플의 디지털 허브 전략을 언급했다. 맥은 다양한 기기들을 연결시키는 허브, 즉 중앙 연결점이라는 사실을 누누이 강조한 것이다. 그리하여 치에코는 허브의 개념에 대해 생각하기 시작했다.

치에코는 궁극의 허브는 우주선이라고 생각했다. 작은 비행선, 즉 포드pod를 타고 우주선을 떠날 수는 있지만, 연료와 식량을 얻기 위해서는 모선母船으로 돌아와야만 한다. 그러던 중 치에코는 앞면이

아니 오른쪽 여백 세로 텍스트:

순백색의 플라스틱으로 만들어진 아이팟의 시제품을 보게 되었다. "하얀 아이팟을 보자마자 영화 〈2001 스페이스 오디세이〉가 떠올랐습니다. '포드 베이 도어를 열어, 할Open the pod bay door, Hal!'이라는 대사도 떠올랐지요." 치에코가 말했다.

그런 다음 아이맥처럼 앞에 'i'를 붙인 것뿐이다. 1999년 아이맥에 처음 i를 사용했을 때, 애플은 i가 인터넷을 뜻한다고 밝혔다. 그러나 지금은 아이폰에서 아이무비까지 수많은 제품에 i가 사용되고 있다. 더 이상은 특별한 의미가 없다는 얘기다. 일부 사람들은 i가 '나'를 뜻하며, 따라서 애플 제품들의 개별적인 속성을 상징하는 것이라고 주장하기도 했다.

치에코는 'iPod'을 포함하여 수십 가지의 이름들을 색인 카드에 적어 잡스에게 보여주었다. 그는 'iPod' 외에 고려 대상에 속했던 이름들에 대해서는 언급하지 않았다. 잡스는 색인 카드들을 하나씩 살펴보면서 후보가 될 만한 이름들과 탈락시킬 이름들로 나누었다. 'iPod'은 탈락될 이름으로 분류되었다. 회의가 끝나갈 무렵, 잡스는 네 명의 팀원들에게 각자의 의견을 물었다. 그때 치에코가 테이블로 손을 뻗어 'iPod' 카드를 끄집어냈다. 그는 이렇게 말했다. "스티브가 제품에 대해 설명한 방식을 감안할 때 그 이름도 일리가 있어 보였지요. 완벽한 유추였습니다. 아주 논리적일 뿐만 아니라 좋은 이름이었어요." 결국 잡스는 치에코에게 고려해보겠다고 말했다.

회의가 끝난 후 잡스는 회사 안팎의 믿을 만한 사람들을 상대로 자신이 추려낸 이름들에 대해 시장조사를 실시했다. 치에코가 말했다. "수많은 이름들을 버리더군요. 추려낸 이름들이 아주 많았는데, 이리

저리 물어보고 다니기 시작했습니다." 며칠 후 잡스는 치에코에게 'iPod'으로 결정했다고 통보했다. 그러나 이유는 설명하지 않았다. 그저 "그 이름에 대해 생각해봤는데 마음에 드네요. 좋은 이름이에요"라고 말했을 뿐이다. 애플의 직원 한 명이 이름을 밝히지 말아달라며(해고당하고 싶지 않아서) 치에코의 이러한 이야기를 확인해주었다.

캘리포니아 주 마운틴뷰에 있는 브라이터 네이밍Brighter Naming의 사장이자 이름의 대가인 애솔 포든Athol Foden은 애플이 2000년 7월 24일에 이미 'iPod'이라는 이름을 상표로 등록했다고 말했다. 끝내 실현되지 못한 인터넷 키오스크Internet kiosk(공중전화처럼 공공장소에서 간편하게 인터넷을 사용할 수 있는 장소) 프로젝트의 이름으로 말이다. 관련 서류에 따르면, 애플은 컴퓨터 장비를 갖춘 공중 인터넷 키오스크 시설을 위해 'iPod'이라는 이름을 등록했다.

포든은 'iPod'이라는 이름이 음악 플레이어보다는 인간을 위한 포드, 즉 인터넷 키오스크에 더 잘 어울린다고 주장했다. "그들은 그저 자사의 등록 상표 도구함에서 아이팟의 이름을 발견한 것이지요. 제품을 고려하면 그리 어울리는 이름은 아닙니다. 하지만 그렇다고 해도 간결하고 듣기 좋은 이름임에는 틀림이 없지요."

포든은 그 이름이 천재적인 발상이라고 말했다. 간단하고 쉽게 기억할 수 있으며, 결정적으로 기기를 설명하는 이름이 아니기 때문에 기술이 진보하면서 기기의 기능이 바뀌어도 계속해서 사용할 수 있는 이름이라고 말이다. 또한 그는 앞에 붙은 i가 아이맥에서처럼 인터넷과 개인을 모두 연상시킨다고 덧붙였다.

내가 애플이 이미 아이팟의 이름을 등록해놓은 상태였다고 말해주자 치에코는 어리둥절해 했다. 그 사실을 몰랐다는 것이다. 잡스도 모르는 사실인 듯했다. 인터넷 키오스크는 분명히 우연의 일치일 거라고 치에코는 말했다. 또한 애플의 다른 팀이 다른 프로젝트를 위해 이름을 등록했다고 해도 애플의 비밀주의 때문에 그 사실을 아무도 몰랐을 거라고 설명했다.

9.11사건이 일어나고 약 5주 후인 2001년 10월 23일, 잡스는 애플 본사에서 열린 특별 행사에서 완제품을 소개했다. "이것은 정말이지 커다란 진보가 아닐 수 없습니다." 정말이지 그것은 커다란 진보였다. 지금 보면 처음 나온 아이팟은 매우 원시적인 모습이다. 커다란 흰색 담뱃갑 같은 생김새에 화면도 투박한 흑백이다. 그러나 애플은 6개월에 한 번씩 기기를 업데이트하고 확장하여 초간단 셔플에서 호화스러운 아이폰에 이르기까지 다양한 모델들로 하나의 일가를 만들어냈다.

그 결과 2007년 4월까지 아이팟 제품라인은 1억 개 이상의 판매고를 기록하며 점점 불어나는 애플 매출의 거의 절반을 책임졌다. 일부 분석가들은 시장이 포화상태에 이르기까지 5억 개의 아이팟이 팔릴 수도 있다고 생각한다. 그렇게 되면 아이팟은 역사상 최대의 판매고를 기록하는 소비자 전자제품의 히트작이 될 것이다.

# 스티브의 교훈

"기회를 놓쳤다면 열심히 노력해서 따라잡아라."

잡스는 처음에 디지털 음악 혁명을 간과했지만 신속하게 그것을 따라잡았다.


"이용 가능한 기술을 끊임없이 주시하라."

아이팟은 휴대전화 업계가 주도한 배터리 및 화면 장치를 십분 활용했다.


"마감시한을 정하라."

잡스는 크리스마스가 오기 전에 아이팟을 매장에 진열하겠다는 목표를 세웠다.
이러한 목표는 중압감을 주지만 반드시 필요한 요소이다.


"아이디어의 출처를 제한하지 말라."

아이팟의 스크롤 휠은 마케팅 책임자인 필 실러의 아이디어였다.
다른 기업이었다면 제품 개발 회의에 마케팅 직원을 들이지도 않았을 것이다.

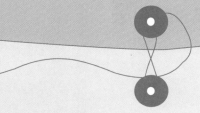

# Lessons from **Steve**

## "자사의 전문가들을 활용하라."

맨땅에서 시작하지 말라. 애플에서는 전원 공급 전문팀이 배터리 문제를
수정하고 프로그래머들이 인터페이스를 만들었다.
맨땅에서 시작했다면 아이팟은 6개월 만에 출시되지 못했을 것이다.


## "자사의 프로세스를 믿어라."

아이팟은 한순간의 천재적인 영감이나 획기적인 아이디어에서 비롯된 것이 아니다.
이미 검증된 애플의 반복적인 디자인 프로세스에서 나온 것이다.


## "시행착오를 두려워하지 말라."

디자이너 조너선 아이브가 끊임없이 시제품을 제작했듯이,
아이팟의 획기적인 인터페이스도 시행착오를 거듭한 끝에 탄생했다.


## "팀을 활용하라."

아이팟은 어느 한 사람의 산물이 아니다. 단 한 명의 아이팟 발명가는
존재하지 않는다. 성공은 언제나 여러 사람의 산물이다.

# 나는 통제한다, 고로 존재한다

## #8

Steve Jobs

# Steve Jobs says:

나는 오래전부터 우리가 하는
어떤 일에서든 그 주요 기술을 소유하고
통제하기를 원했다.

— ⟨비즈니스 위크 온라인⟩ 2004년 10월 12일자

1984년 스티브 잡스의 작품인 첫 매킨토시 컴퓨터가 출시되었다. 그러나 컴퓨터의 내부에는 냉각팬이 장착되어 있지 않았다. 엔지니어들의 강력한 반대에도 불구하고, 잡스는 팬의 작동 소리가 거슬린다며 맥에서 냉각팬을 제거해야 한다고 주장한 것이다. 심지어 엔지니어들은 잡스 몰래 나중에 제조된 모델들에 팬을 끼워넣기도 했다. 고객들은 과열을 막기 위해 이른바 '맥 굴뚝'을 별도로 구입했다. 그것은 컴퓨터 상단에 놓으면 열을 위로 끌어올려 대류현상을 통해 밖으로 배출해주는 마분지 연통이었다. 마치 컴퓨터에 원추형 종이 모자를 씌워놓은 것처럼 어이없는 모습이었지만 컴퓨터가 녹는 사태를 방지하기 위해서는 어쩔 수 없었다.

타협할 줄 모르는 완벽주의 성향 때문에 잡스 자신은 물론이고 그가 창립한 회사들까지 모두 색다른 절차를 추구해왔다. 하드웨어, 소프트웨어, 그리고 그와 관련된 서비스를 지속적으로 확실하게 통제해온 것이다. 처음부터 잡스는 줄곧 자신의 기계들을 단단히 폐쇄해

#8 나는 통제한다, 고로 존재한다

279

왔다. 최초의 맥에서 최신 아이폰에 이르기까지 언제나 잡스의 시스템은 단단히 봉쇄되어 소비자들이 쉽게 만지거나 변경할 수가 없었다. 심지어는 소프트웨어조차 쉽게 개조할 수가 없다.

기술을 자신에게 맞게 개조하려는 컴퓨터광들과 엔지니어들이 지배하는 산업에서는 매우 보기 드문 방식이 아닐 수 없다. 사실 마이크로소프트가 주도하는 저가 보급형 하드웨어의 시대에는 많은 사람들이 그것을 심각한 단점으로 간주했다. 그러나 이제 소비자들은 사용하기 쉬우며 품질이 뛰어난 디지털 음악용, 디지털 사진용, 디지털 비디오용 기기를 원한다.

모든 제품을 통제하려는 잡스의 고집은 기술 업계의 새로운 진언으로 부상 중이다. 상품별 접근 방법의 선구자인 마이크로소프트의 빌 게이츠조차 방향을 바꿔 잡스의 공격 방침을 모방하기도 했다. 빌 게이츠는 준과 엑스박스를 마이크로소프트 '디지털 허브'의 중심으로 삼아 그것에 맞는 소프트웨어와 하드웨어를 만들기 시작했다. 일괄 제품에 대한 통제는 지난 30년 동안은 잘못된 모델이었을 수도 있지만 향후 30년, 즉 디지털 오락의 시대에는 극도로 적절한 모델이다.

새로운 시대가 열리면서 영화 산업과 음반 산업에서는 인터넷 공급을 통해 CD와 DVD가 늘어나기 시작했으며, 소비자들은 아이팟처럼 손쉽게 사용할 수 있는 오락 기기로 그것들을 재생하고 싶어 한다. 그런 일을 가능하게 해주는 것이 바로 스티브 잡스의 방식이다. 애플이 가진 최상의 카드는 맥 운영체제에서 아이포토와 아이튠즈 등의 애플리케이션에 이르기까지 자체 소프트웨어를 제작할 수 있다는 것이다.

# : 통제광 잡스

　잡스는 못 말리는 통제광이다. 그는 애플의 소프트웨어, 하드웨어, 디자인, 마케팅 및 온라인 서비스를 통제한다. 사실상 아주 하찮은 사항들, 즉 직원들이 먹는 음식부터 가족에게 터놓고 말할 수 있는 회사 관련 얘기의 허용 범위까지 조직 기능의 모든 측면을 일일이 통제한다.

　잡스가 돌아오기 전의 애플은 느긋한 분위기로 유명했다. 직원들은 늦게 출근해서 일찍 퇴근했으며, 지역 내 잔디밭을 어슬렁거리며 콩주머니를 갖고 놀거나 자신이 데려온 개에게 원반을 던져주곤 했다. 하지만 잡스는 회사에 복귀하자마자 새로운 규칙들을 정하고 그 규칙들을 엄격히 적용했다. 금연이 선포되고 개의 출입이 금지되면서 회사는 긴장과 근면 정신을 새로이 다졌다.

　잡스가 애플에서 확고한 통제를 유지하는 것은 또다시 쫓겨나는 일을 막기 위해서라고 주장하는 사람들도 있다. 그는 친구이자 동지로 생각한 존 스컬리에게 통제권을 넘겨주었다가 스컬리에게 쫓겨났다. 한편, 잡스의 통제적 성향이 어린 시절의 입양 경험 때문이라고 추정하는 사람들도 있다. 친부모로부터 속수무책으로 버려진 데 대한 반발이라는 것이다. 그러나 지금까지 살펴봤듯이, 최근에 보여지는 잡스의 통제광적 성향은 오히려 바람직한 것이며 소비자 친화적인 기기들을 디자인하는 데에도 긍정적인 영향을 미치는 것으로 판명되었다. 하드웨어와 소프트웨어에 대한 철저한 통제는 사용의 편의성, 안전성, 신뢰성을 보장한다.

이유가 무엇이든 잡스의 광적인 통제 성향은 전설로 통한다. 애플 초창기에 잡스는 접근이 가능하며 개방적인 기계를 강력하게 옹호하는 친구이자 공동 창업자 스티브 워즈니악과 싸움을 벌였다. 컴퓨터광 중에서도 최고라고 할 수 있는 워즈니악은 쉽게 열어서 개조할 수 있는 컴퓨터를 원했다. 하지만 잡스가 원한 것은 정반대였다. 철저하게 밀봉되어 개조가 불가능한 컴퓨터를 원한 것이다. 워즈니악의 도움을 받지 않고 대부분을 잡스가 감독한 최초의 맥은 30센티미터 길이의 전용 드라이버로만 풀 수 있는 특수 나사로 단단히 봉해져 있었다.

좀더 최근에는 소프트웨어 개발자들조차 아이폰에 접근하지 못하도록 조처하기도 했다. 어쨌든 초기 단계에는 그랬다. 잡스가 아이폰을 소개한 뒤 몇 주 동안, 블로거들과 전문가들은 아이폰이 폐쇄형 플랫폼이 될 거라는 사실에 격노하여 한바탕 항의를 하기도 했다. 그것은 아이폰이 애플에서 개발한 소프트웨어로만 구동될 수 있다는 의미였기 때문이다. 근래 들어 가장 인기 있는 가전제품이 될 것으로 예상했던 아이폰이 그림의 떡이 될 판이니, 소프트웨어 업계로서도 당연한 반응이었다. 아이폰의 브라우저에서 구동되는 웹 애플리케이션 외에 제3자 애플리케이션은 사용할 수 없게 된 것이다.

많은 비평가들은 이런 방식으로 개발자들을 배제시킨 것이 주로 잡스의 통제 성향 때문이라고 입을 모았다. 그는 너저분한 외부 프로그래머들이 완벽한 경지에 이른 자신의 기기를 망쳐놓는 것을 원치 않았던 것이다.

지디넷ZDNet의 편집장 댄 파버Dan Farber는 이렇게 썼다. "잡스는 시답잖은 프로그래머들이 자신의 창작물을 만지는 것을 참지 못하는 완고한 엘리트주의 예술가이다. 그에게 그것은 마치 지나가던 사람이 피카소의 작품에 덧칠을 하거나 밥 딜런의 가사를 바꾸는 것과 똑같이 느껴질 것이다."[1]

비평가들은 제3자 소프트웨어를 막은 것이 중대한 실수라고 주장했다. 아이폰을 '꼭 가져야 할 기기'로 만들어줄 결정적인 소프트웨어, 즉 킬러 앱을 희생시켰다는 논리이다. PC의 역사를 살펴보면, 하드웨어의 성공은 종종 독점적인 소프트웨어에 의해 결정되었다. 애플II의 비지캘크, 맥의 앨더스Aldus 페이지메이커Pagemaker와 전자출판, 엑스박스의 헤일로가 그 예이다.

전문가들은 아이팟/아이튠즈 생태계를 협력업체들에게 개방하지 않겠다는 잡스의 전략을 완전한 통제에 대한 욕망의 또 다른 증거로 간주했다. 비평가들은 잡스가 경쟁사들에게 아이튠즈의 라이선스를 제공하여 아이튠즈 뮤직스토어에서 구입한 음악들을 다른 제조사에서 만든 MP3 플레이어에서도 들을 수 있게 해야 한다고 주장해왔다. 현재 아이튠즈에서 구입한 음악은 아이팟에서만 재생할 수 있다. 음악 파일에 부착된 복사 방지 코드 DRMDigital Rights Management, 즉 디지털 저작권 관리 때문이다.

한편, 아이팟을 경쟁사인 마이크로소프트의 윈도우 미디어 형식에 개방해야 한다고 주장하는 사람들도 있다. WMA는 윈도우 PC용 음악 파일의 디폴트 파일 형식이다. CD에서 음원을 추출하여 윈도우 PC로 옮긴 파일들 또는 냅스터나 버진 디지털Virgin Digital 등의 온라인 스토어에서 구매한 파일들은 보통 WMA 파일로 코드화되어 있다. 아이팟과 아이튠즈는 현재 WMA 파일을 가져와서 아이팟의 형식인 AAC로 전환한다.

이미 짐작했겠지만, 일부 비평가들은 잡스가 아이팟이나 아이튠즈를 마이크로소프트나 외부 협력업체들에게 개방하길 거부하는 것은 오랫동안 지켜온 절대적인 통제 유지의 원칙 때문이라고 주장했다. 아이튠즈의 라이벌인 랩소디Rhapsody의 음악 서비스를 운영하는 리얼네트워크RealNetworks의 창립자이자 CEO 롭 글레이저Rob Glaser는 잡스가 이데올로기라는 이름 아래 상업의 논리를 희생시키고 있다고 말했다. 그는 또 이렇게 말했다. "지금부터 5년 후에 애플의 플레이어 시장 점유율은 3~5퍼센트에 불과할 것입니다. 그 이유는 너무도 분명합니다. 세계 역사상 이종 교배異種交配는 언제나 훨씬 나은 결과를 도출했기 때문입니다."[2]

글레이저와 다른 비평가들은 이것이 과거에 있었던 윈도우와 맥의 전쟁에 견줄 만하다고 생각했다. 당시 애플은 맥의 라이선스 제공을 거부한 탓에 초창기 컴퓨터 시장에서 주도권을 크게 상실했다. 마이크로소프트는 자사 운영체제의 라이선스를 원하는 업체들에게 모두 제공함으로써 빠르게 지배적인 지위를 선점한 반면, 애플은 이를 거부한 것이다. 바로 이런 이유 때문에 맥은 윈도우보다 훨씬 앞선 체제였음에도 불구하고 시장을 아주 조금밖에 차지하지 못한 것이다.

일부 비평가들은 아이팟과 아이튠즈에게도 같은 일이 일어날 것이며, 라이선스를 제공하지 않겠다고 고집을 부리는 잡스 때문에 애플이 디지털 음악에서도 PC 사업에서와 똑같이 난처한 상황에 처하게 될 거라고 주장했다. 또한 관측자들은 모든 업체들에게 라이선스를 제공해주는 개방형 시스템, 일테면 수십 개의 온라인 뮤직스토어와 MP3 플레이어 제조업체들이 채택한 마이크로소프트의 플레이포슈어PlaysForSure 등이 결국 애플의 독자적인 행보를 이길 것이라고 주장했다. 비평가들은 애플이 개방형 시장에서 자연스레 발생하는 치열한 경쟁에 직면하게 될 것이라고 말했다. 제조업체들은 가격과 기능 면에서 우위를 점하기 위해 경쟁을 벌이면서 꾸준히 기기를 향상시키고 가격을 낮출 것이 분명하니 말이다.

그렇게 되면 애플은 자사의 스토어에서 구입한 음악들만 재생하는 값비싼 플레이어의 세상에 갇힐 것이다. 비평가들은 그것이 전형적인 스티브 잡스 식의 게임 플레이라고 생각했다. 자신만 갖고자 하는 욕구가 결국에는 아이팟을 파멸로 몰고 갈 것이며, 협력업체 군단을 거느린 마이크로소프트가 맥을 물리쳤듯이 아이팟도 물리칠 거라고 말이다.

아이폰이 출시되었을 때에도 이와 똑같은 비난이 쏟아졌다. 처음에는 아이폰도 외부 소프트웨어 개발업체들에게 폐쇄되어 있었기 때문이다. 아이폰은 애플과 구글의 애플리케이션, 즉 구글 맵스Google Maps와 아이포토, 아이캘 등을 이용했지만, 제3자 개발업체들에게는 개방되지 않았다.

개발업체들이 자신들의 프로그램을 아이폰에 넣고 싶어 한다는 사실은 처음부터 매우 명백했다. 결국 아이폰이 출시된 지 며칠 만에 모험심 강한 해커들에 의해 구멍이 뚫리면서 아이폰을 가진 사람들이 애플리케이션들을 업로드하는 상황이 벌어졌다. 그리하여 몇 주 만에 '위치찾기'와 혁신적인 게임들을 포함하여 200개가 넘는 아이폰용 애플리케이션들이 개발되었다.

그러나 이러한 애플리케이션 조작은 보안상의 약점을 이용한 것으로, 애플은 소프트웨어 업데이트를 통해 신속하게 이 점을 보완했다. 또한 이를 통해 애플은 꽤 많은 수의 아이폰 소유자들이 AT&T 네트워크에서 빠져나와 다른 무선 서비스 제공업체들을 자유롭게 이용하는 허점까지 막을 수 있었다.

애플이 밝힌 바에 따르면, 무려 2만 5,000대의 아이폰이 AT&T에 등록되지 않은 상태였다. 판매된 아이폰의 여섯 대 가운데 한 대 꼴로 다른 서비스 제공업체들을 이용하고 있다는 의미였으며, 그 중 다수는 해외 서비스 업체일 가능성이 높았다.

애플의 업데이트 때문에 일부 아이폰, 특히 해킹당한 아이폰들은 더 이상 쓸모가 없어졌다. 애플 측에서 의도한 바는 아니겠지만, 그렇게 많은 장치들을 무력화시킴으로써 애플의 평판은 크게 나빠졌다. 수많은 논평자들과 고객들이 생각하기에 그것은 애플의 최악의 모습이었다. 무모하게 단 한 번 혼란을 일으켰다는 이유로 기기를 못쓰게 만듦으로써 얼리 어답터들과 충성스런 고객들을 하찮게 취급한 셈이었으니 말이다.

소프트웨어 개발업계도 충격과 분노로 대응하며, 애플이 스마트폰 시장에서 마이크로소프트, 구글, 노키아, 심비안과 같은 라이벌들보다 앞설 수 있는 초반의 기회를 날려버렸다고 비난했다. 이러한 분노를 누그러뜨리기 위해 애플은 2008년 2월 소프트웨어 개발도구 SDK(software developer's kit)와 함께 아이폰을 제3자 개발업체에게 개방한다는 계획을 발표했다.

# ⋮일괄 제품을 통제하다

제품을 총체적으로 통제하려는 잡스의 욕구는 철학적인 동시에 실용적이다. 그것은 단순히 통제를 위한 통제가 아니다. 잡스는 컴퓨터나 스마트폰처럼 복잡한 장치들을 진정한 대중적인 제품으로 전환하길 바라며, 이를 위해서는 애플이 소비자들로부터 기기에 대한 통제권을 어느 정도 뺏어올 필요가 있다고 믿는다.

그 좋은 예로 아이팟을 들 수 있다. 소비자들은 자신들의 경험을 관리해주는 아이튠즈 소프트웨어와 아이튠즈 스토어 때문에 복잡한 MP3 플레이어의 관리법을 알 필요가 없어졌다. 물론 자신이 원하는 온라인 스토어에서 음악을 구입하는 자유는 누릴 수 없지만, 그 대신 음악이 전송되는 동안 아이팟이 멈추는 일은 없다. 바로 이것이 실용적인 측면이다. 하드웨어와 소프트웨어의 확실한 통합을 통해 좀더 쉽게 제어하고 예측할 수 있는 시스템을 구축한 것이다. 폐쇄형 시스템은 선택의 폭은 좁지만 안정성과 신뢰성이 높다. 반면, 개방형 시스템은 안정성과 신뢰성은 떨어지지만 자유라는 혜택을 제공한다.

폐쇄형 시스템을 구축하고자 하는 잡스의 욕구는 최초의 맥으로 거슬러 올라가볼 수 있다. PC 초창기의 컴퓨터들은 신뢰성이 낮은 것으로 유명했다. 고장이 나거나 멈추거나 재부팅되기 일쑤였으며, 몇 시간에 걸쳐 작업한 문서를 날려버리는 횟수는 성공적으로 출력해내는 횟수와 맞먹을 정도였다. 이 점에 관한 한 애플의 컴퓨터 역시 IBM, 컴팩, 델의 컴퓨터와 다를 바가 없었다.

가장 큰 문제 가운데 하나는 확장 슬롯이었다. 확장 슬롯은 새 그래픽 카드와 네트워크 보드, 팩스/모뎀 등의 하드웨어를 추가하여 사용자가 컴퓨터를 업그레이드하고 확장할 수 있도록 허용하는 요소였다. 따라서 컴퓨터를 필요에 따라 맞춤 개조하고 싶어 하는 기업체들과 전자 기기 애호가들에게 큰 인기를 끌었으며, 이러한 고객들 가운데 대다수는 이것을 매우 중요하게 생각했다. 그들은 자신들의 용도에 따라 쉽게 바꿀 수 있는 컴퓨터를 원했던 것이다.

그러나 확장 슬롯은 초창기 컴퓨터들을 매우 불안정하게 만드는 주된 요소이기도 했다. 문제는 추가되는 하드웨어들이 제각기 컴퓨터의 운영체제에 맞게 원활히 돌아가도록 만들어줄 드라이버 소프트웨어들을 필요로 했다는 것이다. 드라이버 소프트웨어는 운영체제가 해당 하드웨어를 인식하여 명령을 보내도록 돕지만, 다른 소프트웨어들과 충돌을 일으켜 컴퓨터의 작동 중지로 이어지는 원인이 될 수도 있었다. 설상가상으로, 드라이버 프로그래밍도 형편없는 수준이었다. 특히 초창기에는 더욱 오류도 많고 신뢰성도 떨어졌다.

1984년 잡스와 맥 개발팀은 고장과 작동 중지 현상에 종지부를 찍겠다고 결심했다. 맥에 확장 슬롯을 추가하지 않겠다는 결정을 내린 것이다. 그러면 드라이버 충돌 문제로 고생할 필요도 없었다. 그리하여 그들은 사용자가 어설프게 개조하는 일이 없도록 케이스를 일반 나사 드라이버로는 풀 수 없는 특수 나사로 단단히 잠갔다.

비평가들은 이것을 잡스의 통제광적 성향을 뚜렷이 보여주는 예라고 생각했다. 기계를 더 이상 확장할 수 없게 만들었을 뿐만 아니라 물리적으로도 단단히 잠가버렸기 때문이다. 잡스는 그토록 떠벌리던, '완벽한 기계'를 구현하고픈 꿈을 실현한 것이다. 맥의 완벽성은 사용자들에게 배송된 후에도 살아남을 것이다. 잡스는 맥이 단단히 봉해졌으니 절대 망가뜨릴 수 없을 것이라고 생각했다.

그러나 이러한 아이디어는 결코 사용자들을 처벌하기 위한 것이 아니었다. 오히려 맥의 신뢰성을 높이고 오류를 줄여 프로그램들이 서로 적절히 통합되도록 만들기 위한 것이었다. 잡스의 십대 시절 친구로, 애플의 초창기 멤버 중 한 명이었던 다니엘 코트케는 말했다. "폐쇄형 시스템을 유지한 것은 초창기 컴퓨터들이 가진 혼돈을 끝내기 위해서였습니다." [3]

게다가 확장 슬롯을 없애면 하드웨어는 더욱 단순해지고 제조 비용도 감소할 수 있었다. 맥은 이미 충분히 비싼 컴퓨터였다. 확장 슬롯을 제거하면 가격을 조금이나마 낮출 수 있을 게 분명했다.

그러나 이러한 결정은 빠르게 변화하는 PC 업계의 여명기에는 적합하지 않다는 사실이 드러났다. 최초의 맥 개발팀의 일원이었던 프로그래밍의 귀재 앤디 허츠펠드는 다음과 같은 글을 통해 이를 설명했다. "매킨토시 하드웨어의 가장 큰 문제는 당연히 제한된 확장성이었다. 하지만 그 문제는 기술보다는 철학과 관련된다. 우리는 모든 매킨토시를 동일하게 유지함으로써 사용자와 개발자 모두를 위해 하드웨어 확장에서 생기는 복잡성을 없애려 했다. 그것은 충분히 타당했고 어떤 면에서는 용감한 시도였다. 하지만 그리 실용적이지는 않았다. 우리의 시도가 먹혀들기에는 컴퓨터 산업이 너무 빠르게 변화하고 있었던 것이다." [4]

# :통제광적 성향의 장점

　요즈음 대부분의 애플 기계들은 확장이 가능하다. 심지어 애플의 최첨단 컴퓨터들은 여러 개의 확장 슬롯을 갖고 있다. 새로운 프로그래밍 툴과 엄격한 테스트를 요구하는 인증 프로그램 덕분에 드라이버 소프트웨어들은 맥에서든 윈도우에서든 훨씬 원활하게 구동된다. 그러나 안정성 면에서는 맥이 윈도우 컴퓨터보다 훨씬 낫다는 평을 얻고 있다.

　최근의 맥 컴퓨터는 윈도우 컴퓨터와 상당 부분 동일한 부품들을 사용한다. 인텔 CPU에서 RAM까지 내장은 거의 동일하다. 하드 드라이브, 비디오 카드, PCI 슬롯, USB 칩셋, 와이파이 및 블루투스 칩셋도 마찬가지이다. 대부분의 컴퓨터들은 내부 부품에 관한 한, 델의 제품이든 휴렛팩커드의 제품이든 애플의 제품이든 관계없이 상호 교환해서 사용할 수 있다. 그 결과 컴퓨터 업계의 호환성은 예전에 비해 크게 높아졌다. 프린터나 웹캠 등의 대다수 주변기기들도 맥과 윈도우 플랫폼 모두에서 사용이 가능하다. 마이크로소프트의 유명 마우스인 인텔리마우스도 맥에 꽂는 즉시 완벽하게 작동한다.

　맥과 PC의 가장 큰 차이점은 운영체제이다. 현재 컴퓨터 업계에서 여전히 자체 소프트웨어의 통제권을 가진 기업은 애플뿐이다. 델과 휴렛팩커드는 라이선스 계약을 통해 마이크로소프트의 운영체제를 쓰고 있다. 문제는 마이크로소프트의 운영체제가 수백 가지, 어쩌면 수천 가지의 하드웨어 부품들을 제각기 다른 방식으로 지원해야 한다는 사실이다. 그 방식은 수백만 가지에 달할 수도 있다. 그러나 애플의 경우, 문제는 훨씬 쉽다. 애플의 주요 컴퓨터 제품라인은 두세 가지에 불과하며 그 중 대부분은 동일한 부품을 쓰기 때문이다. 맥 미니, 아이맥, 맥북은 케이스만 다를 뿐 기본적으로 동일한 컴퓨터이다.

이런 관점에서 보면, 윈도우는 가히 엔지니어링의 위업이라 할 만하다. 놀라울 정도로 광범위한 하드웨어를 구동할 수 있기 때문이다. 그러나 갖가지 변수를 감안할 때, 계속해서 동일한 수준의 호환성과 안정성을 제공하리라 기대할 수는 없다. 하드웨어의 호환성을 높여주는 마이크로소프트의 주요 이니셔티브 '플러그 앤 플레이' 는 이미 '플러그 앤 프레이plug and pray' (기기를 연결하고 나서 아무 문제가 없기를 기도한다는 의미)로 바뀌었다. 하드웨어와 소프트웨어의 결합 방식이 너무 다양하여 결과를 예측하기가 힘들기 때문이다.

반면, 애플은 지원할 하드웨어 기반이 훨씬 적기 때문에 결과를 쉽게 예측할 수 있다. 게다가 문제가 생기면 한 기업에만 전화하면 된다. 델이나 컴팩의 고객들은 전화하기를 두려워한다. 하드웨어 제조업체는 마이크로소프트를, 마이크로소프트는 하드웨어 제조업체를 탓하기 때문이다.

## ⋮플레이포슈어

2005년 출시된 마이크로소프트의 음악 시스템 플레이포슈어를 생각해보자. 플레이포슈어는 수십 개의 온라인 음반회사 및 휴대용 플레이어 제조업체들과 라이선스 계약이 성사되면서 아이팟 킬러로 간주되어 경쟁을 독려하고 가격을 낮출 것으로 예상되었다. 문제는 그 신뢰성이 끔찍한 수준이었다는 것이다. 나도 여러 번 악몽 같은 경험을 했다. 문제가 있다는 것은 알았지만 그토록 지독하다는 것을 체감하고 충격을 받지 않을 수 없었다.

2006년 아마존닷컴은 아마존 언박스Amazon Unbox라는 비디오 다운로드 서비스를 시작했다. 대대적인 홍보와 함께 시작된 이 서비스는 수백 편의 영화와 TV 프로그램을 '주문에 따라' 제공하는 방식으로서 한 번의 클릭으로 빠르고 쉽게 하드 드라이브에 다운로드하게 해줄 것이라고 했다. 그리고 플레이포슈어 인증 기기, 일테면 내가 시범적으로 사용 중인 8기가바이트의 샌디스크SanDisk 플레이어 등에 비디오를 복사할 수 있게 해주겠다고 약속했다.

사실 아마존닷컴은 아마존 언박스의 비디오가 플레이포슈어 기기들에서 재생될 거라고 확실히 약속하지는 않았다. 다만 플레이포슈어 기기들에서 "재생될 수도 있다"라고 말했을 뿐이다. 정확히 아마존닷컴에는 "플레이포슈어 인증 기기에서는 성공적으로 작동할 수도 있다"라고 적혀 있었다. '할 수도' 있다고? 농담하는 걸까? 플레이포슈어의 핵심은 말 그대로 '플레이 포 슈어play for sure', 즉 미디어를 확실하게 재생하는 것이었다. 그러나 미디어는 확실하게 재생되지 않았다. 플레이어를 뺐다가 다시 꽂아보고 PC를 재부팅해보고 소프트웨어를 다시 설치해보고 웹에서 조언을 찾아보며 몇 시간을 허비한 끝에 나는 결국 포기하고 말았다.

문제는 마이크로소프트가 컴퓨터에서 작동하는 소프트웨어를 제작하고, 샌디스크가 플레이어를 제어하는 소프트웨어를 제작한다는 사실이다. 마이크로소프트는 계속해서 플레이포슈어 소프트웨어를 여러 차례 업데이트하며 오류와 보안 문제를 수정했지만, 새로워진 소프트웨어와 원활히 상호작용하기 위해서는 샌디스크 플레이어 또한 업데이트되어야 마땅했다. 마이크로소프트와 샌디스크는 서로에게 맞게 업데이트를 조율하려 노력했지만 이따금씩 일어나는 충돌과 지연은 피할 수 없었다.

다른 기업들이 더 많이 개입될수록 문제는 더욱 복잡해졌다. 마이크로소프트는 수십 개의 온라인 스토어와 다른 모델들을 출시해내는 수십 개의 재생기 제조업체들을 지원하려고 안간힘을 썼다. 하드웨어 업체들은 그들 나름대로 음악 전송과 관련한 결함들과 연결된 재생기를 인식하지 못하는 등의 플레이포슈어 문제들을 보완하도록 마이크로소프트를 설득하느라 애를 먹었다. "우리는 그들로 하여금 오류를 수정하게 할 수가 없었어요." 리얼네트워크의 이사 아누 커크 Anu Kirk는 이렇게 말했다.[5] 결국 이러한 모든 문제들은 사용자가 최신 업데이트를 찾아 설치하는 방식으로 해결해야 했다.

애플의 경우에는 아이튠즈 소프트웨어를 통해 수천만 대의 아이팟을 신속하고 효율적으로 업그레이드할 수 있었다. 새로운 버전의 아이팟 소프트웨어가 나오면, 아이튠즈는 아이팟이 컴퓨터에 연결되는 대로 자동으로 업데이트를 수행해주었다. 물론 사용자의 동의하에 말이다. 그것은 극도로 효율적인 자동화 체계였다. 소프트웨어 애플리케이션도 하나뿐이고, 모델은 여러 종류지만 기본적으로 지원할 기기도 하나뿐이기 때문이다.

점점 커져가는 애플의 온라인 음악 시장과 더 확고하게 통합된 아이팟과 아이튠즈에 대해 수많은 비난이 쏟아진 것도 사실이다. 나 역시 이성적으로는 애플의 시스템에 갇히는 것을 반대한다. 하지만 적어도 애플의 시스템은 효과를 발휘하고 있다. 아이팟을 사용하는 동안 나는 한 번도 문제를 겪지 않았다. 파일이 삭제된 적도 없고 동기화에 실패한 적도 없으며, 배터리나 하드 드라이브가 고장 난 적도 없다.

# 애플 애플리케이션의 통합성

맥의 주요 셀링포인트selling point(고객의 욕구를 만족시키는 상품의 특성) 중 하나는 아이튠즈, 아이포토, 거라지밴드 등으로 구성된 아이라이프 iLife 제품군이다. 이러한 애플리케이션들은 디지털 사진의 저장 및 관리, 홈 무비 제작, 웹사이트에 올리기 위한 음악 녹음 등의 창의적인 일상 활동을 위해 고안되었다.

아이라이프의 애플리케이션은 맥을 맥으로 만드는 데 큰 역할을 한다. 그러나 윈도우에는 그런 것이 존재하지 않는다. 잡스는 종종 이것을 차별화의 요소로 지적한다. 굳이 비유하자면, 아이라이프 애플리케이션은 맥에서만 구동되는 배타적인 마이크로소프트 오피스인 셈이다. 다만 차이가 있다면, 오피스처럼 일을 위한 것이 아니라 재미있고 창의적인 프로젝트를 위한 것이라는 사실이다.

아이라이프의 셀링포인트 중 하나는 애플리케이션들이 서로 긴밀하게 통합되어 있다는 점이다. 사진 애플리케이션인 아이포토는 아이튠즈에 저장된 모든 음악들을 인식하기 때문에 사용자는 사진 슬라이드 쇼에 쉽게 사운드트랙을 첨가할 수 있다. 홈페이지 제작 애플리케이션인 아이웹iWeb은 아이포토에 저장된 모든 사진에 접근할 수 있기 때문에 사용자는 두 번의 클릭만으로 사진을 온라인 갤러리에 업로드할 수 있다. 이러한 점은 아이라이프 제품군에만 국한되지 않는다. 애플의 소프트웨어 대다수가 전반적으로 통합되어 있기 때문이다. 주소록은 아이캘과 통합되고 아이캘은 아이싱크iSync와 통합되며, 아이싱크는 다시 주소록과 통합된다. 이러한 수준의 상호 운용성은 애플만이 가진 독특한 특징이다. 마이크로소프트의 오피스 제품군도 비슷한 수준의 통합성을 갖지만, 오피스와 함께 판매되는 생산성 애플리케이션에만 국한될 뿐 시스템 전반에 걸친 것은 아니다.

이와 동일하게 아이폰에도 통합성과 사용 편의성이라는 원리가 적용된다. 잡스가 엄청난 비난을 받으면서도 아이폰을 외부 소프트웨어 개발업자들에게 개방하지 않은 것은 안정성, 보안성, 사용 편의성을 위해서였다. 잡스는 이렇게 설명했다. "어느 누가 자신의 전화기가 개방형 플랫폼이길 바라겠습니까? 필요할 때 작동할 수만 있다면 되는 것 아닙니까? 싱귤러Cingular(당시에는 AT&T가 아니라 싱귤러였다)도 어떤 애플리케이션이 말썽을 일으켜서 서해안 지역의 전체 네트워크가 마비되는 사태를 보고 싶어 하지는 않을 것입니다."[6]

애플리케이션 하나 때문에 지역의 네트워크 전체가 무너진다는 말은 과장이겠지만, 전화기 한 대는 충분히 무력화될 수 있다. 개방형 플랫폼 방식이 윈도우에 미친 영향만 봐도 알 수 있다. 사실 정도에는 차이가 있지만 맥 OS X에도 어느 정도 영향을 미쳤다. 바이러스, 트로이목마, 스파이웨어를 어떻게 피해야 할까? 그 답은 바로 아이폰을 폐쇄형으로 만드는 것이다.

잡스의 동기는 미학이 아니라 사용자 경험이다. 최고의 사용자 경험을 보장하기 위해서는 소프트웨어와 하드웨어, 그리고 사용자들이 접근하는 서비스가 확고하게 통합되어야 한다. 이것을 엄중한 '감금'으로 보는 사람도 있지만, 잡스는 이것이 바로 아이폰을 사용하는 즐거움과 복잡하고 헷갈리는 싸구려 휴대폰을 사용하는 괴로움의 차이라고 생각한다. 나는 아이폰을 선택하겠다. 제품을 총체적으로 통제하는 애플은 보다 나은 안정성과 통합성, 그리고 빠른 혁신을 제공할 수 있기 때문이다.

함께 적절히 상호작용하도록 설계된 기기들은 적절하게 작동하기 마련이다. 하나의 시스템 전체가 하나의 기업에서 개발되면 좀더 쉽게 새로운 기능을 추가할 수 있다. 삼성 TV가 고장이 없는 것은 하드웨어뿐만 아니라 소프트웨어까지 만들기 때문이다. 티보TiVo도 마찬가지이다.

물론 애플의 아이폰/아이팟/아이튠즈 시스템도 완벽하지는 않다. 작동하다 멈추기도 하고 고장이 나기도 하며, 파일을 지워버리기도 한다. 통합된 애플 애플리케이션은 많은 이점을 제공하지만, 이것은 애플이 너무 내부 지향적이라서 보다 나은 서비스가 나와도 이를 포용하지 못한다는 의미가 될 수도 있다. 대다수의 사람들은 사진 공유 사이트인 플리커Flickr가 사진 업로드 및 공유와 관련하여 보다 나은 사용자 경험을 제공한다고 생각하지만, 애플의 웹 서비스에 사진을 업로드하는 것만큼 쉽게 플리커를 이용하기 위해서는 제3자 플러그인을 다운로드해야 한다. 맥도 여전히 고장을 일으키며 연결된 주변 기기들을 인식하지 못하는 경우도 있다. 그러나 전반적으로 안정성과 호환성 측면에서는 윈도우보다 훨씬 낫다. 모든 것이 잡스의 통제 광적 성향 덕분이다.


# 여러 제품을 하나의 시스템으로

제품을 총체적으로 통제하려는 잡스의 욕구는 뜻밖의 결과를 낳았다. 그리고 그 결과는 다시 애플을 근본적으로 새로운 제품을 창출하는 방식으로 이끌어오고 있다. 애플은 이제 독립적인 컴퓨터와 기기들보다는 총체적인 비즈니스 시스템을 만들고 있다.

잡스는 2000년에 아이무비2를 개발하면서 이러한 시스템적 접근 방식을 처음 구상하게 되었다. 아이무비는 최초로 시판된 소비자 친화적인 비디오 편집 애플리케이션 가운데 하나였다. 이 소프트웨어는 캠코더로 찍은 영상 필름을 컴퓨터로 옮겨 편집, 페이드fade(영상이 서서히 소멸되거나 나타나는 현상) 효과, 사운드트랙, 자막 등을 적용하여 한 편의 영화를 완성할 수 있도록 설계되었다. 그 후에 후속 버전들이 나오면서 소비자들은 자신이 만든 영화를 웹에 올리거나 DVD로 구워 원하는 사람과 공유할 수 있게 되었다.

디지털 비디오 애호가인 잡스는 이 소프트웨어를 몹시 흡족하게 생각했지만, 곧 이것만으로는 부족하다는 사실을 깨달았다. 적절히 기능하도록 만들기 위해서는 여러 가지 다른 요소들, 즉 캠코더를 신속하게 연결해주는 플러그 앤 플레이 커넥션, 카메라를 인식하여 자동으로 연결해주는 운영체제, 비디오 코드와 실시간 비디오 효과를 제공하는 기본적인 멀티미디어 소프트웨어 퀵타임 등이 함께 사용되어야 했던 것이다. PC 사업에서 이 요소들을 모두 보유한 회사가 그리 많이 남아 있지 않다는 생각이 잡스의 머릿속을 스쳐 지나갔다.

"이런 일을 수행하기에 적합한 기업은 애플밖에 없다고 생각합니다. 업계에서 이 모든 요소들을 한 지붕 아래 갖춘 회사는 우리밖에 남지 않았기 때문이지요. 그것은 아주 독특한 강점이 될 수 있습니다. 아이무비만 있으면 캠코더 같은 디지털 기기의 가치는 최소한 10배 이상 올라가지요. 여러분에게 제공하는 가치가 10배나 올라간다는 말입니다." 2001년 맥월드 엑스포에서 잡스는 이렇게 말했다.

아이무비를 출시한 후 잡스는 디지털 비디오에서 디지털 음악으로 관심을 돌려 자신의 일에서 가장 큰 발전을 도모한다. 잡스의 새로운 시스템적 접근 방식을 가장 잘 보여주는 예는 바로 아이팟이다. 아이팟은 독립적인 음악 플레이어가 아니라 컴퓨터와 아이튠즈 소프트웨어, 아이튠즈 뮤직스토어까지 함께 결합된 복합적인 제품이다.

"지난 수십 년 사이에 제품의 정의는 꾸준히 변화해왔다고 생각합니다." 아이팟 담당 수석 부사장이자 첫 아이팟의 하드웨어 개발 책임자였던 토니 파델은 말했다. "지금 제품이라고 하면 아이튠즈 뮤직스토어와 아이튠즈, 아이팟, 그리고 아이팟에서 실행되는 소프트웨어의 결합을 의미하지요. 진정한 의미의 통제권을 가진 회사는 많지 않습니다. 협력을 통해 진정한 의미에서 하나의 시스템을 만들 수 있는 회사도 많지 않지요. 우리는 진정으로 시스템을 만드는 회사입니다."[7]

아이팟이 출시된 지 얼마 안 됐을 때, 많은 사람들은 곧 경쟁업체들이 애플을 추월할 거라고 예상했다. 언론에서도 끊임없이 최신 '아이팟 킬러'에 대해 떠들어댔다. 그러나 마이크로소프트의 준이 나오기 전까지 그러한 기기들은 본질적으로 독립적인 플레이어에 불과했다. 애플의 경쟁업체들은 소프트웨어와 그것을 지원하는 서비스를 통합한 개념보다는 그저 플레이어 하나에만 초점을 맞추고 있었던 것이다.

처음 몇 세대의 아이팟 개발을 감독한 애플의 전임 하드웨어 책임자 존 루빈스타인은 경쟁업체들이 빠른 시간 내에 아이팟을 따라잡을 수 있다는 점에 대해 회의적인 시각을 갖고 있다. 일부 비평가들은 아이팟이 소니의 워크맨처럼 결국 저렴한 모방품들의 그늘에 가려질 거라고 예상했지만, 루빈스타인은 아이팟이 그러한 운명을 맞을 가능성은 낮다고 일축했다. "아이팟은 워크맨보다 모방하기가 훨씬 어렵습니다. 아이팟에는 서로 조화를 이루는 다양한 요소들, 즉 하드웨어, 소프트웨어, 아이튠즈 뮤직스토어로 이루어진 하나의 생태계가 담겨 있기 때문입니다."[8]

최근에 대부분의 애플 제품들은 이와 흡사한 하드웨어, 소프트웨어, 온라인 서비스 등의 조합으로 이루어져 있다. 와이파이를 통해 컴퓨터를 TV에 연결하는 애플 TV 역시 또 하나의 콤보 제품으로, TV에 연결된 셋톱박스, 그것을 맥이든 윈도우든 상관없이 집에 있는 컴퓨터에 연결해주는 소프트웨어, TV 프로그램이나 영화를 구매하여 다운로드하게 해주는 아이튠즈 소프트웨어와 온라인 스토어가 결합되어 있다. 아이폰 역시 휴대전화, 전화기를 컴퓨터와 동기화해주는 아이튠즈 소프트웨어, 메시지를 쉽게 확인하게 해주는 비주얼 보이스메일Visual Voicemail 등의 네트워크 서비스들이 결합되어 있다.

애플의 아이라이프 애플리케이션 몇 가지는 인터넷과 연결된다. 아이포토는 포토캐스팅photocasting이라는 기능을 통해 인터넷으로 사진을 공유하거나 온라인으로 고급용지 출력 서비스 또는 사진첩 서비스를 주문할 수 있다. 아이무비에는 홈 무비를 홈페이지에 올리는 기능이 갖추어져 있고, 애플의 백업 애플리케이션은 중요한 데이터를 온라인 상에 저장할 수 있게 해주며, 아이싱크는 인터넷을 이용하여 여러 컴퓨터 사이에서 캘린더와 주소록을 동기화한다. 물론 일일이 따져보면 애플만 독점적으로 보유한 기능은 하나도 없지만 하드웨어, 소프트웨어, 서비스가 통합된 모델을 애플만큼 광범위하고 효과적으로 포용한 회사는 거의 없다.

# :수직적 통합의 부활

애플의 경쟁업체들은 수직적 통합, 즉 전 시스템적 접근 방식의 장점들을 깨닫기 시작했다. 2006년 8월 노키아는 여러 기업들에게 '화이트 라벨white label'(한 기업에서 생산되는 것을 다른 기업들이 자사에서 만든 것처럼 브랜드화하여 판매하는 제품이나 서비스) 뮤직스토어를 구축해주는 음원 회사 라우드아이Loudeye를 인수했다. 그들의 멀티미디어폰과 일반 휴대전화를 위한 나름의 '아이튠즈 서비스'를 시작하기 위해서였다.

2006년 리얼네트워크는 미국에서 애플에 이어 2위를 차지하고 있는 플레이어 제조업체 샌디스크와 손을 잡고 아이팟과 똑같은 방식으로 서로의 하드웨어와 소프트웨어를 결합시켰다. 두 기업은 중개인(마이크로소프트의 플레이포슈어)을 생략하고 리얼네트워크의 헬릭스Helix DRM을 선택하여 보다 긴밀한 통합을 약속했다.

한편, 수십 년간의 하드웨어의 강자 자리를 차지하고 있지만 소프트웨어에 관한 지식은 거의 전무한 거대 기업 소니는 서로 다른 제품 사업부들 전반에 걸쳐 개발을 조율하기 위해 캘리포니아 주에 소프트웨어 개발 사업부를 세웠다. 이 사업부는 애플의 전임 간부이자 소니의 '소프트웨어 제왕'으로 불리는 팀 샤프Tim Schaff가 이끌고 있다. 샤프는 소니의 각종 제품들을 위해 일관성 있는 자체 소프트웨어 플랫폼을 개발하는 책임을 맡고 있다. 그는 각자의 공간에서 일하는 서로 다른 제품 사업부들 간의 협력을 독려하려고 노력할 것이다.

이전까지 소니에서는 독립적인 제품 사업부들 간의 교류가 거의 없었으며, 거듭된 노력에도 불구하고 상호 운용의 가능성을 구축하지 못했다. 일본인이 아닌 외국인으로서 처음으로 소니의 CEO가 된 하워드 스트링거는 이러한 문제들을 해결하기 위해 조직을 개편하고 샤프의 소프트웨어 개발 사업부에 권한을 위임했다. 그는 CBS의 뉴스 프로그램 〈60분〉에서 이렇게 말했다. "아이팟이 소니에게 경종을 울린 것은 의심할 여지가 없습니다. 여기에 의문을 제기한다면 그 답은 바로 스티브 잡스가 소프트웨어에 관해서는 우리보다 더 똑똑하다는 것이지요."

가장 중요한 사실은 마이크로소프트가 플레이포슈어 시스템을 버리고 플레이어와 디지털 주크박스와 온라인 스토어가 결합된 준을 만들었다는 점이다. 마이크로소프트는 플레이포슈어를 계속 지원하겠다고 약속했지만, 실제로는 수직 통합된 새로운 음악 시스템인 준을 택하겠다는 결정을 내림으로써 자신들의 수평적 접근 방식이 실패했다는 분명한 메시지를 전달한 셈이다.

## 마이크로소프트와 수직적 통합

준은 마이크로소프트의 엔터테인먼트&디바이스 사업부에서 탄생했다. 하드웨어와 소프트웨어가 결합된 이 독특한 부서를 가리켜 저널리스트 월트 모스버그는 마이크로소프트 안의 작은 애플이라고 묘사했다.[9] 책임자는 오래전부터 마이크로소프트에서 일하며 승진을 거듭해온 로비 바흐Robbie Bach이며, 음악 플레이어 준과 게임 콘솔 엑스박스를 책임지고 있다. 애플과 마찬가지로 이 사업부는 자체 하드웨어와 소프트웨어를 개발하며 자사 기기들과 연결되는 온라인 스토어 및 커뮤니티 서비스를 운영한다. 2007년 봄에는 서피스Surface라는 신제품 컴퓨터를 공개했다.

이 사업부는 애플뿐만 아니라 소니와 닌텐도까지 겨냥하고 있으며, 마이크로소프트 웹사이트에 따르면 이른바 '오락 연결' 전략, 즉 음악, 게임, 비디오, 모바일 통신 전반에 걸친 새롭고 매력적인 고급 오락의 전략을 추구하고 있다.

바흐는 이렇게 밝혔다. "목표는 음악, 비디오, 사진, 게임 등 모든 것이 원하는 곳 어디에서나, 그리고 PC, 엑스박스, 준, 휴대전화 등 원하는 모든 장치로 접근할 수 있게 하는 것입니다. 이를 위해 마이크로소프트는 사내 곳곳에서 쓸어온 자산들을 통합하여 새로운 사업부를 만들었지요. 우리가 다루는 분야는 구체적으로 음악, 비디오, 게임, 모바일이며, 이 모든 것을 논리적인 방식으로 응집력 있게 결합하기 위해서 노력하고 있습니다."[10]

논리적인 방식으로 응집력 있게 작동하게 하기 위해서는 한 기업이 모든 요소를 통제해야 한다. 이것을 기술 용어로 '수직적 통합'이라고 한다.

애플과 마이크로소프트의 소비자 기기 접근 방식(즉 수직적 통합과 수평적 통합)을 비교해달라는 〈샌프란시스코 크로니클〉의 요청에 바흐는 주춤하는 듯싶더니 곧이어 경쟁사의 접근 방식이 지닌 강점들을 솔직하게 인정하기 시작했다. "물론 선택권과 폭넓은 다양성에서 오는 이점들이 성공적으로 받아들여지는 시장도 있습니다. 그러나 반면에 다른 시장들도 존재하지요. 그러한 시장에서는 사람들이 쉽게 이용할 수 있는 수직 통합된 솔루션을 모색합니다. 애플은 아이팟을 통해 그것이 크게 성공할 수 있음을 보여줬습니다." 바흐는 자신의 사업부가 애플의 수직적 통합 모델을 채택하고 있다고 인정했다. 하드웨어, 소프트웨어, 온라인 서비스를 모두 융합하고 있다고 말이다. 그리고 이렇게 덧붙였다. "시장은 그것이 바로 소비자들이 원하는 것이라는 점을 확실히 보여주었지요."


# 소비자들이 원하는 것

오늘날 기술 업체들 가운데에도 제품이 아닌 솔루션 또는 고객 경험에 초점을 맞추는 기업들이 점점 늘고 있다. 마이크로소프트는 준을 발표하는 보도자료에 다음과 같은 제목을 붙였다. "마이크로소프트, 11월 14일, 소비자들의 손에 준의 경험을 쥐어주기로." 플레이어 자체가 아니라 준의 와이파이 공유 기능을 통해 온라인 및 오프라인에서 다른 음악 애호가들과 연결되는 등의 원활한 고객 경험을 강조한 것이다. 마이크로소프트는 "준은 오락 연결을 위한 엔드 투 엔드 솔루션end-to-end solution(한 회사가 하드웨어와 소프트웨어를 비롯하여 다른 모든 요소들을 제공하는 솔루션)이다"라고 밝혔다.

시장조사 기관 포레스터 리서치Forrester Research는 2005년 12월에 "제품이 아니라 디지털 경험을 판매하라"라는 제목의 연구를 발표했다. 여기서 포레스터는 소비자들이 대형 고화질 TV 같은 고가의 신제품 기기에는 큰돈을 쓰지만, 기기에 생명력을 불어넣는 콘텐츠나 서비스, 일테면 고화질 케이블 서비스는 구입할 줄 모른다고 지적했다. 그리고 다음과 같이 제안했다. "이러한 간극을 메우려면 디지털 업계는 독립형 기기나 독립형 서비스의 판매를 중단하고 디지털 경험, 즉 단일 애플리케이션의 통제하에 엔드 투 엔드로 통합되어 있는 제품과 서비스를 제공해야 한다."[11] 어디서 많이 들어본 소리 같지 않은가?

2007년 9월 샌프란시스코의 특별 기자회견에서 스티브 잡스는 활짝 웃으면서 무대로 뛰어올라 터치스크린을 이용한 첫 아이팟 제품인 아이팟 터치를 소개했다. 90분 동안 프레젠테이션을 진행하면서 잡스는 완전히 쇄신된 아이팟 제품군과 스타벅스 커피점 수천 곳에 들어가는 와이파이 뮤직스토어 등의 푸짐한 선물거리를 공개했다.

업계 분석가이자 크리에이티브 스트래티지Creative Strategies의 사장으로 수십 년 동안 기술 산업에 종사해온 팀 바자린Tim Bajarin은 웬만한 일에는 잘 놀라지 않지만, 잡스의 프레젠테이션이 끝난 후에는 통로에 서서 기자들과 얘기를 하며 믿을 수 없다는 듯이 고개를 내저었다. 바자린은 새로 나온 아이팟과 와이파이 뮤직스토어, 스타벅스와의 제휴 등 여러 가지 사항들을 하나하나 열거하면서 애플이 포괄적인 미디어 전달 시스템을 갖추었음을 강조했다. "마이크로소프트와 준이 어떻게 저런 것과 경쟁을 한다는 건지 모르겠군요. 산업디자인에다 새로운 규칙들을 설정한 가격결정 모델, 혁신, 와이파이까지……." 그는 더욱 세차게 머리를 내저으며 말을 이었다. "꼭 마이크로소프트가 아니라고 해도 저런 것과 경쟁할 능력을 갖춘 기업이 어디 있겠습니까?"

애플을 설립한 이후 30년 동안, 잡스는 놀라운 수준으로 일관성을 유지해왔다. 탁월성에 대한 욕구, 훌륭한 디자인의 추구, 마케팅에 대한 직관력, 편의성과 호환성에 대한 고집……. 이 모든 것이 처음부터 존재했다는 얘기다. 그의 직관은 지극히 적절했지만 시대를 잘못 만났을 뿐이다.

컴퓨터 산업의 초창기, 즉 메인프레임과 중앙 데이터 처리 센터의 시대에는 수직적 통합이 대세였다. IBM, 하니웰Honeywell, 버로우즈Burroughs처럼 본체를 만드는 거대 기업들은 정장을 차려입은 컨설턴트들을 불러들여 시스템을 연구하고 설계하며 구축하도록 했다. 그들은 IBM 하드웨어를 제작하고 IBM 소프트웨어를 설치했다. 그런 다음 고객을 위해 시스템을 구동시키고 유지보수하며 수리해주었다. 수직적 통합은 기술에 대해 어느 정도 공포증을 갖고 있던 60년대, 70년대의 기업들에게는 충분히 효과를 발휘했지만, 한 기업의 시스템에 갇혀 있다는 의미가 되기도 했다.

그러나 그 후 컴퓨터 산업이 성숙하면서 수직적 통합이 해체되고 기업들이 전문화되기 시작했다. 인텔과 내셔널 세미컨덕터National Semiconductor는 칩을 만들었고 컴팩과 휴렛팩커드는 컴퓨터를 만들었으며, 마이크로소프트는 소프트웨어를 공급했다. 컴퓨터 산업은 점점 성장하여 경쟁이 심화되고 선택의 폭이 넓어졌으며, 가격은 하락했다. 고객들은 다양한 기업들이 제작한 하드웨어와 소프트웨어를 자유롭게 선택할 수 있었다. 일테면 IBM의 하드웨어에서 오라클의 데이터베이스를 구동시킬 수 있었다는 얘기다.

그러나 애플만큼은 일괄 제품을 고수했다. 이제 애플은 마지막 남은 단 하나의 수직적 통합 방식의 컴퓨터 회사이다. 자체 하드웨어와 소프트웨어를 제작하던 다른 수직적 통합 방식의 기업들, 일테면 코모도어Commodore와 아미가, 올리베티Olivetti는 모두 사라진 지 오래다.

초기에 애플은 제품을 총체적으로 통제함으로써 안정성과 사용의 편의성에서 우위를 점했지만, 이러한 우위는 PC의 일용품화와 함께 찾아온 규모의 경제 때문에 곧 사라지고 말았다. 통합성과 편의성보다 가격과 성능이 더 중요해지면서 90년대 후반에 이르러 애플은 거의 파산의 위기를 맞게 되는 반면, 마이크로소프트는 성장을 거듭하여 지배적인 입지를 구축했다.

그러나 이제 PC 업계는 변화하고 있다. 새롭게 열리는 시대는 지난 30년 동안 이어진 생산성 시대의 규모를 위축시킬 수 있는 잠재력을 지녔다. 디지털 오락의 시대가 밝은 것이다. 이러한 시대에는 포스트 PC 장치들과 통신 기기들이 주를 이룬다. 일테면 스마트폰, 비디오 플레이어, 디지털 카메라, 셋톱박스, 온라인에 연결하는 게임 콘솔 등이다.

전문가들은 여전히 애플과 마이크로소프트의 오랜 밥그릇 싸움이라는 논리에서 벗어나지 못하고 있다. 그러나 잡스는 벌써 10년 전에 밥그릇을 마이크로소프트에게 양보했다. 잡스는 이렇게 말했다. "애플의 핵심은 기업이 아닌 사람들을 위한 컴퓨터를 만드는 것입니다. 세상이 필요로 하는 것은 또 하나의 델이나 컴팩이 아닙니다."[12] 잡스는 폭발적으로 성장하는 디지털 오락 시장에서 눈을 떼지 않고 있다. 그리고 아이팟, 아이폰, 애플 TV 역시 디지털 오락 기기이다. 이 시장에서 소비자들이 원하는 것은 사용하기 쉽고 조화롭게 작동하며 디자인이 뛰어난 장치이다. 이제 하드웨어 기업은 소프트웨어 분야로, 소프트웨어 기업은 하드웨어 분야로 진출해야 한다.

다른 기업들이 아이팟 킬러를 만들어내지 못한 것은 제품에 대한 애플의 총체적인 통제 때문이었다. 대부분의 라이벌들은 하드웨어라는 장치에 초점을 두지만, 사실 비법은 하드웨어와 소프트웨어, 그리고 서비스의 매끈한 혼합에 있다.

현재 마이크로소프트는 두 가지의 총체적 제품인 엑스박스와 준을 가지고 있으며, 소비자 가전 산업에서도 소프트웨어 분야로 대거 진출하고 있다. 잡스는 예전이나 지금이나 똑같은데 그를 둘러싼 세상이 변하고 있는 것이다. 월트 모스버그는 이렇게 썼다. "격세지감이 느껴진다. 이제 컴퓨터와 인터넷과 가전제품이 경계가 모호해질 정도로 뒤섞이면서 애플은 더 이상 동정의 대상이 아닌 역할 모델이 되어가는 듯하다."[13] 디자인, 편의성, 마케팅과 같이 잡스가 중요시하는 사항들은 새로운 컴퓨터 산업에서 핵심을 차지한다.

잡스는 이렇게 밝혔다. "애플은 이 업계에서 일괄 제품을 설계하는 기업으로는 유일한 회사입니다. 하드웨어, 소프트웨어, 개발자 관계, 마케팅 등이 모두 여기에 포함되지요. 나는 이것이 애플의 가장 큰 전략적 우위로 밝혀지고 있다고 생각합니다. 사실 이전까지는 어떤 계획이 없었기 때문에 커다란 결점으로 보였는데, 계획을 세우고 나니 애플의 핵심적인 전략적 강점이 된 것입니다. 만약 이 업계에 아직 혁신의 여지가 남아 있다면 애플은 다른 어느 회사보다 빠르게 혁신할 수 있습니다. 물론 나는 아직 혁신의 여지가 충분히 있다고 생각합니다."[14]

잡스는 30년이나 시대를 앞서 갔다. 그가 초창기 PC 시장에 도입한 가치들, 즉 디자인과 마케팅과 사용 편의성 등은 당시에는 부합하지 않는 가치들이었다. 초창기 PC 시장의 성장은 기업 고객에게 달려 있었으며 그들은 우아함보다는 가격을, 편의성보다는 규격화를 중시했다. 그러나 지금 성장하고 있는 시장은 디지털 오락 시장이며 주요 고객은 가정의 소비자들이다. 가정의 소비자들은 다시 디지털 오락과 통신, 그리고 창의성을 원하고 있으며, 이 세 가지는 잡스가 지닌 최대 강점이기도 하다. 잡스는 이렇게 말했다. "무엇보다 중요한 것은 애플의 DNA가 변하지 않았다는 사실입니다. 지난 20년간 애플이 지켜온 자리는 정확히 컴퓨터 기술과 소비자 가전 시장이 만나는 지점이었습니다. 그러니 우리가 강을 건너 저편으로 가기보다는 저편에 있는 사람들이 강을 건너 우리에게 오고 있는 셈이지요."[15]

소비자 시장에서는 디자인, 신뢰성, 간결성, 효과적인 마케팅, 그리고 우아한 포장이 핵심 자산이다. 컴퓨터 업계는 한 바퀴 빙 돌아서 다시 원점으로 오고 있다. 이제 업계를 주도하는 최상의 자리는 모든 것을 수행하는 회사가 차지할 것이다.

1994년 〈롤링스톤〉에 따르면, 스티브 잡스는 이렇게 말했다. "우리 업계에서 의미 있는 변화를 이룩하기 위해서는 기술, 인재, 비즈니스, 마케팅, 게다가 행운까지 매우 독특하게 결합되어야 합니다. 지금까지 그런 일은 그리 자주 일어나지 않았습니다."

1955년 미국 캘리포니아 샌프란시스코에서 태어나다.

1972년 리드 대학교에 입학, 6개월 만에 중퇴하다.

1976년 집 창고에서 스티브 워즈니악의 설계로 애플 I 을 개발하면서 애플컴퓨터를 설립하다.

1977년 최초의 개인용 컴퓨터인 애플 II 를 출시하다.

1978년 수익이 점점 늘어나면서 애플의 성장세가 가속화되다.

1979년 그래픽 유저 인터페이스를 갖춘 제록스 알토라는 컴퓨터를 보고 큰 충격을 받다.

1980년 애플이 증시에 상장, 스티브 잡스는 단숨에 억만장자가 되다.

1981년 IBM의 PC 개발로 시장 점유율이 낮아져 위기에 직면하다.

1983년 펩시코의 존 스컬리를 CEO로 영입하다.

1984년 매킨토시를 출시하다.

1985년 잇따른 신제품의 실패와 존 스컬리와의 권력 다툼으로 결국 애플을 떠나다. 재기를 꿈꾸며 넥스트를 설립하다.

1986년 픽사를 인수하다.

1988년 넥스트큐브를 출시하지만, 별 반응을 끌지 못하다.

1993년 애플에서는 실적 부진으로 존 스컬리가 사임하고 마이클 스핀들러가 CEO에 임명되다.

1995년 픽사가 〈토이 스토리〉를 개봉하다.

1996년 마이클 스핀들러 대신 길버트 아멜리오가 이끄는 애플, 넥스트를 인수하다.

1997년 애플의 고문으로 10여 년 만에 복귀하다. 길버트 아멜리오가 물러 나고 스티브 잡스가 임시 CEO가 되다.

1998년 아이맥 출시로 디자인 혁명을 일으키다.

1999년 아이북이라는 노트북을 출시하며 애플의 부활을 굳히다.

2001년 아이팟을 출시하며 디지털 음악 시장에 뛰어들다. 애플의 정식 CEO가 되다. 오프라인 매장인 애플 스토어를 열어 소매사업을 시 작하다.

2003년 아이튠즈 온라인 뮤직스토어를 열다.

2004년 췌장암 수술을 받다.

2005년 스탠포드 대학교 졸업식에 초청되어 축하 연설을 하다.

2006년 인텔 CPU의 맥 프로와 맥북 노트북을 발표하다.

2007년 아이폰의 개발로 휴대폰 시장에 진출하다.

2008년 〈포춘〉에서 뽑은 '미국에서 가장 존경받는 기업' 1위로 애플이 선정되다.

## 감사의 글

시간을 내어 인터뷰에 응해주고, 전문지식과 경험담을 공유하며 격려와 지원을 아끼지 않은 모든 이들에게 심심한 감사를 표한다. 특히 고든 벨, 워렌 버거, 로버트 브루너, 비니 치에코, 트레이시 도핀, 세스 고딘, 에반 한센, 노부유키 하야시, 피터 호디, 가이 가와사키, 존 마에다, 제프리 무어, 빌 모그리지, 피트 모텐슨, 돈 노먼, 짐 올리버, 코넬 라즐라프, 존 루빈스타인, 존 스컬리, 애드리언 슐츠, 댁 스파이서, 패트릭 휘트니, 그 밖에 이름을 밝히지 말아달라고 당부한 여러 사람들을 포함하여 수많은 분들께 감사하다. 이 책을 제안하고 끊임없이 격려해준 테드 웨인스타인에게 특별히 고맙다는 말을 전한다.

서문

1  Alan Deutschman, *The Second Coming of Steve Jobs* (New York: Broadway, 2001), pp. 59, 197, 239, 243, 254, 294-95; William L. Simon & Jeffrey S. Young, *iCon: Steve Jobs, The Greatest Second Act in the History of Business* (New York: John Wiley & Sons, 2005), pp. 212, 213, 254.

2  "Steve' s Job: Restart Apple," Cathy Booth, 〈타임〉, 1997년 8월 18일자.
(http://www.time.com/time/magazine/article/0,9171,986849,00.html)

3  "Oh, Yeah, He Also Sells Computers," John Markoff, 〈뉴욕 타임스〉, 2004년 4월 25일자.

4  Gordon Bell이 보낸 개인 이메일, 2007년 11월.

5  Smithsonian Institution Oral and Video Histories: "Steve Jobs," David Morrow, 1995년 4월 20일자.
(http://americanhistory.si.edu/collections/comphist/sj1.html)

6  "Google' s Chief Looks Ahead," Jeremy Caplan, 〈타임〉, 2006년 10월 2일자.
(http://www.time.com/time/business/article/0,8599,1541446,00html)

7  "How Big Can Apple Get?", Brent Schlender, 〈포춘〉, 2005년 2월 21일자.

8  Steve Jobs, 스탠포드 대학교 졸업식 연설, 2005년 6월 12일.
(http://news-service.stanford.edu/news/2005/june15/jobs-061505.html)

9  Guy Kawasaki, 개인 인터뷰, 2006.

**10** Gil Amelio & William L. Simon, *On the Firing Line: My 500 Days at Apple* (New York: Harper Business, 1999), 서문, p. x.

## #1 벼랑에 선 애플을 구하다

**1** "Steve Jobs' Magic Kingdom. How Apple's demanding visionary will shake up Disney and the world of entertainment," Peter Burrows & Ronald Grover & Heather Green, 뉴욕. 〈비즈니스 위크〉, 2006년 2월 6일자.
(http://www.businessweek.com/magazine/content/06_06/b3970001.htm)
**2** "IBM had a 10.8 percent market share; Apple 9.4 percent; and Compaq Computer 8.1 percent, according to market research firm IDC," 〈뉴욕 타임스〉, 1995년 1월 26일자, Vol. 144, No. 49953.
**3** "Apple's Executive Mac Math: The Greater the Lows, the Greater the Salary," Denise Carreso, 〈뉴욕 타임스〉, 1997년 7월 14일자.
**4** Amelio & Simon, *On the Firing Line*, p. 192.
**5** Amelio & Simon, *On the Firing Line*, p. 193.
**6** Amelio & Simon, *On the Firing Line*, p. 199.
**7** "Steve's Job: Restart Apple."
**8** 1996년 1/4분기에 애플은 7억 4,000만 달러의 손실을 기록했다.
**9** Amelio & Simon, *On the Firing Line*, p. 200.
**10** Amelio & Simon, *On the Firing Line*, p. 198.
**11** 애플의 World Wide Developers Conference, 1998년 5월 11일.
**12** Don Norman, 개인 인터뷰, 2006년 10월.
**13** Deutschman, *The Second Coming of Steve Jobs*, p. 256.
**14** Jim Oliver, 개인 인터뷰, 2006년 10월.
**15** 올리버는 나중에 애플의 총매출이 실제로 약 54억 달러에서 바닥을 쳤다는 사실을 알고 놀랐다고 말했다.
**16** "Steve's Job: Restart Apple."
**17** "Steve's Job: Restart Apple."
**18** "Steve's Job: Restart Apple."
**19** "Steve Jobs' Magic Kingdom."
**20** "Steve Jobs' Magic Kingdom."

**21** "The Three Faces of Steve. In this exclusive, personal conversation, Apple's CEO reflects on the turnaround, and on how a wunderkind became an old pro," Brent Schlender & Steve Jobs, 〈포춘〉, 1998년 11월 9일자.
(http://money.cnn.com/magazines/fortune/fortune_archive/1998/11/09/250880/index.htm)

**22** "Steve's Job: Restart Apple."

**23** Jim Oliver, 개인 인터뷰, 2006년 10월.

**24** Seybold San Francisco/Publishing '98, Web Publishing Conference, 특별 기조연설: 스티브 잡스, 1998년 8월 31일.

**25** "Steve Jobs on Apple's Resurgence: 'Not a One-man Show,'" Andy Reinhart, 〈비즈니스 위크 온라인〉, 1998년 5월 12일자.
(http://www.businessweek.com/bwdaily/dnflash/may1998/nf80512d.htm)

**26** "Gates Takes a Swipe at iMac," CNET News.com 직원들, 1999년 7월 26일.
(http://www.news.com/Gates-takes-a-swipe-at-iMac/2100-1001_3-229037.html)

**27** "Thinking Too Different," Hiawatha Bray, 〈보스턴 글로브〉, 1998년 5월 14일자.

**28** "Stringer: Content Drives Digitization," Georg Szalai, 〈할리우드 리포터〉, 2007년 11월 9일자.
(http://www.hollywoodreporter.com/hr/content_display/business/news/e3idd293825dd51c45cff4f1036c8398coe)

**29** "The Music Man: Apple CEO Steve Jobs Talks About the Success of iTunes, Mac's Future, Movie Piracy," Walter S. Mossberg, 〈월 스트리트 저널〉, 2004년 6월 14일자.
(http://online.wsj.com/article_email/SB108716565680435835-IRjfYNolaV3nZyqaHmHcKmGm4.html)

**30** "The Music Man: Apple CEO Steve Jobs Talks About the Success of iTunes, Mac's Future, Movie Piracy," Walter S. Mossberg, 〈월 스트리트 저널〉, 2004년 6월 14일자.
(http://online.wsj.com/article_email/SB108716565680435835-IRjfYNolaV3nZyqaHmHcKmGm4.html)

**31** "Steve Jobs at 44," Michael Krantz & Steve Jobs, 〈타임〉, 1999년 10월 10일자.

**32** IDC, Top 5 Vendors, United States PC Shipments, 2007년 3분기.

주
석

(http://www.idc.com/getdoc.jsp;jsessionid=Z53BVCY1DTPR2CQJAFICF
GAKBEAUMIWD?containerId=prUS20914007)


## #2 잡스는 애플의 1인 포커스 그룹

1 Cordell Ratzlaff, 개인 인터뷰, 2006년 9월.
2 Peter Hoddie, 개인 인터뷰, 2006년 9월.
3 "Steve Jobs: The Rolling Stone Interview. He changed the computer
industry. Now he's after the music business," Jeff Goodell, 2003년 12
월 3일 게재.
(http://www.rollingstone.com/news/story/5939600/steve_jobs_the_rollin
g_stone_interview)
4 "The Guts of a New Machine," Rob Walker, 〈뉴욕 타임스 매거진〉,
2003년 11월 30일자.
(http://www.nytimes.com/2003/11/30/magazine/30IPOD.html)
5 "The Guts of a New Machine," Rob Walker, 〈뉴욕 타임스 매거진〉,
2003년 11월 30일자.
(http://www.nytimes.com/2003/11/30/magazine/30IPOD.html)
6 John Sculley, 개인 인터뷰, 2007년 12월.
7 John Sculley, 개인 인터뷰, 2007년 12월.
8 Patrick Whitney, 개인 인터뷰, 2006년 10월.
9 "Steve Jobs on Apple's Resurgence."
10 Dag Spicer, 개인 인터뷰, 2006년 10월.
11 Guy Kawasaki, 개인 인터뷰, 2006년 10월.


## #3 디자인에서 완벽을 고집하라

1 "Steve's Two Jobs," Michael Krantz, 〈타임〉, 1999년 10월 10일자.
(http://www.time.com/time/magazine/article/0,9171,32209-2,00.html)
2 Paul Kunkel & Rick English, *Apple Design: The Work of the Apple
Industrial Design Group* (Watson-Guptill Publications, 1997), p. 22.

**3** Paul Kunkel & Rick English, *Apple Design: The Work of the Apple Industrial Design Group* (Watson-Guptill Publications, 1997), p. 13.

**4** Paul Kunkel & Rick English, *Apple Design: The Work of the Apple Industrial Design Group* (Watson-Guptill Publications, 1997) p. 13.

**5** Paul Kunkel & Rick English, *Apple Design: The Work of the Apple Industrial Design Group* (Watson-Guptill Publications, 1997), p. 15.

**6** Paul Kunkel & Rick English, *Apple Design: The Work of the Apple Industrial Design Group* (Watson-Guptill Publications, 1997), pp. 28-37.

**7** Paul Kunkel & Rick English, *Apple Design: The Work of the Apple Industrial Design Group* (Watson-Guptill Publications, 1997), p. 26.

**8** Andy Hertzfeld, *Revolution in the Valley* (Sebastapol, Calif.: O' Reilly Media, 2004), p. 30.

**9** "Signing Party," Andy Hertzfeld, Folklore.org.
(http://www.folklore.org/StoryView.py?project=Macintosh&story=Signing_Party.txt&showcomments=1)

**10** Steven Levy, *Insanely Great: The Life and Times of Macintosh, the Computer That Changed Everything* (New York: Penguin, 1994), p. 186, 인용문.

**11** "Why We Buy: Interview with Jonathan Ive," Charles Fishman, 〈패스트 컴퍼니〉, 1999년 10월, p. 282.
(http://www.fastcompany.com/magazine/29/buy.html)

**12** "Why We Buy: Interview with Jonathan Ive," Charles Fishman, 〈패스트 컴퍼니〉, 1999년 10월, p. 282.
(http://www.fastcompany.com/magazine/29/buy.html)

**13** "PC Board Esthetics," Andy Hertzfeld, Folklore.org
(http://www.folklore.org/StoryView.py?project=Macintosh&story=PC_Board_Esthetics.txt)

**14** John Sculley, *Odyssey: Pepsi to Apple: The Journey of a Marketing Impresario* (New York: HarperCollins, 1987), p. 154.

**15** John Sculley, 개인 인터뷰, 2007년 12월.

**16** "The Guru: Steve Jobs," Charles Arthur, 〈인디펜던트〉 (London, UK), 2005년 10월 29일자.

**17** "The Wired Interview: Steve Jobs: The Next Insanely Great Thing," Gary Wolf, 〈와이어드〉, Issue 4.02, 1996년 2월.

**18** "The Observer Profile: Father of Invention," John Arlidge, 〈옵서버〉

(UK), 2003년 12월 21일자.

19 "The Observer Profile: Father of Invention," John Arlidge, 〈옵서버〉
   (UK), 2003년 12월 21일자.

20 Design Museum 인터뷰, 2007년 3월 29일자.
   (http://www.designmuseum.org/design/jonathan-ive)

21 Design Museum 인터뷰, 2007년 3월 29일자.
   (http://www.designmuseum.org/design/jonathan-ive)

22 "An Evening into Former Apple Industrial Designers," 공개 강연, 2007
   년 6월 4일, Computer History Museum, 캘리포니아 주 마운틴뷰.

23 "An Evening into Former Apple Industrial Designers," 공개 강연, 2007
   년 6월 4일, Computer History Museum, 캘리포니아 주 마운틴뷰.

24 "Radical Craft: The Second Art Center Design Conference," Janet
   Abrams, Core77 웹사이트, 2007년 5월.
   (http://www.core77.com/reactor/04.06_artcenter.asp)

25 "Radical Craft."

26 Jonathan Ive 인터뷰, Marcus Fairs, iconeye, icon004, 2003년 7월/8월.
   (http://www.iconeye.com/articles/20070321_31)

27 "How Apple Does It," Lev Grossman, 〈타임〉, 2005년 10월 16일자.
   (http://www.time.com/time/magazine/article/0,9171,1118384,00.html)

28 Jonathan Ive 인터뷰, Marcus Fairs.

29 "Radical Craft."

30 Jonathan Ive 인터뷰, Marcus Fairs.

31 Jonathan Ive 인터뷰, Marcus Fairs.

32 "Radical Craft."

33 Design Museum 인터뷰.

## #4 A급 선수들만 고용하고 얼간이들은 해고하라

1 Smithsonian Institution Oral and Video Histories: "Steve Jobs."

2 Smithsonian Institution Oral and Video Histories: "Steve Jobs."

3 "If He's So Smart... Steve Jobs, Apple, and the Limits of Innovation,"
   Carleen Hawn, 〈패스트 컴퍼니〉, Issue 78, 2004년 1월, p. 68.

4 Brent Schlender, Cases in Organizational Behavior (Thousand Oaks,

Calif.: Sage Publications, 2004), p. 206.

**5** "How Pixar Adds a New School of Thought to Disney," William C. Taylor & Polly LaBarre, 〈뉴욕 타임스〉, 2006년 1월 29일자.

**6** "How Pixar Adds a New School of Thought to Disney," William C. Taylor & Polly LaBarre, 〈뉴욕 타임스〉, 2006년 1월 29일자.

**7** Smithsonian Institution Oral and Video Histories: "Steve Jobs."

**8** "Joining the Mac Group," Bruce Horn, Folklore.org. (http://folklore.org/StoryView.py?project=Macintosh&story=Joining_the_Mac_Group.txt)

**9** 1984년 〈맥월드〉 창간호에 실린 스티브 잡스의 에세이, p. 135. (http://www.macworld.com/2004/02/features/themacturns20jobs/)

**10** 〈롤링스톤〉, 1996년 4월 4일자.

**11** Smithsonian Institution Oral and Video Histories: "Steve Jobs."

**12** Sculley, Odyssey, p. 87.

**13** Geoffrey Moore, 개인 인터뷰, 2006년 10월.

**14** "Dieter Rams," 〈아이콘〉, 2004년 2월.

**15** Peter Hoddie, 개인 인터뷰, 2006년 9월.

**16** "10 Years After '1984,'" Bradley Johnson, 〈애드버타이징 에이지〉, 1994년 1월 10일자, pp. 1, 12-14.

**17** "Apple Endorses Some Achievers Who 'Think Different,'" Stuart Elliott, 〈뉴욕 타임스〉, 1998년 8월 3일자.

**18** "Here's to the Crazy Ones: The Crafting of 'Think Different,'" TBWA/Chiat/Day의 Lee Clow와 그의 팀. (http://www.electric-escape.net/node/565)

**19** Sculley, *Odyssey*, p. 108.

**20** Sculley, *Odyssey*, p. 247.

**21** Sculley, *Odyssey*, p. 191.

**22** Sculley, *Odyssey*, p. 29.

**23** Sculley, *Odyssey*, p. 29.

**24** "Apple Buffs Marketing Savvy to a High Shine," Jefferson Graham, 〈USA 투데이〉, 2007년 3월 8일자. (http://www.usatoday.com/tech/techinvestor/industry/2007-03-08-apple-marketing_N.htm)

**25** Warren Berger, 개인 인터뷰, 2006년 10월.

**26** Seth Godin, 개인 인터뷰, 2006년 10월.

27 "I Hate Macs," Charlie Booker, 〈가디언〉, 2007년 2월 5일자.
   (http://www.guardian.co.uk/commentisfree/story/0,,2006031,00.html)
28 "Monday Night at the Single's Club? Apple's Real People," Andrew
   Orlowski, 〈레지스터〉, 2002년 6월 17일자.
   (http://www.theregister.co.uk/2002/06/17/monday_night_at_the_singles/)
29 "Apple Endorses Some Achievers Who 'Think Different.'"
30 "Apple Endorses Some Achievers Who 'Think Different.'"

## #5 우주에 흔적을 남기겠다는 열정을 가져라

1 "Steve Jobs: The Rolling Stone Interview."
2 Edward Eigerman, 개인 인터뷰, 2007년 11월.
3 Sculley, *Odyssey*, p. 164.
4 Sculley, *Odyssey*, p. 165.
5 John Sculley, 개인 인터뷰, 2007년 12월.
6 "Triumph of the Nerds: How the Personal Computer Changed the
   World," PBS TV 쇼, Robert Cringely 진행, 1996년.
   (http://www.pub.org/nerds/part3.html)
7 Rama Dev Jager, *In the Company of Giants: Candid Conversations with
   the Visionaries of the Digital World* (Rafael Ortiz, 1997).
8 Upside.com, 1998년 7월.
9 "The New, Improved Steve Jobs." Alan Deutschman과의 인터뷰,
   Janelle Brown, Salon, 2000년 10월 11일자.
   (http://dir.salon.com/story/tech/books/2000/10/11/deutschman/index1.html)
10 "Lessons Learned from Nearly Twenty Years at Apple," David Sobotta,
   Applepeels, 2006년 10월 27일.
   (http://viewfromthemountain.typepad.com/applepeels/2006/10/lessons
   _learned.html)

## #6 발명 정신과 혁신은 어디에서 오는가

1  "Apple Puts Power Mac G4 Cube on Ice."
   (http://www.apple.com/pr/library/2001/jul/03cube.html)
2  Andrew Orlowski 〈레지스터〉, 2001년 3월 15일자.
   (http://www.theregister.co.uk/2001/03/15/apple_abandons_cube/)
3  "The Guts of a New Machine," Rob Walker, 〈뉴욕 타임스 매거진〉,
   2003년 11월 30일자.
   (http://www.nytimes.com/2003/11/30/magazine/30IPOD.html)
4  Sculley, *Odyssey*, p. 285.
5  "The World's 50 Most Innovative Companies," 〈비즈니스 위크〉.
   (http://bwnt.businessweek.com/interactive_reports/most_innovative/index.asp)
6  Jean Louis Gassée, *The Third Apple: Personal Computers and the Cultural Revolution* (Orlando, Fla.: Harcourt Brace Jovanovich, 1985), p. 115.
7  "Apple. Yes, Steve, You Fixed it. Congrats! Now What's Act Two?" Peter Burrows & Jay Greene, 시애틀, 〈비즈니스 위크〉, 2000년 7월 31일자.
   (http://www.businessweek.com/2000/00_31/b3692001.htm)
8  AMR Research, "The 2007 Supply Chain Top 25," 2007년 5월 31일.
   (http://www.amrresearch.com/content/view.asp?pmillid=20450)
9  "Steve Jobs: The Rolling Stone Interview."
10 "The Seed of Apple's Innovation," Peter Burrows, 〈비즈니스 위크〉, 2004년 10월 12일자.
   (http://www.businessweek.com/bwdaily/dnflash/oct2004/nf20041012_4018_dbo83.htm)
11 "The Seed of Apple's Innovation," Peter Burrows, 〈비즈니스 위크〉, 2004년 10월 12일자.
   (http://www.businessweek.com/bwdaily/dnflash/oct2004/nf20041012_4018_dbo83.htm)
12 "The Seed of Apple's Innovation," Peter Burrows, 〈비즈니스 위크〉, 2004년 10월 12일자.
   (http://www.businessweek.com/bwdaily/dnflash/oct2004/nf20041012_4018_dbo83.htm)
13 "Global Innovation 1000," Booz Allen Hamilton, 2007년 10월 17일.

(http://www.boozallen.com.au/media/image/Global_Innovation_1000_
17Oct07.pdf)

**14** "The Seed of Apple's Innovation."

**15** "Steve Jobs: The Rolling Stone Interview."

**16** "Steve Jobs at 44."

**17** "Triumph of the Nerds."

**18** "Triumph of the Nerds."

**19** "The Wired Interview: Steve Jobs."

**20** Smithsonian Institution Oral and Video Histories: "Steve Jobs."

**21** Sculley, *Odyssey*, p. 63.

**22** John Sculley, 개인 인터뷰, 2007년 12월.

**23** Sculley, *Odyssey*, p. 156.

**24** "Steve Jobs at 44."

**25** Jon Rubinstein, 개인 인터뷰, 2006년 10월.

**26** 개인 인터뷰, 2006년 10월.

**27** Jon Rubinstein, 개인 인터뷰, 2006년 10월.

**28** Jon Rubinstein, 개인 인터뷰, 2006년 10월.

**29** 2006년 9월 13일 샌프란시스코에서 열린 ThinkEquity Partners 회의에서
Ron Johnson이 한 연설에 관한 보도, Gary Allen, ifoAppleStore.com.
(http://www.ifoapplestore.com/stores/thinkequity_2006_rj.html)

**30** 2006년 9월 13일 샌프란시스코에서 열린 ThinkEquity Partners 회의에서
Ron Johnson이 한 연설에 관한 보도, Gary Allen, ifoAppleStore.com.
(http://www.ifoapplestore.com/stores/thinkequity_2006_rj.html)

**31** "Commentary: Sorry, Steve: Here's Why Apple Stores Won't Work,"
Cliff Edwards, 〈비즈니스 위크〉, 2001년 5월 21일자.

**32** "Apple: America's Best Retailer," Jerry Useem, 〈포춘〉, 2007년 3월 8일자.
(http://money.cnn.com/magazines/fortune/fortune_archive/2007/03/19/
8402321/)

**33** "The Stores," Gary Allen, ifoAppleStore.com, 2007년 10월 18일.
(http://www.ifoapplestore.com/the_stores.html)

**34** Ron Johnson의 연설에 관한 보도.

**35** Ron Johnson의 연설에 관한 보도.

**36** Ron Johnson의 연설에 관한 보도.

**37** "Apple Has a List of 100 Potential Store Sites," Gary Allen,
ifoAppleStore.com, 2004년 4월 27일.

(http://www.ifapplestore.com/stores/risd_johnson.html)
38 "Apple: America's Best Retailer."
39 "Apple Has a List of 100 Potential Store Sites."
40 Ron Johnson의 연설에 관한 보도.
41 "Apple Has a List of 100 Potential Store Sites."


## #7 아이팟은 어떻게 만들어졌는가

1 개인 인터뷰, 2006년 10월.
2 맥월드 2001 기조연설.
3 "Detailed Analysis - Apple Warns: Inventories Still Growing, Lops 20%
off 2001 Revenue Forecast," Wes George, 2000년 12월 6일.
(http://www.macobserver.com/article/2000/12/06.10.shtml)
4 Steven Levy, *The Perfect Thing: How the iPod Shuffles Commerce,
Culture, and Coolness* (New York: Simon & Schuster, 2007), p. 29.
5 "iPod Nation," Steven Levy, 〈뉴스위크〉, 2004년 7월 26일자.
(http://www.newsweek.com/id/54529)
6 Jon Rubinstein, 개인 인터뷰, 2006년 9월.
7 "How Big Can Apple Get?"
8 "Apple's 21st-Century Walkman CEO Steve Jobs thinks he has
something pretty nifty. And if he's right, he might even spook Sony
and Matsushita," Brent Schlender, 〈포춘〉, 2001년 11월 12일자.
(http://money.cnn.com/magazines/fortune/fortune_archive/2001/11/12
/313342/index.htm)


## #8 나는 통제한다, 고로 존재한다

1 "Steve Jobs, the iPhone and Open Platforms," Dan Farber, ZDnet.com,
2007년 1월 13일.
2 "The Guts of a New Machine," Rob Walker, 〈뉴욕 타임스 매거진〉,
2003년 11월 30일자.

(http://www.nytimes.com/2003/11/30/magazine/30IPOD.html)

3 "If He's So Smart... Steve Jobs, Apple, and the Limits of Innovation," Carleen Hawn, 〈패스트 컴퍼니〉, Issue 78, 2004년 1월, p. 68.

4 "Mea Culpa," Andy Hertzfeld, Folklore.org.
 (http://www.folklore.org/StoryView.py?project=Macintosh&story=Mea_Culpa.txt)

5 "The Sansa-Rhapsody Connection," James Kim, CNet Reviews, 2006년 10월 5일.
 (http://reviews.cnet.com/4520-6450_7-6648758-1.html)

6 "Apple Computer Is Dead; Long Live Apple," Steven Levy, 〈뉴스위크〉, 2007년 1월 10일자.
 (http://www.newsweek.com/id/52593)

7 "How Apple Does It."

8 "iPod Chief Not Excited About iTunes Phone," Ed Oswald, 〈베타뉴스〉, 2005년 9월 27일자.
 (http://www.betanews.com/article/iPod_Chief_Not_Excited_About_iTunes_Phone/1127851994?do=reply&reply_to=91676)

9 "Hardware and Software – The Lines Are Blurring," Walt Mossberg, 〈올씽즈 디지털〉, 2007년 4월 30일자.
 (http://mossblog.allthingsd.com/20070430/hardware-software-success/)

10 "Getting in the game at Microsoft. Robbie Bach's job is to make software giant's entertainment division profitable," Dan Fost & Ryan Kim, 〈샌프란시스코 크로니클〉, 2007년 5월 28일자.
 (http://www.sfgate.com/cgibin/article.cgi?f=/c/a/2007/05/28/MICROSOFT.TMP)

11 "Sell digital experiences, not products. Solution boutiques will help consumers buy digital experiences," Ted Schadler, Forrester Research, 2005년 12월 20일.
 (http://www.forrester.com/Research/Document/Excerpt/0,7211,38277,00.html)

12 "Steve Jobs at 44."

13 "Hardware and Software."

14 "Steve Jobs at 44."

15 "How Big Can Apple Get?"